财政涉农资金信息公开治理机制研究

丁 颖 著

浙江工商大学 出版社

ZHEJIANG GONGSHANG UNIVERSITY PRESS

·杭州·

图书在版编目(CIP)数据

财政涉农资金信息公开治理机制研究 / 丁颖著 .
杭州 : 浙江工商大学出版社,2025.7. -- ISBN 978-7-
5178-6248-2

Ⅰ . F323.9;F812.3

中国国家版本馆 CIP 数据核字第 2024EY5648 号

财政涉农资金信息公开治理机制研究
CAIZHENG SHENONG ZIJIN XINXI GONGKAI ZHILI JIZHI YANJIU

丁 颖 著

责任编辑	杨 戈
责任校对	韩新严
封面设计	蔡思婕
责任印制	屈 皓
出版发行	浙江工商大学出版社

(杭州市教工路 198 号 邮政编码 310012)

(E-mail:zjgsupress@163.com)

(网址:http://www.zjgsupress.com)

电话:0571-88904980,88831806(传真)

排 版	杭州彩地电脑图文有限公司
印 刷	杭州宏雅印刷有限公司
开 本	787 mm × 1092 mm 1/16
印 张	14.5
字 数	272 千
版 印 次	2025 年 7 月第 1 版 2025 年 7 月第 1 次印刷
书 号	ISBN 978-7-5178-6248-2
定 价	78.00 元

前　言

　　财政信息公开是政府信息公开的核心领域,财政涉农资金信息公开作为该领域的重点,是透明财政和新农村建设的内在要求。在政策逐步完善和多元化社会需求背景下,信息公开正在走上法治化和规范化的轨道。《中华人民共和国国民经济和社会发展第十四个五年规划和2035年远景目标纲要》提出,要构建面向农业农村的综合信息服务体系,建立涉农信息普惠服务机制。财政涉农资金信息公开作为其中的重要环节,既是社会关注的热点、痛点,也是难点。城乡之间、政府信息供给和农民信息需求之间存在着巨大的鸿沟以及信息公开产生的效益和价值难以量化的现实,影响着治理实效。

　　构建财政涉农资金信息公开治理机制,是提升财政治理能力的必然要求。财政涉农资金信息公开透明化,使信息能及时、全面地到达基层农户,在信息资源成本最小化的前提下实现信息效益最大化,提高财政资金绩效的同时,也提升了政府公信力和农民满意度、获得感,是促进政府治理科学性、规范性和高效性的重要保障。

　　本书的落脚点是如何构建科学合理的财政涉农资金信息公开治理机制,如普惠服务目标机制、激励机制、互动机制、运行机制以及评价和监督机制等,探讨如何通过财政涉农资金信息公开提升财政治理能力,如何用"接地气"的方式真正将信息公开带来的福利惠及处于信息弱势地位的农民,实现治理公平导向的初衷。

　　本书首先分析了财政涉农资金信息公开治理的理论基础,主要涵盖新公共管理理论公众导向的职能定位、信息经济学的委托代理及激励相容理论、新制度经济学的制度支撑、演化博弈理论、信息公平理论及治理的价值取向等内容。财政涉农资金信息的公开,倒逼政府在透明执政的过程中规范管理行为，提高公信力和执行力，保障公众的知情权、参与权和监督权，提高财政治理水平。其次探讨了财政涉农资金信息公开的制度变迁及国内外经验借鉴。制度变迁伴随着政府信息公开、财政信息公开、涉农资金信息公开的政策演变，在实践过程中，国内外在推行财政涉农资金信息公开方面积累了丰富的实践经验，通过总结提炼，汲取精华，有助于探索适合本国国情的信息公开机制。最后探讨了财政涉农资金信息公开治理的力场分析和演化博弈模型，为财政涉农资金信息公开治理机制的构建提供了理论支撑。市场经济体制、政治体制改革以及大数据时代的环境为外部动力，公众期望、信任以及政府职责内在要求为内在动力，而正式制度、非正式制度的静态路径依赖以及信息公开实践中的障碍成为阻力，动力和阻力所形成的治理环境中存在多元利益主体的博弈关系，透过中央政府和地方政府、政府和农民之间的利益交织，呈动态演化的发展趋势。本书构建了演化博弈模型来解释中央政府和地方政府、政府和农民之间的行为逻辑、演变规律以及影响演化稳定的因素。

为给构建财政涉农资金信息公开治理机制进一步提供实证支撑，本书以宁夏回族自治区（后简称宁夏）财政涉农资金信息公开试点为样本研究区域，从 4 个方面来呈现 2016 年和 2019 年宁夏财政涉农资金信息公开治理实效，即试点开展的现状和问题、农户满意度及影响因素、农户需求态势以及对试点的综合绩效评价等。宁夏财政涉农资金信息公开试点成效显著，宁夏虽地处西部地区，经济发展相对落后，但财政透明度近年来从全国倒数到名列前茅，实现了引人注目的跨越式发展，同时也存在着发展的障碍，需要深入探讨财政涉农资金信息公开的基层农户满意度及影响因素。本书通过构建有序 Probit 模型分析了影响满意度的因素，调查数据来源于 2016 年和 2019 年，分别对宁夏中宁、永宁、盐池等 3 个样本县进行了全方位、多层次的社会调查，结果表明，农民满意度虽然普遍偏低，但是呈现出逐年演进式上升趋势。结合基层农户对财政涉农资金信息的需求，进而对宁夏财政涉农资金信息公开治理进行了全方位的绩效评估，通过采取定性与定量指标相结合的方法设置了指标体系，用层次分析法设计了指标权重，并邀请相关领域的专家共同打分，对财政涉农资金信息公开的主动性、规范性，内容的全面性，公开方式的时效性，农户对信息公开的理解和接受性、监督积极性等方面进行了全面评价。

本书通过对财政涉农资金信息公开治理理论的探索和实践验证，最终构建了财政涉农资金信息公开治理的普惠服务目标机制、激励机制、互动机制、运行机制以及评价和监督机制，是打造高效透明政府、提高财政治理能力的必然选择，在提升财政涉农资金的绩效水平的同时，推动实现信息的公平价值。

目　录

第一章

绪论

第一节 研究背景与研究意义

一、研究背景与问题的提出

信息经济学已经成为当代经济理论中一个不可或缺的组成部分。诺贝尔经济学奖曾于1996年和2001年分别授予在不对称信息下的激励理论有重要贡献的詹姆斯·米尔利斯和威廉·维克里以及对不对称信息下的市场理论有重要贡献的乔治·阿克尔洛夫、迈克尔·斯彭斯以及约瑟夫·斯蒂格利茨。信息在经济理论中日益凸显其重要性和价值。政府作为现代社会信息资源最重要的主体,在处理公共事务的过程中会产生大量信息,财政资金信息作为政府信息中的核心信息,事关经济发展和社会稳定,社会对加强信息公开的诉求随着时代发展越来越强烈。

从全球化背景来看,世界上许多国家都将政府信息公开作为执政要点,将财政信息公开作为财政治理的重点,是促进经济高质量增长和增加执政透明度的必然选择,披露公共财政信息已成为打造廉洁政府的共识。[①]财政体系既涵盖不同交叉部门,又涵盖不同政府层级,除了涉及财政部门,还涉及其他资金使用和分配的部门,不同行为主体在利益的交叉和博弈中构成了一个复杂的治理系统。财政治理的核心问题是财政资金管理以及财政透明度的状况,财政资金的收支流程是从财政收入的获取到预算、投资和拨付,并通过向公众公开信息的方式提供信息公共产品的过程,必须要提高财政资金在财政治理体系中的绩效水平。在财政治理系统中,财政信息的透明和公开是必不可少的环节,不同参与主体的利益关系在同一个治理体系下共存,并不是信息孤岛。从信息的搜集、加工和传递,再到政策的公布与执行,信息公开的过程也是财政透明度提升的过程,是改善财政治理水平的过程。财政治理要解决的问题是不同层级的政府部门和同一层级不同部门如何在财政资金

---

① 张美娥. 财政透明度的国际比较与中国选择 [J]. 西北大学学报(哲学社会科学版),2006,36(4):76-80.

规模日益增大的时代背景下,在自身利益最大化的基础上,实现整体利益的最大化,既要提升部门效率,又要提升公众对财政部门的信任和满意度。

本书以构建财政涉农资金信息公开治理机制为落脚点。财政对农业的支持主要包括支援农村生产支出、农林水利气象等部门的事业费、农业基本建设支出、农业科技三项费用、农业综合开发支出和扶贫开发支出等投入性支出以及农业价格补贴、贷款贴息等补贴性支出。涉农资金是财政资金管理的重点,随着财政收入的迅速增长,我国财政支出投入项目越来越丰富,涉及面越来越广,支农支出规模也随之逐渐扩大。财政涉农资金信息公开要求公开的信息能让公众了解到财政编制、决策过程,并有合适的渠道表达意见,监督财政资金的使用情况。

财政信息公开作为政府信息公开的核心领域,有着完善的制度体系。2008年5月《中华人民共和国政府信息公开条例》正式实施,为政府信息公开提供了合法性保障,使公众能够认识并充分利用政府信息的价值,在保障公众知情权的基础上,推动政府依法执政,使权力行使在阳光下,推动了政府信息公开的法治化进程。财政信息作为政府信息公开的重点领域,是提高财政资金的使用效益,促进政府和民众之间的沟通,有效衡量财政政策、过程、结果的评价以及政府履行职能的情况的关键。国际货币基金组织、世界银行等都把财政透明度作为衡量经济运行状况、政府善治及财政公平程度的重要参考,[①] 而财政信息公开是提高财政透明度的有效途径,信息公开的出发点和落脚点就在于促进效率,实现公平,改善财政治理,推动政府实现善治。

2018年,财政部在《财政部贯彻落实实施乡村振兴战略的意见》中提到,加强涉农资金事前、事中监管,充分借助审计、纪检监察等力量,发挥社会监督作用,在涉农资金项目管理中大力推行公示公告公开,让农民群众依法享有知情权、监督权。[②] 政府“账本”信息,尤其是涉农资金信息公开透明化成为时代发展的趋势,是促进政府治理科学性、规范性和高效性的重要保障。2019年5月15日,《中华人民共和国政府信息公开条例》修订版正式公布,既保持了政策的连续性,汲取经实践检验的成熟经验的精华,如科学的公开内容、公开方式及标准等,又注重与新形势结合,对涉及国计民生领域的信息进一步公开细化,通过信息公开促进政府透明和规范执政,营造公平正义的社会氛围,并上升到推进国家治理体系与治理能力现代化的高度。[③] 这是财政涉农资金信息公开的美好蓝图,更

---

① 相丽玲,王晴. 信息透明度制度范式的演进及其法理基础 [J]. 情报科学,2014,32(3):28-31.
② 财政部贯彻落实实施乡村振兴战略的意见,财办〔2018〕34号.
③ 冯俊锋. 政务公开常态化是社会稳定的“压舱石” [N]. 中国青年报,2019-05-07(2).

是推动政府实现善治的发展走向。随着时代发展和政策演进，信息公开逐渐形成了一个制度体系。

政府"账本"信息，尤其是涉农资金信息公开透明化是时代发展的趋势，也是促进政府治理科学性、规范性和高效性的重要保障。财政信息中有关农业基础设施建设、农村重大改革、农业可持续发展、农村民生改善等方面的涉农资金信息的公开是透明财政的内在要求，推进信息进村入户，实施数字乡村战略是新农村建设的走向。

财政信息公开虽然随着政策的发展在不断完善，但是总体来说仍然较为粗放，财政透明度仍然处在较低的水平，很多政府网站仅停留在公开"总体预算"的程度而缺少对预算的分解说明，在财政政策、预算数据信息透明度方面仍然不能满足公众需求。财政涉农资金信息公开的具体操作涉及数据的收集、整理、储存、发布、分析、维护等多个环节，需要投入大量的人力、物力、财力成本，而对于信息公开而言，既缺少相应的预算，又缺少相应的绩效评价体系，信息公开产生的效益和价值很难量化，导致信息公开的成本和效益的考量模糊不清。

另外，我国长期以来的城乡二元结构、教育水平的差异以及信息硬件设施的差异，导致城乡之间的信息发展水平存在着巨大的鸿沟。互联网时代下，丰富的政府信息资源对城市而言是锦上添花，但是在农村地区，硬软件的缺失的现状导致信息公开受阻。农民既缺乏从网上获取信息的意识，又缺乏积极获取信息并实现信息增值的能力，农民获得财政涉农资金信息的渠道依托的往往是政府自上而下的传达或者人际传播等传统渠道，具有一定的时滞性，传播链条过长也影响了信息的真实性和准确性。[①] 财政涉农资金信息公开在乡村治理体系中意义非同寻常，财政资源的配置是否能够满足公共需求，如何通过公开财政涉农资金信息来提高财政治理能力是一个亟须研究的重要而紧迫的任务。

学术界对财政信息公开的研究引用数据最多的是来自上海财经大学财政透明度研究课题组从2010—2017年连续8年对我国省级财政透明度进行的追踪调查和评估分析，如图1-1和表1-1所示。

---

① 蒋冠. 对农村居民获取政府信息的思考［J］. 北京档案，2009（5）：18-20.

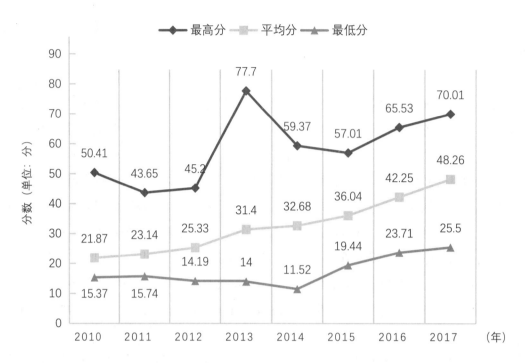

图 1-1　2010—2017 年中国省级财政透明度最高分、平均分、最低分趋势

数据来源：根据上海财经大学 2010—2017 年中国省级财政透明度评估结果整理所得

表 1-1　中国省级财政透明度排行榜（2010—2017 年）

省(区、市)	2017 年财政透明度/排名	2016 年财政透明度/排名	2015 年财政透明度/排名	2014 年财政透明度/排名	2013 年财政透明度/排名	2012 年财政透明度/排名	2011 年财政透明度/排名	2010 年财政透明度/排名
山东	70.01/1	56.82/4	57.01/1	56.16/2	36.20/10	30.83/6	23.37/10	29.43/2
甘肃	68.24/2	38.21/19	42.39/11	42.56/7	26.79/14	25.23/10	19.37/22	19.92/21
四川	65.94/3	24.83/30	23.60/24	24.85/22	20.86/23	20.61/20	24.58/9	23.56/8
安徽	65.69/4	57.34/3	50.78/4	23.85/24	22.57/19	17.07/29	22.59/13	22.77/10
湖南	64.88/5	65.18/2	22.52/27	27.41/21	20.18/28	21.15/17	25.46/7	24.74/4
辽宁	61.73/6	51.53/8	40.39/13	39.98/8	18.69/30	19.75/22	20.87/18	19.61/24
福建	58.2/7	53.82/7	53.65/2	55.76/3	68.46/2	21.1/18	21.95/15	50.41/1
宁夏	56.29/8	65.53/1	25.29/23	21.89/26	23.07/18	19.11/24	15.86/30	15.37/31
山西	56.22/9	55.35/5	51.38/3	44.12/6	20.53/27	18.39/28	20.14/20	20.27/17
上海	59.94/10	48.40/11	44.23/9	30.06/16	32.10/11	24.15/13	26.59/5	23.99/6
江苏	55.08/11	23.71/31	22.82/25	18.77/29	25.12/15	25.2/11	25.57/6	20.39/15
河南	55.01/12	44.62/12	36.92/16	20.39/27	37.26/9	20.02/21	22.40/14	21.44/12

6

省(区、市)	2017年财政透明度/排名	2016年财政透明度/排名	2015年财政透明度/排名	2014年财政透明度/排名	2013年财政透明度/排名	2012年财政透明度/排名	2011年财政透明度/排名	2010年财政透明度/排名
内蒙古	52.83/13	38.07/20	35.39/17	32.93/13	21.14/22	45.04/3	39.12/3	20.09/18
广东	52.78/14	50.47/9	43.13/7	30.85/15	22.08/20	25.18/12	24.78/8	25.39/3
黑龙江	52.16/15	50.26/10	46.83/5	54.34/4	47.13/5	45.14/2	16.04/29	20.04/19
新疆	49.89/16	54.34/6	43.38/10	59.37/1	51.96/3	43.29/4	43.65/1	17.49/29
广西	49.38/17	42.59/14	45.93/6	46.81/5	38.68/8	28.51/7	18.66/24	23.67/7
云南	47.45/18	34.74/22	22.77/26	32.49/14	23.82/17	22.84/14	18.95/23	18.49/26
北京	44.49/19	42.96/13	39.00/15	38.51/9	30.57/12	27.57/9	20.96/17	20.56/14
重庆	40.83/20	41.33/16	30.22/22	32.98/12	30.54/13	19.56/23	21.76/16	18.89/25
天津	40.24/21	40.64/18	32.72/20	24.33/23	21.88/21	20.63/19	19.98/21	19.94/20
吉林	37.8/22	35.41/21	39.26/14	35.22/10	14/31	19.1/25	17.77/28	15.48/30
江西	37.41/23	41.65/15	32.14/21	15.36/30	24.18/16	18.73/26	27.08/4	20.28/16
浙江	37.23/24	33.03/25	33.31/19	29.70/17	19.44/29	22.66/15	22.92/12	24.51/5
海南	36.64/25	40.88/17	44.52/8	28.30/20	77.70/1	40.06/5	18.56/25	23.07/9
河北	36.41/26	29.16/26	34.43/18	29.39/18	42.72/6	27.67/8	42.93/2	20.79/13
贵州	33/27	33.96/23	19.44/31	29.19/15	20.61/26	18.57/27	15.74/31	17.79/28
西藏	32.67/28	27.94/27	41.07/12	11.52/31	50.89/4	16.03/30	17.86/27	22.13/11
青海	28.77/29	25.21/29	20.73/28	23.36/25	20.84/24	14.19/31	18.03/26	19.80/22
陕西	27.24/30	27.92/28	19.76/30	19.23/28	20.77/25	22.58/16	23.22/11	18.16/27
湖北	25.5/31	33.70/24	20.34/29	33.58/11	42.70/7	45.2/1	20.61/19	19.71/23

数据来源：根据上海财经大学 2010-2017 年中国省级财政透明度评估结果整理所得①

---

① 注释：上海财经大学于2010年到2017年对省级财政透明度进行了追踪调查，形成8篇调查报告，分别是：刘小兵，邓淑莲，温娇秀. 中国省级财政透明度评估（2010）［J］. 上海财经大学学报（哲学社会科学版），2010（3）：50-57；邓淑莲，杨丹芳. 中国省级财政透明度评估（2011）［J］. 上海财经大学学报（哲学社会科学版），2011，13（4）：51-60；杨丹芳，曾军平，温娇秀. 中国财政透明度评估（2012）［J］. 上海财经大学学报（哲学社会科学版），2012，14（4）：56-64；温娇秀，郑春荣，曾军平. 中国财政透明度评估（2013）［J］. 上海财经大学学报（哲学社会科学版），2013，15（3）：50-57；郑春荣，蒋洪，彭军. 中国财政透明度评估（2014）［J］. 上海财经大学学报（哲学社会科学版），2014，16（6）：4-11，61；杨丹芳，吕凯波，曾军平. 中国省级财政透明度评估（2015）［J］. 上海财经大学学报（哲学社会科学版），2015（5）：4-14；吕凯波，邓淑莲，杨丹芳. 中国省级财政透明度评估（2016）［J］. 上海财经大学学报（哲学社会科学版），2017，19（1）：13-23；邓淑莲，曾军平，郑春荣，等. 中国省级财政透明度评估（2017）［J］. 上海财经大学学报（哲学社会科学版），2018，20（3）：18-28.

从图 1-1 中可以看出，虽然从总体而言，我国财政信息公开处于不断改进和提高阶段，但是财政透明度仍然处在较低层次。[①] 2010—2017 年的调查显示，满分 100 分，全国 30 多个省财政透明度指数平均分分别为 21.87 分、23.14 分、25.33 分、31.4 分、32.68 分、36.04 分、42.25 分、48.26 分，省际透明度差异较大，在中国省级财政透明度排行榜（2010—2017 年）中可以看出，山东、福建、上海等地的财政透明度保持着稳定上升的态势，且始终排名前列；西部地区的财政透明度处在相对落后的水平。从总体上来看，全国省级财政透明度平均水平较低，但是随着财政信息公开制度的不断完善，平均发展水平呈上升态势，从 2010 年的 21.87 到 2017 年的 48.26 分，体现了财政治理体系不断完善的过程。[②]

本书以宁夏回族自治区作为样本研究区域，宁夏连续 8 年财透明度指数和全国排名如图 1-2 和表 1-2 所示。

图 1-2　2010—2017 年宁夏财政透明度平均分趋势

数据来源：根据上海财经大学 2010—2017 年中国省级财政透明度评估结果整理所得

---

① 朱颖，赵颖博，邓淑莲，等. 公众诉求与地方财政透明度　基于中国省级面板数据的经验分析 [J]. 财经研究，2018，44（11）：90-105.

② 邓淑莲. 财政公开透明：制度障碍及破阻之策　基于对我国省级财政透明度的 7 年调查和评估 [J]. 探索，2016（3）：62-68.

表 1-2 2010—2017 年宁夏财政透明度平均分及全国排名表

年 份（年）	2010	2011	2012	2013	2014	2015	2016	2017
宁夏财政透明度平均分	15.37	15.86	19.11	23.07	21.89	25.29	65.53	56.29
宁夏财政透明度排名	31	30	24	18	26	23	1	8

数据来源：根据上海财经大学 2010—2017 年中国省级财政透明度评估结果整理所得

2010 年，宁夏财政透明度指数全国倒数第一，为 15.37 分，一直到 2015 年都始终处在下游水平，但 2016 年出现了转折，财政透明度为 65.53 分，大幅度上升至全国第 1 名，2017 年为 56.29 分，全国第 8 名，实现了跨越式发展。此后，在财政信息公开方面，宁夏也保持着强劲的发展势头，2017—2019 年网上政务服务能力连续 3 年排名西部地区第 1 名，2019 年在全国 30 多个省级人民政府 2019 年度政务公开第三方评估中，被评为优秀单位，位居全国第八名，在中国政府透明度指数评估结果（省级政府）榜单中，宁夏位居第七名，2020 年位居第九名，总体来说，近几年，宁夏财政信息公开状况在经济发展水平相对落后的西部地区处于领跑水平。宁夏 2016 年之后的财政透明度大幅度提升，与其 2015 年推行的财政涉农资金信息公开试点有一定的关联度。

财政涉农资金信息公开使财政收支状况晾晒在阳光下，提升了公共资金的使用效率，也强化了公众对政府的认同和信任。本研究构建了财政涉农资金信息公开和财政治理的理论与实证分析框架，理论部分分析了财政涉农资金信息公开及财政治理的概念界定以及政策和内在机理的演绎过程，实证分析部分以宁夏财政涉农资金信息公开试点为例，并分别于 2016 年和 2019 年进行了社会调查，提出以下问题：

通过对财政涉农资金信息公开提升财政治理的机理和模式是什么？如何形成科学合理的治理机制？如何通过财政涉农资金信息公开提升财政治理能力？如何用"接地气"的方式让信息公开带来的福利真正惠及公众，尤其是作为信息弱势群体的农民？如何在实践中探索符合我国国情的财政涉农资金信息公开执行和运作模式？这些问题都值得我们深入探讨。

二、研究目标与研究意义

（一）研究目标

本研究的研究目标是通过财政涉农资金信息公开，构建"让权力在阳光下运行"的治理机制，使政府在透明执政的过程中规范管理行为，提高执行力，保障公众的知情权、参与权和监督权，使信息能及时、全面地到达基层农户，实现信息资源的共享与增值，在信息资源成本最小化的前提下实现信息经济效益和社会效益的最大化，以普惠服务机制为导向，在提升财政资金绩效的同时，提升政府公信力和农民满意度、获得感，提升财政治理水平。

（二）研究意义

1.理论意义

政府信息公开理论的研究是学术界关注的热点，财政涉农资金信息公开理论作为信息公开理论的拓展和延伸，是值得探究的问题，国内理论界往往从法学理论、政治学理论、传播学理论等方面探讨政府信息公开问题。本研究基于经济学、民族学、社会学和公共管理学理论的交叉学科视角，透过对财政涉农资金信息公开治理的分析，探寻通过财政涉农资金信息公开提升财政治理能力的机理，构建公开透明的财政涉农资金信息公开机制，如普惠服务目标机制、激励机制、互动机制、运行机制、评价和监督机制等，力图为政府科学民主地决策和提升管理水平提供理论依据，拓展并深化政府信息公开理论的研究领域。

2.现实意义

随着国内外学者的关注日益密切和市场经济发展的需要，财政信息公开成为回应公众诉求的重要方式。财政涉农资金信息公开既能够使政府在透明执政的过程中规范管理行为，提高公信力和执行力，也能够保障公众的知情权、参与权和监督权，提升财政治理能力，主要表现在以下几个方面：

第一，财政涉农资金信息公开是市场经济发展和反腐倡廉的需要。

财政信息从国家秘密到公开账本，从公开总预算到公开部门预算，迈出了实质性的步伐。长期以来，受"官本位"思想的影响，出于维护利益相关者的需要，许多政府文件被限定在一定范围内公开，这种信息垄断的行为是市场经济失灵的重要原因。市场经济是法治经济、开放经济，也是信息经济，信息不公开会滋生腐败现象，黑暗中的权力在利益的刺激下操纵信息，无形中为腐败行为提供了"温床"，弱化了公众对政府权力运行的监督作用。对财政涉农资金信息公开的研究既是发展市场经济的需要，也是反腐倡廉的需要。

第二，有助于提升公众满意度和获得感。

信息公开是政府和公众进行有效沟通的媒介，财政信息及时全面、准确地公开，能够让公众有切实的获得感，有利于公众透过财政信息了解与自身利益息息相关的政策，进而采取相应手段保障自己的权利，也使得市场自身对政府的行为形成纪律约束，进一步监督政府公开财政信息。政府在回应公众诉求的过程中能够逐步提升公众对政府的正面评价，提升公众满意度。政府只有和公众共同参与公共事务管理，并基于公众利益至上的理念执行权力，才能使国家和社会处于最佳状态。

第三，有助于发挥财政涉农资金实效，推动新农村建设的发展。

我国财政涉农资金的投入力度越来越大，覆盖面越来越广，惠民资金落在实处，也随之成为新农村建设工作的重中之重。然而，很多地方因为财政涉农资金信息的不公开不透明，惠民力度在不同程度上打了折扣。通过规范财政涉农资金信息公开的内容、方式，构建科学的财政涉农资金信息公开机制，强化涉农财政补贴、农村社会保障、农田水利工程、农业产业化扶持、扶贫资金等信息的公开透明度，农民可以及时获取与自身利益相关的信息，实现效益的最大化，在维护农村社会稳定的同时，也推动了新农村建设的发展。

第四，以宁夏财政涉农资金信息公开试点为例，具有推广价值，尤其对民族地区具有较好的引领示范作用。

本研究实证部分以宁夏为例，宁夏作为西部少数民族地区，经济发展虽然相对落后，但是财政透明度和财政涉农资金信息公开工作近些年实现了令人瞩目的发展，对其中的机理和规律进行探讨，对民族地区有着良好的引领示范作用。本研究通过对宁夏财政涉农资金信息公开试点工作的调查研究，进一步增强政府信息公开实效，提高政府公信力，强化社会监督，为创建法治型、廉洁型、创新型和服务型政府探索切合实际的方法和途径。这在全国财政信息公开普遍处在初级阶段的背景下，对逐步提高各省区财政涉农资金信息公开水平、提高财政透明度和财政治理能力、提升全国平均水平有着重要的现实意义。

第五，有助于推动财政治理体系的完善。

本研究通过对财政涉农资金信息公开的理论剖析和实践探索，寻求建立公开透明的财政涉农资金信息公开机制，以及财政涉农资金信息公开所蕴含的财政治理价值。财政信息的开放与共享在惠及民生的同时，有助于打破不同区域、不同政府、政府各层级、不同部门及政府与公众之间的边界，信息的共享体系将有助于实现跨区域、跨业务的管理，提升了政府整体的效能，在财政透明度逐渐明晰、财政治理能力逐渐提升的过程中形成合力，推动财政资金发挥巨大的经济效益和社会效益。

第二节　文献述评

学术界对财政涉农资金信息公开的研究和探索是伴随着对政府信息公开的研究而深入拓展领域的，《中华人民共和国政府信息公开条例》自 2008 年 5 月 1 日起正式施行到 2019 年修订，经过 11 年的完善和发展，学者们在信息公开领域有着大量的研究，本研究利用 CiteSpace 可视化文件分析软件来挖掘当前国内外在政府信息公开、财政透明度以及财政涉农资金信息公开方面文献的内在规律，分别以 2007—2020 年中国知网（CNKI）、WOS 数据库所收录的和财政涉农资金信息公开研究相关的文献为样本，通过提取核心关键词，采取关键词共线图谱等方法，展现出用论文中关键词共线的频次来表示的不同主题之间的关联，频次的数量和主题之间有着紧密关联的，形成共词网络。通过 Citespace 绘制出知识图谱，凸显和政府信息公开、财政透明度以及财政涉农资金信息公开相关的聚焦主题，通过对引文的分析，用计量分析的方法，利用可视化的图谱展现信息公开研究的发展路径，把握财政涉农资金信息公开的研究主题和前沿趋势。探索的问题主要有：近年和财政透明度、财政涉农资金信息公开治理研究有关的热点是什么？关联性如何？发展趋势是什么？有什么研究空间？

本研究以财政涉农资金信息公开以及财政治理为研究主题，但是从财政治理的角度研究财政资金信息在农村地区公开的极少，文献相对匮乏，本研究通过利用 Citespace 软件，以"政府信息公开＋治理机制"、财政治理、"政府信息公开＋农村"、财政信息公开为关键词，对 2007—2020 年学术界的研究现状加以整合分析，为深入探索财政涉农资金信息公开的研究与实践提供基础性的知识工具,构建关键词共线,提炼总结学者们的观点和精髓。

一、国内文献述评

对政府信息公开的研究，是研究财政涉农资金信息公开的基础所在。财政涉农资金信息作为信息公开的重要领域，无论是制度的理论探讨还是实证检验方面，都和政府信息公开具有内在的一致性,从 2007—2020 年,研究信息公开的文献量呈现逐年上涨趋势,为了深层次地挖掘关于财政涉农资金信息公开的理论基础和研究现状以及发展趋势,下面将围绕治理角度下的政府信息公开、财政治理、财政透明度和财政信息公开以及涉农资金信息公开的研究分别展开文献分析。

(一)以"政府信息公开+治理机制"为关键词的共线分析

本研究以 CNKI 为统计源,由于《中华人民共和国政府信息公开条例》于 2007 年 1 月 17 日公布,自 2008 年 5 月 1 日开始施行, 2019 年《中华人民共和国政府信息公开条例》修订版正式颁布,政策的完善历经多年的探索,故检索时间段定为 2007—2020 年。如图 1-3 所示,在以"政府信息公开+治理机制"为核心的聚类簇中,政府信息公开、政府治理、公共治理、社会治理、治理机制、地方政府、公众参与、公共服务、大数据、财政透明、电子政务、政府公信力、治理现代化等关键节点构成了研究体系,清晰地展现了自 2007 年政府信息公开条例颁布到 2019 年政府信息公开条例修订这 12 年间国内政府信息公开在治理领域的热点和发展趋势,进一步细化衍生出网络问政、政府回应、政府信任、财政信息公开、开放政府、治理能力等内容。随着网络化和信息化时代的发展,学术界越来越关注在"互联网+"、大数据背景下,强化新媒体在信息公开中的作用,提升财政透明度,提高政府治理能力的现代化。政府信息公开的内容随着社会热点的转变而转变,学者们既有研究的自然扩展在一定程度上也是由社会热点诱发的。政府信息公开条例颁布后的头三年,学者们研究的关注点从政府信息公开和政务公开,逐渐变为关注公民的知情权,构建服务型政府,提高公民参与度。

图 1-3 "政府信息公开+治理机制"关键词共线图

政府信息公开中的治理元素体现为和政府信息公开密切相关的政府治理能力、协调上下级政府关系，以及影响信息公开的制度、组织、权力、舆论、公众满意度等因素[1][2]。段尧清以国务院部门网站2008—2018年公布的364份政府信息公开年度报告为研究对象，从公开内容、公开方式与公开效果等方面分析了我国政府信息公开态势以及治理机制的调控策略。[3]张红春认为，政府信息公开应实现政府侧的信息公开供给以及公众侧的信息反馈相结合的合作治理模式。[4]

提高财政透明度和财政治理能力，要进一步厘清和政府治理的关系，推动建立服务型政府、回应型政府、信息化、开放式政府、重视结果导向绩效评价的政府，进而推动政府的善治进程。[5]王锡锌总结了政府信息公开制度颁布10年来的治理导向，认为在治理理念下应克服工具导向和权力导向，通过信息公开促进治理现代化进程。[6]另外，重视公众参与是治理视域下政府信息公开研究共同的关注点，有学者将"公众满意度"作为政府绩效评估的一项重要指标，徐友浩[7]从社会公众参与角度，提出了政府应以公务员素质、行政效率、政府信息公开程度等指标作为政府绩效评估的依据。

从治理角度研究信息公开的文献中找到信息公开的发展规律，以政府治理、公众参与、公众满意、大数据、电子政务、政府公信力、治理现代化等为关键节点，在政策逐步完善的过程中，能够深入剖析政府信息公开的理论逻辑。

（二）以财政治理为关键词的共线分析

以"财政治理＋信息公开"为关键词的文献比较匮乏，本研究的核心是通过财政涉农资金信息公开助推财政治理水平，透过有关财政治理水平方面的研究，能够更深入探索其与财政涉农资金信息公开的关联及内在机理。

从图1-4可以看出，在以财政治理为核心的聚类簇中，呈现的关键词主要有财政治理、

---

① 马亮. 政府信息公开的影响因素：中国地级市的实证研究［J］. 情报杂志，2012，31（9）：142-146，151.
② 李春阁. 我国政府信息公开的影响因素［J］. 中共中央党校学报，2013，17（3）：60-63.
③ 段尧清. 我国政府信息公开态势及其调控策略研究 基于2008-2018年国务院部门政府信息公开年报分析［J］. 现代情报，2020，40（8）：121-128，177.
④ 张红春，卓越. 基于政民互动视角的政府透明度治理与评估［J］. 天津行政学院学报，2018，20（4）：3-11.
⑤ 朱洁. 财政透明对我国政府善治的作用机制研究［J］. 现代商贸工业，2017（24）：120-121.
⑥ 王锡锌. 政府信息公开制度十年：迈向治理导向的公开［J］. 中国行政管理，2018（5）：17-22.
⑦ 盛志喜，王协舟. 政府信息资源公共获取价值取向的研究意义与现状述评［J］. 情报资料工作，2009（6）：14-17.

国家治理、财政监督、现代财政制度、国家治理能力现代化等。财政扶贫资金及监管需要从粗放式向精细化和精准化转变，要通过信息公开、群众评议等方式摸清贫困户①。王志刚认为，在数字化时代背景下，数字财政是推动财政治理的时代需求，在财政价值创造、政府收支治理、政府治理机制等方面呈现出新的特点，不仅体现财政收益，还要从公平和效率的角度分析财政职能。②有学者提出，财政治理能力提升的前提是将财政信息视为一种特殊公共产品，要使财政信息供给和公众需求相匹配，而我国财政信息公开过程仅处于破冰阶段，制度规范尚不独立，法治机制还不够完善。③关绮鸿建议探索财政信息公开的自我报告模式、他人报告模式和问题报告模式等制度安排，并指出影响财政治理水平的因素主要是供需衔接。④

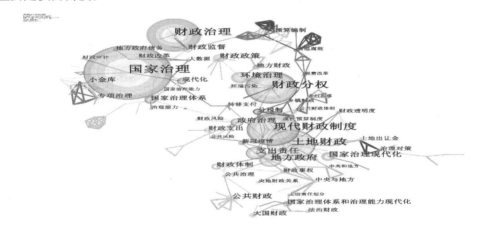

图 1-4　财政治理关键词共线图

改进财政透明度是提高财政治理水平，提升政府治理绩效的关键，王满仓和赵守国认为财政透明度要使政府和公众之间实现公开、及时和充分的交流，推动政府改善公共服务水平，无论是从质上还是从量上都有改变，进而提高财政治理效能。⑤另外，财政监督作为财政的基本职能，对促进财政治理水平和国家治理能力现代化水平有着重要的意义，既要保证全面覆盖，又要保证全程监督和全员参与。⑥通过以财政治理为核心的关键词共线，

---

① 于数一，李木子，黄潇. 我国贫困治理现代化："精准"取向下的财政扶贫资金发展 [J]. 山东社会科学，2020（11）：144-149
② 王志刚. 赵斌，数字财政助推国家治理现代化 [J]. 北京大学学报（哲学社会科学版），2020，57（3）：150-158.
③ 王晟. 我国财政信息公开制度构建研究 [J]. 政治学研究，2011（1）：84-93.
④ 关绮鸿. 财政透明度研究 [D]. 厦门：厦门大学，2002.
⑤ 王满仓，赵守国. 财政透明化背景下的政府治理变革 [J]. 经济学家，2005（4）：89-95.
⑥ 马海涛，肖鹏. 国家治理能力提升背景下财政监督体系构建研究 [J]. 行政管理改革，2020（12）：30-35.

更多的研究延伸到推进财政体制改革和国家治理能力现代化水平的高度，这是财政管理能力提升的导向。

（三）以"政府信息公开＋农村"为关键词的共线分析

以"政府信息公开＋农村"为关键词的文献极度匮乏，农村地区是信息公开的薄弱地区。因此本部分文献分析以"政府信息公开＋农村"为关键词做共线分析，农村地区的信息公开是重点领域，也是信息公开的薄弱环节，值得进一步挖掘。从图 1-5 可以看出，以"政府信息公开和农村"为核心的聚类簇，呈现的关键词主要有政务公开、电子政务、村务公开、新农村建设、基层政府、公众参与等。近 10 年来，对政府信息公开在农村地区的研究主要集中在从基层政府的角度探索新农村建设过程中农村信息化建设、村务公开，农民利益表达，以及基层政府的信息服务对新农村建设的影响等，如向佐群和胡美灵通过对湖南、辽宁、山东等地的农村政府信息公开情况进行调查，提出农村的政府信息公开不到位、农民的信息意识淡薄等问题是制约农村政府信息公开的主要因素，要转变政府职能，培育农民的信息意识，提高政府信息质量，强化多种信息传播渠道的有机结合。[1] 陈景国和陈林玲使用灰色关联分析方法，对贵州农村信息公开度进行了调查，研究表明，其影响因素有：网络基础设施建设、电子农民培养、政务信息内容感知等。[2] 在财政涉农资金信

图 1-5 "政府信息公开＋农村"关键词共线图

① 向佐群，胡美灵. 对我国农村政府信息公开的调查与思考［J］. 湖南社会科学，2007（5）：79-83.
② 陈景国，陈林玲. 贵州农村电子政务信息公开度影响因子的灰色关联分析［J］. 信息技术与信息化，2018（5）：176-179.

息公开的实践过程中，农民作为信息公开中的弱势群体，在开展的过程中存在着诸多的障碍和阻力，这给基层地方政府治理提出了挑战。总体来说，聚焦在农村政府信息公开方面的文献相对较少，这是一个薄弱的环节，也是值得我们去深入研究的领域。

（四）以财政信息公开为关键词的共线分析

有关财政资金方面的信息公开，我们需要进一步探讨有关财政透明度的研究，进而找到和政府信息公开以及农村地区的信息公开的交叉点。从图1-6中可以看出，在以财政信息公开和财政透明度为核心的聚类簇中，关键词主要有财政透明、预算公开、公共财政、财政监督、"三公"经费、财政预算、公众参与等内容，学者们对省级政府财政信息公开的研究比较关注，地方政府的财政透明度近三年都是研究的热点问题。

图1-6　财政信息公开关键词共线图

在财政信息公开的作用及影响因素方面，学者们认为财政信息公开透明，有助于提高公共资源的使用效率和政府的服务能力，影响公共政策的选择。申亮运用结构方程模型的验证结果表明：社会身份、公众政治态度、参与环境和政府政策导向对公众财政信息公开的诉求有较强的影响。[1]郑浩生对政府财政信息公开的驱动力进行了剖析，认为内驱动和外驱动共同推动着财政信息的公开透明。[2]

---

[1]　申亮. 财政透明度进程中的公众态度与行为研究［J］. 经济评论，2015（4）：70-81.
[2]　郑浩生. 财政信息公开的政府驱动力分析［J］. 地方财政研究，2020（8）：42-47，64.

虽然我国财政信息公开总体上处于不断改进和提高的阶段，但是问题很多，透明度仍然处在较低层次，主要表现在政府会计制度不完善；财政信息公开存在短板，无法反映公众需求，公众参与获取信息的渠道也不够通畅；政府信息的准确性和真实性仍待完善；财政信息公开预算编制不完善等方面。[1][2][3]邓淑莲、曾军平设计了财政透明度的评估指标体系，评估了我国2017年30多个省的省级财政透明度，全国平均水平为48.26分，普遍处在较低水平。[4]

在对财政信息公开和财政透明度诸多问题的解决对策上，学者们的观点主要集中于以下几点：首先，财政信息公开工作需循序渐进，要逐步将信息公开提高到立法层面，逐步完善财税体制改革；其次，要将财政预算信息等以报告的形式向公众及时、全面地公布。[5]；再次，培养公众公共精神、改善公众参与环境、加强政府政策引导，逐步提高我国公众的财政透明度意愿，推动财政信息公开的发展。从现有的国内相关文献资料来看，关于财政信息公开的研究内容比较丰富，然而理论性、介绍性、模式性借鉴的研究较多，实地调查研究成果较少。财政信息公开最终取得了什么效果，公众的评价如何，有哪些需要改进的实际问题，值得我们进一步研究和探讨，但毋庸置疑的是，财政信息公开透明化已是大势所趋。

通过对相关文献的梳理和分析，可以总结出来共性的问题，其表现在以下几个方面：

第一，以往关于财政涉农资金信息公开的研究对象，对中央层面政府的研究要多于地方政府层面，对市县级的研究比较匮乏，介绍性、模式性借鉴研究较多，而立足于实际的实地调查研究较少，尤其是财政涉农资金信息公开的内容很少有人提及。既有的一些实证研究也往往是对特定问题的数据检验，没有深入挖掘其中的机理。财政信息公开在全国范围内已经展开，随着新农村建设的发展，基层政府财政涉农资金信息公开呈现出什么样的特征，具体开展情况以及取得的效果怎么样，农民的总体感知和评价如何，在实践过程中有哪些障碍，如何从财政涉农资金信息公开工作层面上升到财政治理和国家治理层面，都

① 刘笑霞，李建发. 中国财政透明度问题研究 [J]. 厦门大学学报（哲学社会科学版），2008（6）：34-41.
② 兰晓强. 预算信息公开是提高财政透明度的重要途径 [J]. 当代经济管理，2010，32（1）：89-92.
③ 陈曦，王泺，韩洪兴. 财政透明度：国际规范与中国实践 [J]. 财政科学，2020（7）：74-82，102.
④ 邓淑莲，曾军平，郑春荣，等. 中国省级财政透明度评估（2017）[J]. 上海财经大学学报（哲学社会科学版），2018，20（3）：18-28.
⑤ 黄伯平. 政府信息公开与治理现代化　基于典型财政案例的考察 [J]. 地方财政研究，2015（7）：34-41.

要我们进一步探索。财政涉农资金信息公开的完善充分体现着政府的治理效能，需要深入拓展研究对象的覆盖面。

第二，国内的很多研究都仅仅是对国家理论政策的说明和论证，不够深入，如2019年新修订的政府信息公开条例公布以来，涌现出很多宣传性质的论文，关于财政涉农资金信息公开的研究并没有上升到提升财政治理和国家治理效能的层面，缺乏从治理的角度对政府信息公开背景、基本理论、研究路径等方面的系统研究，很多研究都停留在理论和制度层面，而具体的实证研究相对欠缺。另外，学科研究碎片化，财政涉农资金信息公开问题是一个多学科交叉的问题，涉及法学、政治学、经济学、公共管理、社会学等多个领域，现有研究从法学、信息管理、情报学的角度展开得较多，但是从公共管理、经济学的角度进行的研究相对较少，有关政府信息公开绩效评价的实证研究也很少，将国家治理现代化和政府信息公开有效结合的成果也鲜有学者涉及，在这个领域还有很深的拓展空间。

第三，从研究方法上看，宏观分析的成果要远多于微观实证分析的成果，对财政涉农资金信息公开的研究需将理论研究和政府创新实践研究相结合。对地方政府具体做法的研究，尤其是对财政透明度较高地区地方政府实践的研究，有助于提炼出可供借鉴的经验，找出不同地区的相似处和差异，并探寻其中的规律。政府信息公开已有多年的研究历史，还可以深入挖掘有关大数据、人工智能等方面的研究，自党的十八届三中全会以来，国家治理能力现代化的研究成为热点话题，从多学科深入挖掘财政涉农资金信息公开和财政治理的逻辑关联，都有待深入考究。针对财政透明度和财政信息公开的研究，很多学者的数据都来源于上海财经大学课题组连续多年的"中国财政透明度报告"中的相关分析，而且更多的是总量的研究，较为宽泛，并没有针对某一个具体的领域深入探索，尤其是财政涉农资金信息公开的数据极其匮乏，缺乏科学的评价指标体系。

以上内容是对国内财政涉农资金信息公开相关文献的分析和提炼，国外学者的关注聚焦点也有助于帮助我们进一步理解财政涉农资金信息公开治理的内涵。

二、国外文献述评

通过在 Web of Science 数据库中的文献检索，自 2007—2020 年，检索主题为政府信息公开＋治理机制（governance），有331篇文献，由于国际上很少有财政信息公开的提法，更多的提法是财政透明度，因此以检索主题为财政透明度的文献有486篇，以检索主题为政府信息公开＋农村的文献相对较少，仅有53篇，相关研究呈逐年上升趋势。

（一）以国外"政府信息公开＋治理机制"为关键词的共线分析

财政信息公开的研究起点都是从政府信息公开开始的，如图 1-7 所示，透过知识图谱的关键词节点可看出，国外涉及政府信息公开的研究往往聚焦在具体领域，有着详细的划分，以"政府信息公开＋治理机制"为主题进行检索，出现频次较高的有财政透明、财政治理、政务公开、反腐败、公众参与、公共政策制定、政府治理、网络空间、地方政府等，它们与其他节点关系也比较紧密，作为政府治理的核心要素，彰显了国外政府信息公开研究的着眼点。

图 1-7　国外"政府信息公开＋治理机制"关键词共线图

科尔斯塔和威格指出，缺乏透明度将滋生腐败和寻租。[①]亨格西克·帕格以韩国政府信息公开为例，认为信息公开的质量要比数量更重要，信息公开要能够为公众所感知。[②]安德鲁认为政府信息公开影响着政府的执政效率，从长远看，对投资和财政发展也有着一定的影响，如果增强对政府机关的约束，会推动政府信息公开数量的增加。[③]Sanja 等认为，政府信息公开为社会提供了更加便捷的服务，也推动了对政府的效率进行绩效评价的力度。Lorentzen 等人认为，各地政府信息公开的差异和政府执政能力息息相关，领导者在信息公开透明中的作用明显。国外学者对政府信息公开的研究，对提升政府效率以及获得公众认可的治理理念有着共识，即通过构建信息公开治理机制，提升政府的透明度，进而改

---

① KOLSTAD L, WIIG A. IS transparency the key to reducing corruption in resource rich countries, world development, 2009, 37（3）: 521-532.

② HEUNGSIK P. 韩国的行政公开改革研究［M］. 宋华琳，译. 北京. 法律出版社，2003：58.

③ ANDREW W. On the release of information by governments: Causes And consequences. Journal of Development Economics, 2009, 89（1）: 124-138.

善政府的治理水平。[①]

（二）以国外"财政信息公开＋财政治理"为关键词的共线分析

国外对财政信息公开的研究，大多着眼于财政透明度，信息公开只是作为影响财政透明度的其中一个因素。从图 1-8 可以看出，以财政透明为主题检索，出现频次较高的有财政治理、预算透明、财政政策、财政规则、财政透明度、经济危机、政治预算周期、反腐败、发展中国家等，处在核心区域的预算透明、财政透明、治理、公共开支、公众参与是一级聚焦词汇。

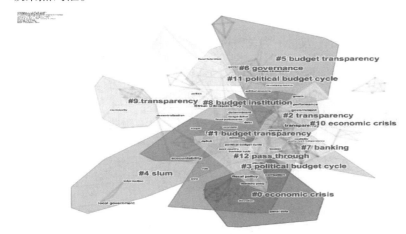

图 1-8　国外"财政信息公开＋财政治理"关键词共线图

2000 年，雷尼卡和斯文森提出，财政信息公开有助于保障公民的知情权和监督权，也有助于提升公民对社会的责任意识。Milesi Fenetti 和 Hau erberg eta 在 2001 年的研究表明，财政信息公开有助于推动财政资金绩效的提升，可以有效遏制财政开支的随意性。根据世界银行对 169 个国家收集到的总体数据，Islam 在 2003 年研究发现，透明度（包括《信息自由法》的出台以及政府部门更频繁地公布经济数据）与财政治理的优劣存在很大关联。[②]

Reinikka 和 Svensson 通过乌干达的实例，认为财政信息公开能够推动反腐败的力度。Gomez，Fridman 和 Shapiro 通过问卷调查的方式分析了 36 个发展中国家的预算信息公开状况，认为应提升财政透明度，强化公众的理解和认知。Wehner 和 Renzio 认为公众是地方政府财政信息公开透明最为重要的需求方。Marí a del Roc í o Moreno-Enguix 以西班牙地方政府为研究对象，提出通过建设透明门户网站强化财政信息公开。

① 吴建南，李泓波，阎波. 基层政府财政信息公开影响因素：以白庙乡为例［J］. 情报杂志，2013（11）：154-158.

② 申亮. 财政透明度的绩效与衡量：一个文献述评［J］. 地方财政研究，2011（9）：42-47.

国外学者认为，财政透明度和腐败现象是有着密切关联的，提升财政透明度是遏制腐败行为最有效的方式，较低的透明度会阻碍社会发展。财政信息公开中加大公民的参与，在增加政府透明度的同时，遏制了政府的随意性支出，能够最大化地发挥财政资金的效能，提高财政治理能力。公民对公共财政信息有知情权，通过公民参与，使公共财政资金被晾晒在公众视野中。要提高财政透明度，需要在治理过程中强化公民的参与和监督。帕特南指出，推动公众参与，将会有效提升政府工作效率，提升经济发展水平。国外学者对财政信息公开和财政治理的研究有助于厘清财政资金支出绩效和治理之间的关联，公众导向始终是增强财政治理能力的着眼点。

（三）以国外"政府信息公开＋农村"为关键词的共线分析

以国外"政府信息公开＋农村"为关键词检索，国外的文献主要聚焦在公平和平等上，出现频次较高的有发展中国家、中国农村地区、公平、治理、公众参与。（图1-9）近十年，国外对农村地区政府信息公开研究的文献寥寥无几，西方国家在该领域的研究主要聚焦在公平和平等上。

图 1-9 国外"政府信息公开＋农村"关键词共线图

综合以上检索关键词可见，有关政府信息公开的研究，政府治理、公众参与、财政透明度是核心焦点问题，另外，网络化作为高频词汇，也凸显出政府信息公开中，网络化治理的重要作用。针对财政治理理论和财政信息理论的研究也遵循学术研究的范式加以拓展，并随着时代的变化、政策的逐步完善延伸研究范畴。国际上始终将财政信息公开性及财政透明度的提升作为国家公共治理的要求，无论是西方发达国家还是发展中国家，都致力于通过打造透明型政府来促进经济增长和社会稳定。在这一背景下，很多国家都开始将财政信息公开作为财政治理的重点关注领域，并通过专门的立法对政府的执政行为加以规范和约束。

国外有关财政涉农资金信息公开工作，虽然推进方式各异，但是都非常重视制度规范，通过国家权力机构制定统一法律来进行约束，而且更多聚焦于公众参与和公平公正的治理模式，但是在研究方面，很少有财政涉农资金信息公开方面的文献。农村作为薄弱地区，农民作为弱势群体，关系着经济的发展和社会的稳定，从信息公开到财政治理和国家治理，都应以坚持效率和公平为准则，在维持公平公正的前提下，以信息公开为媒介，促进政府治理效能的提升，因此，结合国内外学者有关财政信息公开方面的研究，我们需要不断拓展研究领域，将对信息公开的探讨延伸至基层，延伸至农村地区，并将其上升到提升财政治理和国家治理能力现代化的高度。

第三节　研究内容、研究设计路线图与研究方法

一、研究内容

财政涉农资金信息公开作为财政信息公开的核心问题，是构建透明财政和新农村建设的必然要求。本研究通过对财政涉农资金信息公开制度变迁以及国内外经验的梳理，引入力场分析和演化博弈论，以宁夏财政涉农资金信息公开试点为例，分别于 2016 年和 2019年进行了社会调查，分析和比较了财政涉农资金信息公开的农户满意度及影响因素，并进行了综合的绩效评价，探索财政涉农资金信息公开的普惠服务目标机制、激励机制、互动机制、运行机制以及评价和监督机制，在充分发挥财政涉农资金实效的同时，推动政府公信力和农民获得感的提升，让信息公开带来的福利真正惠及处于信息弱势地位的农民。

论文结构如下：

第一章绪论，主要包括研究背景、研究意义、国内外文献述评、研究内容、研究设计路线图、研究方法及研究创新点。

第二章介绍了财政涉农资金信息公开治理的理论基础，包括新公共管理理论中公众导向的职能定位、信息经济学中的委托代理理论及激励相容理论、新制度主义理论中的制度支撑和沿革、力场分析及演化博弈理论、信息公平理论以及财政涉农资金信息公开治理的价值取向等。

第三章介绍了财政涉农资金信息公开相关的制度变迁以及国内外经验借鉴，在厘清政府信息公开、财政信息公开、财政涉农资金信息公开方面的政策演变过程的同时，提炼总结了国外比较成熟的信息公开制度和丰富的实践经验，并分别阐述了国内经济发达地区和经济欠发达地区财政涉农资金信息公开的实践经验，提炼其中的精髓，进一步凝练其中的机理，在具体践行过程中，探索适合本国国情的发展模式。

第四章分析了财政涉农资金信息公开治理的动力、阻力及耦合，呈现了财政涉农资金

信息公开的发展现状和问题。财政涉农资金信息公开在动力和阻力的作用下形成的力场构成信息公开治理系统，动力包括市场经济体制逐步完善的外部环境、善治导向的政治体制改革、互联网＋大数据时代带来的信息化变革、公众期望的压力、赢得公众信任的渴求、政府职责的内在要求等，阻力包括正式制度和非正式制度的静态路径依赖的制度环境、财政涉农资金信息内容不完善及公开渠道不畅、农民信息意识淡薄以及政府缺乏公开信息积极性等现实障碍。财政涉农资金信息公开在动力和阻力耦合的力场下，在不断地匹配和失衡中演进。

第五章从财政涉农资金信息公开治理中存在的多重博弈关系入手，通过构建演化博弈模型对信息公开治理系统中的博弈关系进行分析。从纵向上看，有中央政府和地方政府的利益博弈；从横向上看，有政府和农民之间的利益博弈。政府信息公开的制度变迁和农民的认知水平都具有渐进性，本章分别建立了中央政府和地方政府以及政府和农民之间的演化博弈模型，对演化稳定策略进行详细剖析，深入挖掘其内在机理。

第六章以宁夏财政涉农资金信息公开试点为例，利用 2016 年和 2019 年的调查数据，从四个方面研究了财政涉农资金信息公开试点的成效。宁夏经济发展水平虽相对落后，但财政透明度近几年跃居全国前列，并有序推进了财政涉农资金信息公开试点工作，具有一定的研究价值。首先探讨了财政涉农资金信息公开在宁夏推进的效果和问题，其次探讨了基层农户满意度，通过构建有序 Probit 模型研究满意度的影响因素，再次探讨了农户对财政涉农资金信息的需求态势，最后采取"自上而下"和"自下而上"相结合的方式，对宁夏 2016 年和 2019 年财政涉农资金信息公开的政策、过程、结果及农户态度和行为方面进行了综合绩效评价，构建指标体系，并利用层次分析法设计指标权重，根据评价结果解读具体评价指标。

第七章提出构建财政涉农资金信息公开治理机制。第一，构建财政涉农资金信息公开普惠服务目标机制，将实现信息公开和缩小城乡及区域间的信息鸿沟作为基本导向；第二，构建财政涉农资金信息公开治理激励机制，推动中央政府和地方政府，政府和农民之间形成从博弈到合作的格局；第三，构建财政涉农资金信息公开治理互动机制，如反馈性机制、信息沟通机制以及参与机制，以信息为媒介，提升信息公开的效率；第四，构建财政涉农资金信息公开运行机制，从制度建设到具体政策的落实，提出可行的路径；第五，构建财政涉农资金信息公开评价与监督机制，确保信息公开发挥实效。

第八章是结论与展望。

二、研究设计路线图

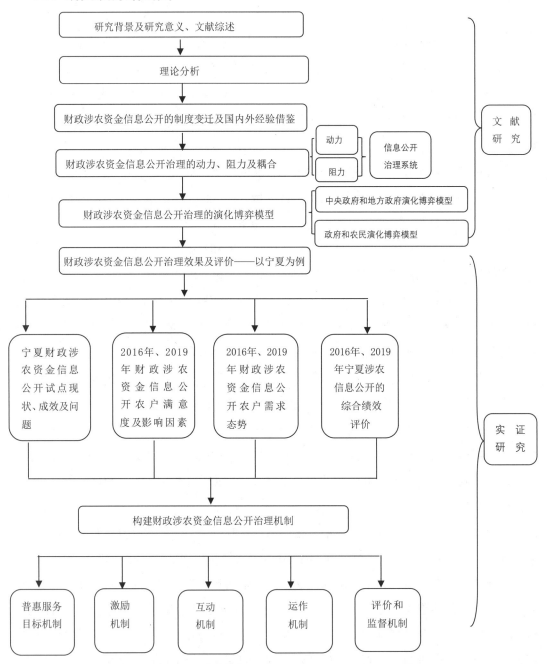

三、研究方法

本研究对政府信息公开、财政信息公开、财政治理及相关理论的研究，主要采用规范分析方法，对财政涉农资金信息公开的现状、绩效评估、存在问题及解决路径等，则采用实证分析方法,通过理论和实证相结合的方式探索推动财政涉农资金信息公开内在的机理,具体方法如下。

（一）文献研究法

系统收集相关文献资料,对国内外财政信息公开的具体目标、内容、具体方式进行广泛深入的学习和了解,在文献综述部分使用文献计量分析方法,以财政信息公开、财政治理、农村地区信息公开相关的关键词做共线分析,对学术界的观点进行梳理,综合运用经济学、公共管理学、民族学、社会学等理论展开论述。

（二）历史分析法

从历史的角度,对财政涉农资金信息公开的政策沿革进行梳理,呈现财政涉农资金信息公开的制度变迁过程。

（三）比较分析方法

首先,在分析国内外财政信息公开的理论与实践的基础上,提炼国内外财政信息公开的方法与案例,并进行比较研究,进而探索适合我国国情的财政涉农资金信息公开模式。

其次,在实证分析部分,对2016年和2019年财政涉农资金信息公开满意度、影响因素以及综合绩效评价进行比较分析,研究变化趋势。

（四）博弈分析法

通过博弈分析法构建演化博弈模型,探讨财政涉农资金信息公开在中央政府和地方政府之间、政府和农民之间的博弈过程以及形成的博弈格局。

（五）社会调查分析方法

以宁夏财政涉农资金信息公开试点为实证分析样本,用分层抽样的方法从省、市（县、区）政府、乡镇政府和农户四个层面对财政涉农资金信息公开试点方案的执行情况进行深入调查。收集一手资料,采用政策效果评价的主要方法,如建立指标体系、设定评价标准,从财政涉农资金信息公开的方案、执行过程到执行效果进行全方位的评价。在指标权重设计上采用层次分析法,为探索进一步改进财政透明度,提升财政治理水平提供规范、科学的分析方法和决策依据。

第四节　研究创新点

首先，本研究对信息公开的研究范围进一步下移到农村领域，深入农村基层，聚焦财政涉农资金信息公开的政策演变及发展机理，并将研究层面上升到构建财政涉农资金信息公开治理机制、提升财政治理水平的高度。农村地区财政涉农信息公开是一个薄弱的研究环节，现有文献非常匮乏，信息不公开、不透明，是痛点，更是难点，影响着财政治理实效，关乎社会稳定。

其次，本研究基于经济学、民族学、社会学和公共管理学理论的交叉学科视角，探讨财政涉农资金信息公开治理机制。从已有文献来看，关于信息公开问题的研究，多数都是从广义的信息公开的角度展开，如从法学角度关注政府信息公开立法问题、权力问题等，大多使用的是宏观经济数据，依赖于官方统计数据等二手资料，相对单一。本研究从交叉学科的视角展开研究，深化了财政信息公开的研究范畴。

再次，本研究既从理论上厘清财政涉农资金信息公开治理的机理，又通过实证检验加以论证，引入力场分析法和博弈分析法，通过分析力场中存在的利益抗衡关系，构建演化博弈模型，呈现通过财政涉农资金信息公开推动财政治理能力提升的演绎过程，最终落脚点是构建财政涉农资金信息公开治理机制，具有一定的创新性。我国"十四五"规划中提出要构建涉农信息普惠服务机制，其实就是要充分体现信息的公平价值。城乡之间、区域之间的信息鸿沟导致财政涉农信息公开在农村地区的进展存在诸多障碍，影响着财政透明度和财政治理能力的提升，对此，本研究提出了构建财政涉农资金信息公开治理的普惠服务目标机制，具有一定的创新性。信息公开作为一种治理工具，要将提高财政资金效率和实现社会公平有效结合，在提升政府治理效能的同时，注重提升农民的满意度和获得感，进而推动财政资金的经济效益和社会效益，促进财政治理的科学性、规范性和高效性。

最后，本研究采用社会调查法，以宁夏财政涉农资金信息公开的试点为样本研究区域，既通过自上而下的方式研究政府在财政涉农资金信息公开方面的现状，又通过自下而上的方式对农户满意度和需求度进行分析研究，用分层抽样的方法从自治区、市县、乡镇政府到样本农户展开层层调研，并用政策效果评价的主要方法，如建立指标体系、设定评价标准，对财政涉农资金信息公开的方案、执行过程到执行效果进行全方位的评价。本研究所使用的数据是作者所在课题组分别于 2016 年和 2019 年通过实证调研所搜集的一手数据，涉及宁夏回族自治区 3 县 9 个乡镇，包含了农户的基本信息资料和联系方式，建立了完备的反馈和复核渠道，最大限度地保证了数据的真实性和有效性，为分析财政涉农资金信息公开试点中存在的问题和提出相关对策提供规范、科学的分析方法与决策依据，使得文章的结论更接近现实生活，也更具普遍指导意义。

第二章

财政涉农资金信息公开
治理的理论基础

第一节　相关概念界定

一、财政涉农资金信息公开的概念

财政信息公开一般是中国术语，是政府信息公开的核心领域。政府信息公开，是指行政机关的执政过程需要采用公众能够接收的方式，及时公布信息资源，并且允许公众以多种形式接收，充分利用行政机关公开的信息。[①]财政透明度的提升需要通过政府信息公开来实现，在国际上，通常将财政信息公开称为财政透明度。George Kopits 和 Jon Crai 对财政透明度做出了比较权威的定义，即"政府及其财政部门要向公众最大限度地公开关于政府的结构和职能、财政政策的意向、公共部门账户和财政预测的信息"。财政透明度体现在政府职责规定的明确性，财政信息公开的翔实性、便捷性，决策内容和过程的公开性以及公众能否顺利获得财政信息等方面。政府作为公共资金的代理人，必须将财政资金的来龙去脉、支出规模及机构向作为委托人的公众公布，这是构建透明财政，推动财政治理向国家治理现代化迈进的必要条件。[②]财政信息公开是透明财政的内在要求，能够有效提高财政资金的使用效益，强化政府和公众的沟通，有效衡量财政政策、过程、结果的评价以及政府履行职能的情况。

农业农村是各级财政支出的优先保障领域，本研究对信息公开的研究聚焦于财政涉农资金信息公开，即政府要向公众最大限度公开有关农业基础设施建设、农村重大改革、农业可持续发展、农村民生改善等方面的涉农资金信息，让公众了解到财政编制、决策过程，并有合适的渠道表达偏好，监督财政涉农资金的使用情况。

---

① 段尧清，汪银霞. 政府信息公开的动力机制［J］. 情报科学，2005，23（10）：1457-1460，1469.
② 韩冰. 我国财政预算信息公开质量评析［J］. 地方财政研究，2014（11）：17-20.

二、财政治理的概念

财政是国家治理的基础和重要支柱，财政治理体系在国家治理现代化体系中有着引领性的作用，政府的所有活动都离不开财政资金的拨付，财政资金的绩效问题是财政治理的核心，资金从投入到支出需实行全链条管理，如果财政信息披露得不完整、不及时，就会导致较低的财政透明度。强化资金的使用绩效财政职能贯穿于政府职能始终，覆盖社会经济、文化、政治、社会等多个领域，涉及政府和市场之间的关系，中央政府和地方政府关系及政府与社会的关系。财政治理不是单向的财政收支管理，而是多元主体参与基础上的双向互动过程。财政治理的框架随着财政体制改革的进程逐步建立起来，财政的基础性支撑作用及财政治理能力关系着国家治理能力体系的建设。财政职能从经济范畴上来讲，通常是从政府弥补市场失灵的职能出发，优化资源配置、调节收入分配和促进经济稳定，从治理范畴来看，它还具有维护社会公平和稳定的功能。财政治理的落脚点是公平和正义，既关系着国家发展，又关系着民生福祉；既关系国家长远战略，又关系现实发展。

三、财政涉农资金信息公开和财政治理的关系

（一）财政涉农资金信息公开是提升财政治理能力的有效切入点

财政涉农资金信息公开是衡量财政治理水平的表现形式。财政部门的机构设立、人员配备、资金投入、平台建设、业务流程以及政策执行信息的公开透明，能督促政府在提供公共产品的过程中，及时响应农民诉求，减少政府部门设租、寻租的空间，[①]有效监督政府提供有关财政收支和政府财务等方面的信息，规范政府的行为，打破信息垄断的格局，为建立法治政府、廉洁政府、效能政府提供有力的保障，[②]有利于农民通过及时准确和全面的财政信息来了解政府行为及与自身利益相关的政策措施，进而采取相应手段保障自己的权利，提升满意度和认可度。

公共财政治理框架下，要增强公众的信任和认同感，必须保证财政信息的有效性和真实性。从财政治理的角度来看，政府如果仅仅把财政涉农资金信息公开作为一种管理工具，就会依据自我需求有选择性地公开信息，通过多种媒介大张旗鼓地公开愿意公开的信息，对公众较为关注但政府不愿公开的信息，却以隐私和机密为理由，不予公开。这会加大政府的裁量权。财政涉农资金信息公开不单纯是管理工具，而是一种推动提高财政透明度的

---

① 赵倩. 财政信息公开与财政透明度：理念、规则与国际经验 [J]. 财贸经济，2009（11）：61-65.
② 于中元. 财政信息公开机制研究 [D]. 北京：财政部财政科学研究所，2014.

治理工具。它既要充分体现政府资金拨付的状况，也要保障农民获取信息的权利，公开内容要真实详细，公开方式要方便快捷，还要接受公众的监督与质疑。通过透明公开的信息披露，提升财政透明度和财政治理水平，有助于推动财政体制改革的进程。

（二）良好的财政治理是财政涉农资金信息公开的落脚点

财政治理的基础就是公众对政府的社会认同感以及公众自身的获得感。财政资金从预算到拨付再到使用，对资金的使用绩效实行全流程管理，提升财政透明度等手段增强了财政政策宏观调控的能力，使财政管理系统透明地、科学地、高效地运转，财政涉农资金信息公开最终的落脚点是实现良好的财政治理，进而推动国家治理能力现代化的进程。

财政涉农资金信息公开是提高财政透明度和构建透明、廉洁政府的利器，尤其是基层政府治理面临着千疮百孔的问题，全面提升治理水平可谓千头万绪，提高财政透明度，将实现良好的财政治理作为财政涉农资金信息公开的目标，提升推动财政改革的压力和动力。衡量财政资源分配质量最直观的表现就是财政信息公开。政府向农民提供财政信息也是一种公共服务。传统模式下，政府具有的信息特权以及出于利益需求的倾向性决策，抑或一意孤行强制推行的政策，都往往不尽如人意，反而加剧了政府与公众之间的矛盾。实现民主财政的前提就是充分公开信息，促进公众全方位参与，以通俗易懂的方式使多数人都能理解信息公开的要素，使公众了解到政府财政资金的流向、用途，获取和自己利益相关的信息。公众是最好的监督者，公众的参与可以使政府及时纠正偏差，增强财政治理的科学性和合理性。财政涉农资金信息公开的公众导向和良好的财政治理具有内在的一致性。

善治视角下的财政治理，是在多元化社会需求背景下以公共利益最大化为目标的柔性治理，政府的角色不再是"独角戏"，而是通过"自上而下"和"自下而上"相结合的方式治理公共事务，与公民社会有着多元化的合作和协调。Sari 提出，公共部门要通过透明的、高质量的财政信息实施治理，财政信息的透明度应采用易于理解的形式。[1]财政涉农资金信息公开要求政府必须适应这种现代社会公共治理的多元化价值体系，通过信息公开推动财政治理水平的改善，进而实现善治的目标。财政资金信息集业务性和技术性于一体，高质量的财政信息公开不单纯是财务数据的公开展示，而是既要保证数量，又要保证质量。信息的披露需要构建"制度"＋"技术"的治理体系，充分发挥财政治理在国家治理中的支柱作用。财政涉农资金信息公开有助于推动政府形成一种倒逼机制，推动财政体制改革

---

[1] SARI，E. N. Accounting Practices Effectiveness and Good Governance：Mediating Effects of Accounting Information Quality in Municipal Office of Medan City，Indonesia ［J］. Research Journal of Finance and Accounting，2015（2）：1-10.

的进程。

财政涉农资金信息公开和财政治理的理论基础涉及交叉学科，新公共管理理论中市场导向的政府职能定位及信息经济学中的委托代理理论，激励相容机制、新制度主义理论的制度支撑是财政信息公开的逻辑基础，信息公平是财政治理的着眼点，财政治理工具是财政涉农资金信息公开的价值意蕴，这些理论根源都是国家治理能力现代化对政府执政理念和治国理政能力的考验。

四、财政涉农资金信息公开治理机制的概念

财政涉农资金信息公开治理机制是政府在治理过程中通过对信息资源公开的权力配置，构建目标机制，在中央政府、地方政府、农民等多元主体中建立有效的沟通、运行、激励、评价及监督机制，进而提高组织的整体运作能力，推动财政治理能力的提升。财政涉农资金信息公开的目标机制是确保社会不同群体均能享受公共服务的福利。构建城乡一体化的信息服务是推动信息公平的着眼点。财政治理水平的提升，需要通过构建科学、合理的财政涉农资金信息公开治理机制，通过有效沟通、激励，使信息公开运行得以顺利实施，对结果要进行科学评价和监督，通过全链条治理模式，推动财政涉农资金信息公开治理迈向制度化、规范化的轨道。财政涉农资金信息公开的目标机制、激励机制、互动机制、运行机制及评价监督机制是相互联系的，各要素通过互相联系和作用，实现信息公开机制的最大优化，产生良好的综合效果。构建财政涉农资金信息公开治理机制是推动财政信息公开和提升财政治理能力的落脚点。

第二节　财政涉农资金信息公开治理的理论分析

一、基于新公共管理理论公众导向的职能定位

20 世纪 70 年代中期，受全球化、信息化的影响，传统公共管理模式下的政府遭到了公众的质疑，饱受诟病，其弊病主要体现在以下几个方面：首先是全能行政。即政府行政行为具有无限性，全面介入社会和个人领域，陷于很多不该管、管不了，更管不好的状况，政府介入领域过多，管理范围过宽，是事无巨细的全能型政府，造成资源的浪费。低效行政、暗箱行政。其次是政府规模过大，机构臃肿，消耗资源过多。再次是官僚主义倾向导致服务效率和质量低下，平庸无为。传统公共管理模式下，政府是至高无上的封闭机构，新公共管理理论重新定位了政府、市场和社会之间的关系，构建集市场、第三部门、公民等为一体的混合型公共服务供给模式。

新公共管理理论的主要观点如下：

第一，重新定位政府职能。新公共管理理论强调政府要将自己定位为掌舵者，从宏观层面思考政务问题，不断优化职能，对政府职责范围有明确的界定。

第二，倡导顾客导向。西方国家纷纷引入市场竞争机制，强调以顾客为导向，在这种改革的浪潮中，产生了新公共管理理论，它倡导以市场为导向的理念，并且积极地引入了私人部门的管理技术。假设政府的身份是一个"公司"，纳税人的身份是股东，政府的运营要像公司一样，在以实现股东利益最大化为目标的前提下确保运营成本最小化。最具代表性观点的是奥斯本和盖布勒在《改革政府——企业家精神如何改革着公共部门》中提出的政府改革的十项原则：政府的角色是"掌舵"，而不是"划桨"；重视授权；在公共服务中引入竞争机制；构建有使命感的政府；按效果投入；有顾客意识；有收益而不浪费；重预防而不是治疗；从等级制到参与和协作；以市场为导向。这十项原则对政府的职能定位重新进行了界定和审视，体现了市场导向的责任型政府的构建。

第三，强调公众参与。政府在公共事务管理中，缺乏公众参与的闭门造车行为，会使政府陷入信任危机。公众参与的积极性需要政府进行正向引导，政府可通过构建一定的平台，使公众明晰政府的意图。政府在提供公共服务的过程中必须以公众需求为导向，依法向公众披露信息，在公众的监督下促进政府服务质量的提升。

财政治理能力的提升要求财政信息公开的内容必须客观、真实地反映政府受托责任的履行状况，使公众能够了解信息公共产品的分配和使用情况。在新公共管理理论视角下，政府和公众分别扮演着企业和顾客的角色，这就要求政府充分履行受托责任，满足顾客的信息需求，财政信息公开透明，推动防腐败的力度，不断弱化政府官员的特权意识，并推动以农民满意和认可为目标的信息公开新模式，使公共权力晾晒在阳光下。如此既能提高政府的行政效率，又能提高农民对政府的认同感。

二、基于信息经济学理论的逻辑基础

（一）委托代理理论：信息不对称的诟病

经济学家约瑟夫·斯蒂格利茨、乔治·阿克尔洛夫和迈克尔·斯彭斯三人都曾因为提出"信息不对称"理论而荣获 2001 年度诺贝尔经济学奖。他们认为，市场中，卖方可以通过掌握更多信息的优势向缺乏信息的一方传递信息，以实现自身利益最大化，进而损害买方的利益。这是在信息不对称前提下委托代理现象的诟病，需要政府充分发挥掌舵的作用来解决。

财政资金的分配作为提升财政透明度和强化财政治理的重要环节，具有典型的委托代理特点。20 世纪中期，布坎南（Buchanan）提出，财政必须依照委托人的意愿行事，信息不对称和信息垄断是对信息公开的双重约束。①

委托代理关系的特征体现在以下几个方面；

第一，委托人和代理人是对立统一的矛盾体。一方面，委托人和代理人因为某种交易关系得以联结，通过契约，互相合作，具有追求双赢的目标愿景，具有统一性。另一方面，委托人和代理人都会把自身利益最大的目标置于首位，在契约关系中，会通过博弈尽可能压缩对方的空间和利益，这是对立性的一面，二者共存于一个对立统一的矛盾体中。

第二，委托人和代理人之间的信息不对称。财政透明要求政府部门最大限度地公开政府掌控的信息。政府作为信息公开的代理人，掌握着丰富的信息资源，当环境发生变化时，

---

① 王瑛. 论财政监督中的信息披露问题［J］. 财政研究，2005（10）：29-31.

能适时采取利己策略，具有绝对的优势地位，而作为委托人，公众受制于狭隘的信息了解程度，在信息掌控方面比较被动。

第三，委托代理的成本和收益。委托人和代理人在契约中为实现自身利益，需要付出成本代价。委托人需要付出时间和精力监督代理人的行为，代理人需要付出一定的成本和委托人进行博弈，委托代理关系存在的前提是双方的共赢，既包括短期共赢，也包括长期共赢。财政治理改善的过程也是委托人和代理人在不断博弈中实现共赢的过程。

在财政治理中，中央政府、地方政府以及农民之间具有双重委托代理关系。首先，政府作为公共权力机构，有义务保障公民的生命财产安全，提供有效的公共产品和服务，及时公开财政涉农资金信息，提升财政透明度，故政府和农民之间构成第一层面的委托代理关系；其次，在纵向的权力体系中，中央政府作为国家权力的执行机关，地方政府作为决策执行者，二者之间构成第二层面的委托代理关系。农民作为第一层面的委托方，要求中央政府和地方政府公开财政信息；而中央政府作为第二层面的委托方，要求地方政府贯彻中央决策，增加财政透明度。在双重代理关系的作用下，信息存在着严重的不对称，利益相关者共存于一个对立统一的矛盾体中，需要进一步探索既能满足追求双赢的愿景，又能满足自身利益要求的激励机制。[①]

（二）激励相容机制：委托代理的延伸

如何提高财政透明度，需要探索有效的激励机制，而激励相容机制实际上是委托代理理论的延伸，美国教授威廉·维克里（William Vickrey）和英国教授詹姆斯·米尔利斯（James Mirrlees）开创了信息不对称条件下的激励理论——委托代理理论，引入了激励相容的概念。该理论指出，在信息不对称的前提下，处在信息优势一方的代理人和处在信息劣势一方的委托人之间的目标函数是不一致的，每个参与者都把行为目标设定为谋求自身利益最大化。构造委托人和代理人的契约关系，合理有效的激励约束机制有助于遏制代理人的机会主义行为，促使代理人有足够的动力，通过实现委托人利益最大化来获得自身利益最大化。

最优的激励机制有三个约束条件，即个体理性约束、激励相容约束和预算平衡约束。个体理性约束是激励机制应该能够使个体参与或获得的利益大于机会成本利益，激发个体参与热情；激励相容约束是指激励的条款需使个人能够披露自己的私人意图；预算平衡约束是指利益相关者在激励机制运行的过程中获益或者至少不亏损。激励相容是自利、互利

---

① 俞可平. 没有法治就没有善治——浅谈法治与国家治理现代化［J］. 马克思主义与现实. 2014（6）：1-2.

和实现社会利益的有机结合。检验一个机制是否有效的标准之一是看能否提供内生激励机制，进而使决策者作出有利于社会利益的决策。

詹森和马克林的经典论文《企业理论：经营者行为、代理费用与产权结构》中提出，需要一种制度，有效将委托人和代理人的利益结合起来，使代理人能够通过采取促进委托人利益最大化的行为实现自身效用最大化，进而实现激励相容。

公共财政的激励相容就是基于这样一种制度的安排，即政府的经济行为，能够调节经济主体的选择方向，推动其做出既追求效益，又秉持公平正义的行为选择，而公共财政政策要激励私人部门充分参与到政府对公共物品和公共服务的供给中来，在实现财政绩效目标的同时，促进经济效率和社会公平。在这种激励相容机制的作用下，经过积极的公共财政政策的引导，"主观为自己"的初衷，客观上也可以更好地服务于社会。激励相容机制需要将内生机制和外生机制结合起来，内生机制依靠信息控制者的自律，外生机制需要对信息控制者违反规则的行为进行制约和规制，进而形成有效的激励约束。[①]

在双重委托的关系下，中央政府、地方政府、农民之间的目标函数是有差异的。中央政府的目标函数是获得公众的支持，提高声誉。地方政府的目标函数是在获得良好的社会评价的同时，追求职业晋升和良好的政治待遇。中央政府的目标函数需要通过地方政府的执行来实现，中央政府可通过奖励或者惩罚的措施对地方政府进行显性激励。地方政府的目标函数以政治晋升为激励，有可能会忽视农民的利益。农民作为委托人，目标函数是最大化地满足需求偏好。在财政涉农资金信息公开的过程中，财政部门和农民之间的合作是通过隐含契约实现的委托代理关系，但是由于受限于成本和技术，农民很难从宏观的角度掌握和预测问题，也很难评价代理人的绩效，作为委托人的农民受到集体行动逻辑的影响，力量比较分散，加剧了其在政治市场的弱势地位。农民作为权力的所有者，有权对政府行为进行监管，以保证公共政策的科学化和民主化。

财政涉农资金信息公开透明化是改变这种局面最好的方式，公众作为委托方，能够通过全面、及时的信息了解政府的行为，起到良好的评价和监督作用。政府作为代理方，财政透明本身就是对政府执政行为的一种约束。探索能够推动财政信息公开透明的激励相容机制，促使政府出于提高认可度和政治地位的考虑公开信息，同时兼顾公平正义，改善政府的财政治理水平。

---

① 周汉华. 探索激励相容的个人数据治理之道：中国个人信息保护法的立法方向 [J]. 法学研究，2018，40（2）：3-23.

三、新制度主义理论：信息公开的制度支撑

政府信息公开是制度变迁大环境下政治模式转换的结果，而财政涉农资金信息公开本身也需要相应的制度进行支撑。新制度主义是以制度为出发点，分析制度转变与组织发展关系的重要理论工具。

（一）制度观念倒逼政府信息公开的合法性基础

新制度主义认为，制度的形成是一个"规则—观念—规制"的过程，制度背后蕴含着一个国家、一个社会、一个组织的共同价值观念，这种观念也是制度得以正常运行的文化基础，新制度主义将其称为合法性机制。新制度主义学者理查德·斯格特指出，合法性机制是以共同文化认知为基础的、具有强大规范和约束力量的制度要素，能够促使社会成员在特定的维度与范围内形成共同的价值观念。按照马克思历史唯物主义的分析，社会意识对社会具有反作用，结合新制度主义合法性机制的阐释，也就意味着社会上的某种共同价值观念能够倒逼制度变迁。公众对政府信息公开的呼声高涨，这种共同价值观念是财政涉农资金信息公开的重要基础与依据。

（二）制度需求与制度供给非均衡产生的变迁

政府信息公开的制度观念奠定了实施的合法性基础，也展现出农民对财政涉农资金信息公开这一事实的广泛需求。然而，有些地方政府对信息公开持有强烈的抵制态度，认为这会泄露政府机密，其实质是官僚主义在作祟；有些地方政府虽然建立了信息公开平台，但维护和管理不到位，造成资源浪费；政府信息公开的法律法规和人才建设也处于滞后状态。新制度主义认为，制度需求与制度供给之间的非均衡状态是制度变迁的开始，农民对财政涉农资金信息公开的需求代表着社会成员的利益诉求，在具体情境下，财政涉农资金信息也就是自下而上与自上而下相结合的制度变迁过程，是满足农民利益、实现制度需求与制度供给再平衡的重要举措。

（三）现实价值带来的政府信息公开的理性选择

制度需求与制度供给的非均衡首先是由制度需求发力的，是一种外部动力，是社会对政府信息公开的一种驱动。信息公开在满足人民利益需求的同时能够为政府创造现实价值，这是政府信息公开的内驱动力。新制度主义认为，制度变迁来源于制度主体的"成本—收益"计算，这属于典型的"理性经济人"假设，但也符合个体行为的一般性规律。财政涉农资金信息公开确实能够产生诸多现实价值，如提升政府公信力，增加公众对政府的信任度；促进资源优化配置，提高信息利用效率；增进公众参与度，方便人民群众生活；提高政务

服务水平，打破信息孤岛，促进府际合作、部门合作等。这些价值与政府信息公开意愿是成正比的，也是政府信息公开的重要动机，是新制度主义理论中"理性神话"的本土化反映。农民作为信息弱势群体，在制度支撑的基础上，需要进一步探讨内在的公平与价值。

四、力场分析理论及演化博弈理论

（一）力场分析理论

力场分析法是美国社会心理学家库尔特·勒温（Kurt Lewin）创造的一种企业管理分析方法。该分析法认为，改革是在不同方面的力相互作用的结果，进而实现动态平衡。勒温认为，任何事物都是在动力和阻力这两个相反作用力下依存的，并保持平衡状态，动力推动事物的变革，而阻力试图保持甚至阻碍现状。在这种动态系统中，动力是推动改革前进的动力，而阻力降低了动力的力量，阻碍了变革的发生，只有动力超越阻力，打破平衡，才会推动变革的发生，进而从现实状态向目标状态推进。如图 2-1 所示。

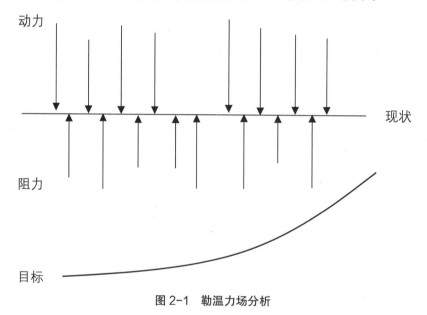

图 2-1 勒温力场分析

财政涉农资金信息公开作为政府财政治理体系的一部分，政策性强，涉及交叉部门，是一项复杂又具体的系统工程。外源动力和内在动力以及障碍和阻力的强弱程度以及合力的呈现，决定了信息公开的效率以及未来发展的趋势和方向，需要进一步厘清动力和阻力的构成体系，不断提高财政透明度和财政治理能力，最大限度地实现信息资源优化配置。

（二）演化博弈理论

财政涉农资金信息公开力场所构成的信息治理环境中，有中央政府和地方政府的利益博弈，也有政府和农民之间的利益博弈。政府信息公开的制度变迁和农民的认知水平都具有渐进性，用演化博弈工具来分析财政涉农资金信息公开，对演化稳定策略进行详细剖析，可以更深入挖掘其推动财政涉农资金信息公开治理机制的内在机理。

传统博弈论理念中，参与人基于个人利益最大化的目标具有完全理性思维，且互相信任对方的理性选择，重点在静态均衡和比较静态均衡上。演化博弈论是指在有限理性条件下，研究群体为求达到平衡过程中的策略调整、趋势及决策理论。群体策略有助于获得最佳收益，不会受到小的突变群体影响，这是一种动态均衡的过程，通过数学方程构成宏观模型，即演化博弈模型，可将群体行为的选择纳入到该模型中。[①]演化博弈理论的核心概念是"演化稳定策略"和"复制动态方程"，演化稳定策略强调了策略的演化过程，复制动态方程则描述了变异可能性情况下的演化稳定状态，其通过适应度函数和雅可比矩阵即可求解出不同演化路径下的演化稳定策略。[②]公共选择理论认为，不同的制度性行动者，如选民、政治家、政府和科层官员之间存在着三种讨价还价的博弈：选民和政治家之间就公共物品的生产和社会资源的再分配问题形成民主博弈；立法机关和政府官员对民主博弈中的问题形成政府博弈；政治家和官员之间针对执行政治决定形成科层博弈。每个讨价还价的博弈都采取这样一种不对称的互动形式：隐藏在黑暗中的密闭的"黑箱"势力相对强大，而"透明的箱子"在碎片化的制度中会遭到重重阻力，二者之间的互动是不对称的。[③]在政府信息公开博弈中，政府依靠先天优势占据了博弈的先机。由于财政信息公开的制度变迁和农民的认知水平以及财政治理能力的提升都具有渐进性，博弈关系既存在于不同层级政府之间，又存在于政府和农民之间，因此可通过构建中央政府和地方政府的演化博弈模型以及政府和农民之间的演化博弈模型来深入探索。

---

① 丁晓钦，鲁春义. 积累的社会结构理论的微观阐释：一个演化博弈视角的分析［J］. 马克思主义研究，2013（10）：81–89.

② 威布尔. 演化博弈论［M］，王永钦，译. 上海：上海人民出版社，2006.

③ 纳什，斯科特. 布莱克维尔政治社会学指南［M］. 杭州：浙江人民出版社，2007：134.

第三节 财政涉农资金信息公开治理的着眼点：信息公平

财政治理的着眼点在于既要充分发挥财政资金的惠民功效，提高财政资金的绩效水平，又要实现公平正义。财政信息作为一种公共产品，在公共财政治理框架体系下，需要以促进公共利益为目标，最大化地满足公众需求，实现信息资源的优化配置。本节的着眼点是财政涉农资金信息公开，农民是涉农资金信息公开中的信息弱势群体，如何在公平的前提下公开财政信息、提供信息公共产品，是财政治理的内在要求。

一、公共财政治理框架下的财政涉农资金信息公开

财政信息是一种具有公共产品属性的信息资源，本身具有非竞争性和非排他性，公共财政实际上就是政府集公众之财、受公众之托，合理安排财力，整合社会公共资源，提供满足公共需要的产品和服务。[①] 政府筹集的财政收入来源于公众，因此公众有权了解公共资金的使用状况，而财政支出的主要用途在于给社会提供公共产品，这种支出必须充分考虑社会的公共需求。

公共产品具有外部性的属性，即一个人的行为有可能会对其他人的福利造成影响，导致信息公开的过程中有可能出现"搭便车"现象，任何人都可以从政府共享的涉农资金信息中获利，而不用付出额外的代价。如果所有人都倾向于"搭便车"的话，会导致"理性的无知"，分散的个人无力承担搜寻信息的成本，就会选择放弃，影响社会的整体福利。

信息资源公开的目的是促进公共利益，提供公共信息服务是政府的职责所在，要在实现公共资源共享的基础上，实现信息公平以及效益最大化，既要保证不同阶层平等获得信息的权利和机会，又要通过信息资源成本最小化实现信息收益最大化，这里的效益不仅是经济效益，还包括公众内心获得感的提升，实现信息资源的合理配置，形成一个信息治理

---

① 徐兴祥，王淑芳，张健楠. 政府信息公开的经济功能分析［J］. 吉林师范大学学报（人文社会科学版），2012，40（6）：57-59，111.

系统，有效将信息环境中的设施、人员、信息网络等在一定的时间和空间的范围内加以匹配和配置。

在公共财政治理框架下，政府公共资金来源于公众，也要提供相应的公共服务。政府信息生产贯穿于政府活动始终，在市场经济制度下，信息的提供是市场主体作出经营判断的基础，财政信息的公开透明无须考虑公众对财政信息的需求的用途。因此，要提高整体市场效率，必须应公开尽公开。

财政涉农资金信息公开的诉求应该是取之于民的公共资金能否按照用之于民的原则高效提供公共产品及信息服务，并将此公布于众，接受公众的监督。大数据时代背景导致信息以复杂化和多元化态势存在，财政涉农资金信息公开是需要交易成本的，政府设计信息公开制度，并对财政信息进行加工整理和汇总，提炼农民的信息需求，都需要大量的成本。部分农民受限于较低文化水平和理解程度，想要了解补贴类信息、社会保障类信息、产业化项目扶贫类资金类信息的具体情况，需要花费精力和成本收集并甄别符合自身利益需求的信息，参与收集、理解和使用与财政涉农资金信息相关的信息也是需要信息成本的。出于降低交易成本的考虑，如果政府行使权力的过程不为公众所知，或者存在信息公开不完全甚至扭曲信息的情况，容易产生纠纷，极大地提高交易成本。

农民获取财政信息的边际成本往往是大于边际收益的，呈分散状态的农民获取财政信息的成本要大于相应的微薄收益，导致主动性受挫，农民和政府部门之间的信息地位极度不平等，只能被动接收有限的信息。而财政透明度水平越低，农民获取信息的成本就越高，从而失去监督的动力，有可能陷入一种恶性循环。根据边际成本理论，公开信息的成本和收益会随着信息量的增加不断变化，当公开某信息的边际成本和边际收益的数值相等时，相关者才能获得最大的经济利益。因此，财政部门要充分公开涉农资金信息，需要掌握好度，对农民而言，公开的信息范围并不是越大越好，农民甄别信息的能力有限，过多的信息流会导致混淆，增加选择的成本。

从公共财政治理框架来看，通过"晒账本""明家底"打造透明财政，可以使公众监督政府提高公共产品和公共服务供给的质量，监督政府更好地实现公共受托责任，并通过有效回应和反馈，帮助政府理好财、做好事，使财政资金发挥最大的效益。

二、信息公平

（一）信息贫困加剧了对公平性的感知

财政涉农资金信息公开是公共产品属性的信息资源，推动信息公平是实现信息公开的价值所在。农民是最重要的受众群体。数字经济时代的元素融入了信息公开的进程，而农村地区存在互联网信息技术及应用薄弱的短板，导致信息贫困。当把信息公开和贫困问题放在一起时，信息作为一种公共资源，在公开过程中的传播和利用有着一定的物化价值。信息作为个人的认知资源，在公开过程中的传播和利用受制于认知的特性，二者不能割裂开来。信息技术本身不具有价值判断的属性，实现信息公平要从建立完善的信息公开制度入手，进一步改善弱势群体的信息贫困现状，保障信息的获取。

城乡二元结构的现状使农民陷入信息贫困，削弱了改变现状的愿望和能力，产生疏离感，凸显了农民对社会不公正的感知。阿玛蒂亚·森提出，信息贫困的实质是能力贫困和机会贫困。贫困不仅受收入低下的影响，还会导致基本可行的能力被剥夺。信息公开在农村地区遇到的阻碍在某种程度上也是对农民获取信息能力的一种剥削。机会贫困和能力贫困表现为农民缺少获取涉农资金信息的机会，更缺乏应用信息的能力，通过获取信息获得利润的潜能不足，在信息的接收、理解、吸收和应用的过程中缺乏信息内在化的能力，难以将实际信息转化为真正获益的价值。信息资源的公开在某种程度上为农民摆脱贫困提供了发展机会，通过"赋权"和"赋能"的方式来加强信息扶贫，既依托信息技术提升政府政务服务能力，将信息公开聚焦到信息弱势地区，使农民可以通过信息化渠道来表达自己的愿望和诉求，打通政府和农民双向沟通的技术渠道，又提升农民的自我脱贫能力，提升信息获取和转化为内生性动力的能力，将扶贫与扶志有机结合。

（二）财政涉农资金信息公平的价值

信息贫困加剧了农民对财政涉农资金信息公平的感知，影响着财政治理的效果。信息公平包括四个方面，即信息资源配置的公平、信息资源获取机会的公平、信息权力的公平以及规则公平和分配公平。[①]信息资源配置应是平等的，信息主体不因城乡、地域及个人条件等方面的不同受到差别待遇，信息要在个人、群体、地区等之间公平合理地分配，使所有人在法律许可的范围内都能够平等地获取信息。信息资源获取机会的公平也是一种起点的公平，起点的不公平往往会导致结果的不公平。信息公平既包括城乡之间的信息公平，也包括不同地区之间的信息公平，财政涉农资金信息公开也同样呈现出城乡差异和不同地

---

① 王建，王玉平，赵静. 农村信息公平与法律保障［J］. 情报杂志，2008，27（2）：84-86.

区之间的差异性。城市地区相对完善的财政信息公开制度优于农村地区，发达地区的财政透明度优于落后地区的财政透明度，这种信息鸿沟导致区域差距、城乡差距日益加剧。农民应该平等地获得政府信息、利用信息以及获得提升信息能力培训的机会，因此建立公正的信息公开制度体系尤为重要，而规则公平体现为要确保政府信息公开制度和规则对公众而言是人人平等的，规则公平是信息公开公平的保障，分配公平也是结果公平，体现了政府对信息资源配置的合理性，既要保证公众"各取所需"，又要保障公众"所需能取"。①信息公平的资源配置公平、机会公平、权力公平、规则公平和分配公平保障的是形式上的公平，而从实践来看，其中充斥着很多事实上的不公平，形式上公平与否的体现应该和公众对信息公开的满意度挂钩。

　　财政涉农资金信息公开不公平还体现在知识歧视上，即公众在利用政府公开的信息时所产生的价值偏差。其主要体现在以下两个方面：第一，信息的内容和公开媒介决定了信息公开价值的实现。对于财政涉农资金信息公开而言，内容具有相当程度的外在限定性，专业性较强，公众如果缺乏相关的知识背景，很难理解信息的内涵。另外，政府在公开涉农资金信息的过程中，通常会使用不同的载体，由于个人年龄、文化程度等指标的差异，每个人选择接收信息的渠道是不同的，因此会产生选择性偏差，产生知识歧视。农村地区留守的中老年群体居多，他们通常会倾向于通过纸质媒介或者宣传栏等实物载体来了解信息，青年人则更倾向于通过网络多媒体载体了解信息。区域经济水平的不同也会使城市居民和农村居民在选择信息媒介上有很大的差异，城镇居民往往更多地选择网络媒介，农村居民往往通过传统媒介了解信息。信息载体的差异导致信息容量也是有区别的，会导致选择性偏差引起的知识歧视。每一种信息传播媒介都有各自的优缺点，如报纸虽然发行量广，但是受版面和时间限制，公众很难及时获取一手信息；如互联网为公开信息和互动交流提供了良好的平台，但是互联网的受众群体主要集中于教育程度相对较高的青年群体，在公众选择通过什么媒介来获取政府信息的过程，就已经产生了知识歧视，使政府和公众之间的沟通出现了障碍。第二，农民的信息素养水平影响了对财政涉农资金信息内容的认知，很难把自己特定的需求和这些信息结合起来，难以发挥信息的效能，影响了信息的利用率和实效。受教育程度的高低程度和信息意识与信息素养的水平往往是成正比的，受教育程度较高的群体通常获取信息的主动性比较强，信息需求量也大，而受教育程度较低的群体

---

① 段尧清，刘静. 基于公平的政府信息公开研究［J］. 情报科学，2010，28（6）：830-833.

容易陷入人云亦云的误区，导致信息鸿沟。①

　　信息公开内容和媒介以及公众信息素养不同所导致的知识歧视，在一定程度上会扭曲公众对信息的理解和应用，降低了弱势群体或者受教育程度较低的群体对信息公开的满意度，使财政涉农资金信息公开的公平性没有落到实处。农民对信息公平的感知和对政府的信任度和认可度是有直接关联的，形式上的公平和事实上的公平需要相结合，要减少知识歧视所带来的信息沟通鸿沟，财政治理的内涵在于通过财政透明度的提升提高资金绩效的同时维护社会的正义和公正，财政涉农资金信息公开作为财政治理的工具，有其内在的价值意蕴。

---

① 段尧清，汪银霞，丁丁. 政府信息公开中知识歧视研究［J］. 情报科学，2012，30（9）：1284-1286，1303.

第四节　财政涉农资金公开治理的价值取向

信息化时代的变革对政府治理提出了严峻的挑战，从治理的角度来看，公共财政不仅仅拘泥于经济问题，更是政治、经济、文化、社会的有机结合的复杂财政体系。本节探讨的主题是财政涉农资金信息公开治理，有必要从理论上厘清财政治理基于善治导向的理论基础以及其和财政涉农资金信息公开之间的关联，为推动政府实现善治提供必要的理论支撑。

善治理论是财政治理的理论基础，将治理理念内化为秩序，并达到善治，是构建治理现代化的目标之所在。我国的财政管理体系既包括财政制度、财政手段，也包括财政治理理念和财政价值。善政和善治需要脱离等同的理论误区，善政理念中，政府作为单一主体，更强调的是制度与规则，运行权力的过程是自上而下的，这种单向度的治理也强调公众参与，但是公众的话语权在政府权威的光芒下被弱化。[①] 在善治理念中，政府不再是唯一的主体，对公共事务的治理需要与公民社会有着多元化的合作和协调，在遵循规则的前提下，充分考虑民众的诉求，以实现公共利益。善治是一种柔性的治理，更适合多元化的社会。

世界治理指数（Worldwide Governance Indicators，WGI）涵盖面较广，创建于1996年，目前已涵盖了全球215个国家和地区，被公认为最具影响力的综合指标，主要包括话语权与问责（Voice and Accountability）、政治稳定与无暴力（Political Stability and Absence of Violence）、政府效率（Government Effectiveness）、管制质量（Regulatory Quality）、法治程度（Rule of Law）、遏制腐败（Control of Corruption）等六个指标。

俞可平在善治方面的研究的影响力最为深远，将治理和善治连接起来，他认为："善治就是使公共利益最大化的社会管理过程。善治的本质特征就在于它是政府与公民对公共生活的合作管理，是政治国家与公民社会的一种新颖关系，是两者的最佳状态。"他还提

---

① 黄爱教. 论善治生态及其建构［J］. 华中科技大学学报（社会科学版），2011，25（6）：90-96.

出了善治的十个属性，即合法性、法治性、透明性、责任性、回应性、有效性、参与性、稳定性、廉洁性和公正性。①善治是公共利益最大化的治理过程，是调和不同利益之间的矛盾并采取联合行动的过程，同时能满足农民知情的权利，满足情感和心理的需要，财政治理的目标正是实现善治。

财政涉农资金信息公开涉及农业补贴、农村社会保障、农田水利工程、农业产业化扶持、扶贫资金等信息的公开透明，一旦和财政治理结合起来，就被赋予了特殊的政治价值功能，它与善治的属性具有内在的一致性，要求政府以实现公众利益最大化为目标，不断优化治理行为，合理优化配置信息资源，为农民提供有效的信息服务，主要包括以下方面。

第一，合法性和法治性。

法治政府的构建需要将公共权力置于法律的约束下，确保国家治理的稳定性，要将"法的精神"贯穿于治理始终，将生活中的方方面面都纳入法治轨道。无论是政府还是公民组织和个人，都需在法律的约束下行事。信息公开制度建立的前提是合法性，制度的权威性和执行力都需通过合法的形式来保障，国家治理体系的现代化需要将法治理念渗透在每一个领域。财政涉农资金信息公开必须在法治框架下进行，公众也需要通过法定程序对政府信息公开行为进行监督。

财政涉农资金信息涵盖的领域比较广，农民处于信息弱势地位，需要通过法律来保障权利。公众有权了解和自身利益息息相关的重大决策，政府必须合理公开财政涉农资金信息，保障公民的知情权，接受公众的监督。财政信息是政府信息的重要部分，政府要逐渐提高财政透明度，维护公众的知情权。这也是民主化进程的必然要求，财政涉农资金信息公开和财政透明度逐步提高的过程是政府和农民在博弈的过程中达成共识、实现双赢的过程，也体现了公共政策在合法性前提下充分尊重公众知情权的过程，进而强化公众对政府的价值认同。政府事实层面的合法性和价值层面的合法性是有机结合的。在财政治理体系中，制度建设方面的法律法规尚存在"缺位"，总体上是滞后于实践需求的，需要不断加以完善，推动财政活动依法进行。

现代治理模式正在从传统政府一元的行政管制模式向多元参与的法治治理模式转变，体现了全面依法治国是国家治理的一场深刻革命的深刻内涵。从财政治理的角度来看，对合法性价值的追求是制度建设的一个起点，也是财政涉农资金信息公开治理的基本价值取向。

---

① 俞可平. 论国家治理现代化［M］. 北京：社会科学文献出版社，2014：27-30.

第二，透明性。

透明性要求政府的政策制定、实施、财政预算、公共开支等一系列的活动都通过各种媒介为公众所知，使得公众能够充分参与，并实施有效监督。透明的财政信息公开制度使权力晾晒在阳光下，公众的有效监督促使政府不断提高执政质量和效率，进而提升善治水平。信息的公开透明性使信息得以准确地传播，降低了交易成本的同时，有效地消除了不确定性和不稳定因素。财政透明度是衡量财政治理水平的一杆秤。世界著名物理学家普里高津创立了耗散结构理论，解释了熵增原理，即在一个封闭、孤立的社会系统中，只有通过开放才能吸收负熵流，抵消系统自身的正熵，减少总熵量，系统的活力和开放程度是成正比的，开放程度越高，系统与外界的物质、信息交流越多，系统就越有活力。[①]在财政管理过程中也是这样，一个过于封闭的、缺乏透明性的体系中必然会有熵增现象，在混乱和无序中滋生腐败现象，财政涉农资金信息公开要置身于一个开放透明的系统，和公众之间要有信息的交流，一个高效有序的管理系统需要公开透明的信息，这样才能够实现良性运转。

第三，责任性。

财政涉农资金信息公开治理的责任性体现在服务型政府的构建上，其所推崇的公共价值理念是责任与担当，在城市和农村地区要实施无差异化的公共财政政策，政府的抉择必须对公众负责。政府对作为公共产品的财政信息具有不可推卸的公开责任，责任政府的核心就是为民负责。财政透明机制是确保政府责任机制高效运行的重要制度安排，农民可以全面了解并监督政府财政收支状况，使政府更好地履行受托责任，优化国家治理。责任制的健全对政府行政行为具有较强的约束力，在一定程度上影响着政策执行的公平性。如果政策执行主体缺乏责任意识，自我定位不清，会导致信息不公平现象的发生。责任性包含两个方面，既包含可以通过法律法规来约束的外在强制性，也包括通过内心自我约束的内在道德性。构建责任型政府，既要有明晰的责任链条和问责机制，又要使公共服务的意识内化于心。

在财政治理中，多元化主体的参与，及时回应公众关切，有助于提升权责关系透明化的程度，责任型政府要求政府能够积极、高效、合法地尽职尽责，关注公众的合理诉求，并积极采取行动予以实现。在网络和信息时代的背景下，责任政府的理念应具有更大的包容性，借助网络技术，公众对政府是否能够履行职责更为关注，对政府履行责任的程度有

---

① 颜海. 政府信息公开理论与实践［M］. 武汉：武汉大学出版社，2008：13.

着更高的要求。

第四，回应性。

回应性是联结政府、公民的有效渠道，要求政府必须重视公众的利益诉求。公民参与政治生活的一个方式就是基于自身利益向国家政权提出政治诉求，公众的利益诉求和需求态势也在随着形势与政策的变化不断变化，政府的回应需要进行动态调整，不断满足公众的新诉求。[①] 对公众关注的热点问题，政府在告知的同时还要合理解释信息形成的缘由。在信息社会，在政府公开涉农资金信息的过程中，农民不单纯是被动地接收信息，而是持审视和批判的态度，需要有合适的表达诉求的机会。在财政治理的过程中，政府和农民之间良性合作的关系需要建立一个能够充分交流的平台，及时回应。

回应性治理正是在政府在回应社会诉求的过程中不断调整政策行为的过程。我国政府对财政涉农资金信息公开的回应仍然是被动性回应状态，无视公众关切，置之不理现象时有发生。财政信息具有一定的专业性，对公众关切的回应需要使用易于理解的方式进行和公众预期匹配的回应，财政涉农资金信息公开的回应性既有中央政府对地方政府出于工作需求的内部回应，也有政府对公众责任性的外部回应，外部回应更能体现政府财政治理的责任性。

第五，有效性。

有效性作为衡量财政涉农资金信息公开治理的技术维度，意味着应通过有效的方式和手段进一步优化资源配置，提高工作效率。有效性既包括管理机构设置的合理性，又包括管理成本的降低；有效性还可以成为衡量政府有效治理的价值维度，通过提高信息公开服务的效率和质量来获得公众的良好评价，完善的信息公开机制是实现有效性财政治理的必要条件。由于信息公开具有便捷性、全面性、实效性和延展性的特征，因此必须注重高效率和高效能，使信息公开成为连接政府和公众的桥梁与纽带。推行政府信息公开，必然会促使政府转变工作作风，提高工作效率，增强为公众服务的针对性。

第六，参与性。

在财政涉农资金信息公开实践的过程中，公众作为信息的被动接受者，获得的往往是孤立的信息片段，缺乏参与机会，信息内容的不完整和不完善很难唤起公众的参与热情。政府作为公众的代理人，在信息资源配置中要充分体现民主性和参与性，从决策层面上来

---

① 刘兆鑫. 好政府不能"有求必应"：对政府回应性逻辑的质疑和超越 [J]. 理论月刊，2012（2）：170-172.

看，无论是信息公开制度的修订，还是财政涉农资金信息公开实践过程的调适，都要始终坚持民主性，提高公众的参与度，充分将公众合理需求纳入考量范围，使普通民众也能从中受益。政府的施政取向不能着眼于制定人人满意的公共政策，而需通过重视公众的利益表达并进行协商谈判，构建资源分配相对均衡的公共政策。财政治理要求政府和社会之间有良好的合作和互动，涵盖了"开放性、参与性"等多种民主政治的要求，信息公开需要和财政治理环境的改善相结合，不仅要保障公众的知情权，还要保障公众的参与权和监督权，使财政治理成为"看得见的治理"。

本节主要将财政涉农资金信息公开治理机制作为研究的落脚点。我国的乡村治理是多元主体对乡村公共事务的协同共治，村民的参与意愿和参与程度在某种程度上能够有效提高乡村治理水平，村民的公共参与能够增加以合作和信任为主的社会资本，也增加了弱势群体在公共事务中的话语权。在财政涉农资金信息公开中，引导并规范村民的政治参与是提高基层政府财政治理水平的重要方式，畅通的利益表达渠道有助于营造村民良性有序参与的图景。"知屋漏者在宇下，知政失者在草野"，能否满足群众意愿是检验财政涉农资金信息公开治理效果和质量的最好的标准。

第七，稳定性。

公共财政政策的实施和财政透明度的推进需要有稳定的社会环境，包括政治局势稳定、经济环境稳定，也包括公众的思想情绪稳定。政府信息不公开不透明会有诱发群体矛盾的风险，引致一些超出社会规范的群体行为，长期的利益诉求的积累会到达矛盾的临界点，在一定的条件下突然爆发，严重影响社会和谐稳定。信息公开是稳定民心的定心丸。政府信息公开的实质是为了维护国家和公众的利益，信息特权和信息垄断会破坏社会公平和稳定。政府在公开涉农资金信息的过程中需要把和公众之间的博弈转化为合作，提供一个稳定的政策环境，使公众在信息畅通的社会中实现自身利益的最大化。

第八，廉洁性。

财政透明是财政治理廉洁性的重要前提，高质量的信息披露是构建廉洁政府的基础，财政涉农资金信息公开进入大众视野，能够更好地监督公共权力的运行过程，促进廉洁行政。一个社会中如果信息不能自由流动，必然会有暗箱操作的腐败运作，使政府廉洁的形象荡然无存，政府信息公开使政府的运作在公众的监督下愈发透明化，对腐败行为是一种震慑，更是一种遏制。营造廉洁的行政环境需要将权力晒在阳光下的信息公开来助力。当财政信息公开不透明时，行贿者会增强行贿动机，公众无从监督，会削弱公众对政府的监督实效，信息闭塞会成为潜在的设租和寻租舞台，导致腐败横生；当财政信息公开体系透明时，会有效地遏制行贿者的行贿动机，有助于促进财政治理的廉洁性。

第九，公正性。

公正性是财政治理的价值判断标准，意味着权利和机会的平等，要求政治权益、经济权益、文化权益等实现公平合理的分配，不同性别、阶层、种族、文化的公民在各项权益上应该拥有平等的地位。财政治理中公众利益至上的宗旨体现了治理的公平和公正，政府财政涉农资金信息的公开在优化政府财政支农结构的同时也有助于不断提升公众的社会公平感知，公众对公正性的正面评价是对改革成果的认可，有助于推动社会的和谐稳定。政府作为信息公开政策的执行主体，具有得天独厚的信息优势，出于自利的考虑，有可能做出有碍公平公正的行为，信息一旦被作为权力工具，将会导致控制信息者损害不知情者的利益。公众对公平性的感知往往受限于自身的认知程度，农民作为底层群体，相比其他群体而言，对不平等的容忍程度较低，更容易滋生不平的情绪。财政涉农资金信息公开的充分披露、容易获得、真实可靠等特性，在公众监督下的权力行使，有助于提高政策执行的公平性。从公众感受公平的角度来讲，公众的公平感往往是对来自"看得见"的公开的主观体验，信息公开的执行过程需要通过加强和公众的交流、及时回应公众关切来提升公众的公平感受。要提升财政治理能力和国家治理能力，需不断促进信息公平，提升公众的公平感，进而推动公共政策执行的公平，使公众平等地分享改革带来的成果。

本节阐述的财政涉农资金信息公开治理的合法性、法治性、透明性、责任性、回应性、有效性、参与性、稳定性、廉洁性和公正性的属性是构筑在提升政府公信力的基础之上的。2014年，习近平在河南省兰考县委常委扩大会议上的讲话中提到了塔西佗陷阱。塔西佗陷阱来源于古罗马历史学家塔西佗的观点，引申为一种政治定律，即当公共权力失去公信力，无论做的是好事还是坏事，颁布的政策都有可能受到负面评价。①在财政治理中，信息的不公开和不充分有可能让公众对政府的不信任和排斥的情绪发酵。在公信力缺失的前提下，公众对公共信息的理解会出现偏差，质疑正面信息的真实性，对负面信息宁可信其有，不可信其无。信息充分公开能够使公众对政府行为有着客观的评价和判断。在国家治理能力现代化背景下，提升政府公信力成为财政治理的重要条件。

---

① 岳少华. 跨越现代化进程中的"塔西佗陷阱" [J]. 现代经济探讨，2019（3）：11-15.

第五节　本章小结

首先，对财政涉农资金信息公开和财政治理的概念加以界定。财政涉农资金信息公开是提高财政治理水平的有效切入点，通过信息公开推动财政透明度的提升和财政治理水平的改善，通过构建财政涉农资金信息公开治理机制，提高政府治理能力是最终落脚点。

其次，财政涉农资金信息公开的理论基础主要包括以下几个方面：第一，新公共管理理论的职能定位，强调政府应为掌舵者，披露财政信息需以公众为导向，客观、真实地反映政府受托责任的履行状况，不断弱化政府官员的特权意识，推动以公众满意为目标的信息公开新模式，在提高政府行政效率的同时，提高公众对政府的认同感；第二，基于信息经济学的委托代理理论以及激励相容机制中，政府和农民构成第一层面的委托代理关系，中央政府和地方政府构成第二层面的委托代理关系，在双重代理关系的作用下，信息存在着严重的不对称，利益相关者共存于一个对立统一的矛盾体，需要建构既能满足自身利益要求，又能实现双赢愿景的激励机制；第三，信息公开的制度支撑来自新制度主义理论，制度观念倒逼政府信息公开的合法性基础，公众对政府信息公开的呼声高涨所形成的共同价值观念，是财政涉农资金信息公开的重要基础与依据，财政涉农资金信息公开是自下而上与自上而下相结合的制度变迁过程，是满足农民利益、实现制度需求与制度供给再平衡的重要举措；第四，力场分析及演化博弈理论，财政涉农资金信息公开力场所构成的信息治理环境中，有中央政府和地方政府的利益博弈，也有政府和农民之间的利益博弈，政府信息公开的制度变迁和农民的认知水平都具有渐进性，因此可以用演化博弈工具来分析财政涉农资金信息公开。

最后，探讨了财政涉农资金信息公开的着眼点是信息公平理论，农民是财政涉农资金信息公开中的信息弱势群体，在公平的前提下提供信息公共产品，是财政治理也是政府治理的内在要求。农民对信息公平的感知、对政府的信任度和认可度是有直接关联的，要正视信息贫困和知识歧视导致的信息鸿沟所带来的公平缺失，通过财政涉农资金信息公开作为财政治理工具，推动着财政透明度的提升，在提高资金绩效的同时维护社会的正义和公正。财政涉农资金信息公开治理的合法性、法治性、透明性、责任性、回应性、有效性、参与性、稳定性、廉洁性、公正性等属性是基本的价值取向。

财政涉农资金信息公开虽然只是推动财政透明度和财政治理水平的其中一个影响因素，但是发挥的作用不可估量。

第三章

财政涉农资金信息公开
治理的制度变迁及国内
外实践经验

第一节　财政涉农资金信息公开治理的制度变迁

财政信息公开是政府信息公开的核心，而涉农资金信息公开又是财政信息公开的关键，我们有必要厘清政府信息公开以及财政信息公开的制度变迁和政策演进脉络。信息公开的制度变迁从萌芽阶段到起步和探索阶段，再到发展阶段，是一条艰难的探索之路，也是政策不断演进的创新之路；既是财政透明度的政策体系不断更新的过程，也是财政治理体系不断完善的过程，对推动国家治理能力现代化有着重要的借鉴意义。

中华人民共和国成立之初，我国现代意义上的政府信息公开思想才逐步发展。我国于1949年创建了现代民族国家，将人民的主权置于重要地位，使人民群众的主人翁意识不断增强，熟悉国家大小事的操作流程，因此信息公开已是必然。改革开放后，随着政治制度和经济制度的不断深化，我国逐渐在不同领域、不同层面推行政府信息公开制度以及财政信息公开制度。作为财政信息公开分支的财政涉农资金信息公开，其政策演进过程伴随着政府信息公开和财政信息公开的制度变迁过程。中华人民共和国成立以来的财政涉农资金信息公开制度变迁可分为以下几个阶段。

一、萌芽阶段（中华人民共和国成立初期—1978年）

1949年中华人民共和国成立不久，中国仍坚持保密原则，与公开行政信息相关的法规最早出现于20世纪50年代初，即《政务院关于中央人民政府所属各机关发表公报及公告性文件的办法》。该办法指出，只要是中央人民政府及下属机关的全部信息或新闻，发布者都应为新华通讯社，同时由《人民日报》进行刊载。这时，政府公开的往往是报告等关键性资料，主要载体限于新华通讯社和《人民日报》，这在当时的背景下，对推动社会稳定起到了一定的作用，但是总体而言，从公开内容到公开渠道都比较单一。中华人民共和国初期，基层政府、人大的政策工作室通过调研当地民意，逐层上传给中央领导，中央决策的有效性有赖于基层调研的真实反映，再通过专家咨询的方式，广开言路，决策结果的公开往往是以文件形式依靠政府和单位层层下达的,而基层民众能接收到的信息层次低、内容少。

二、起步和探索阶段（1978—2007 年）

1978 年改革开放至今,国内倡导廉洁办公,加快建设法治国家和法治社会进程,推进基层民主建设,各省坚持行政公开,日常的政务活动公开透明,接受来自人民群众的监督,不断向服务型政府转变,体现出"法律至上"的法治思想。[①]中共十三大提出要发扬从群众中来,到群众中去的优良传统,增强领导机关的开放性,认真听取人民群众的意见,做到全心全意为人民服务。[②]《中共中央办公厅、国务院办公厅关于在农村普遍实行村务公开和民主管理制度的通知》是首次倡议村务公开的政府文件,也是最早与政务公开相关的法规。中共十四大提出,政府的职能主要是统筹规划、掌握政策、信息引导、组织协调、提供服务和检查监督。[③]中共十五大提出,要坚持公平、公正、公开原则,直接涉及群众切身利益的部门要实行公开办事制度。[④]政府信息公开的体系慢慢成型。中共十六大报告指出,要认真推行政务公开制度,[⑤]中共十七大进一步提出要完善政务公开、村务公开等制度,实现政府行政管理与基层群众自治有效衔接和良性互动。[⑥]中共十八大至今,中央多次强调各级政府必须始终坚持政务公开,积极对人民群众的意见作出回应,指引社会预期,不涉及国家安全的资料均应公开透明。[⑦]中共十八届四中全会上,把全面推进政务公开作为加快建设法治政府的重要任务。中共十九大会议中,提出要加强对权力运行的制约和监督,让人民监督权力,让权力在阳光下运行,尽快向法治化和服务型政府转变,对相关政府信息及时更新公开。1998 年国际货币基金组织（IMF）推出了《财政透明度良好行为守则》和《财政透明度手册》。[⑧]

2000 年,我国政府发布《中共中央办公厅 国务院办公厅关于在全国乡镇政权机关全面推行政务公开制度的通知》,希望有关行政机关能基于群众真正关注的、与他们现实

① 田秀娟. 全面法治视角下政府信息公开研究［M］. 武汉：武汉大学出版社,2014：9.
② 十三大以来重要文献选编：上［C］. 北京：人民出版社,1991：55.
③ 十四大以来重要文献选编：上［C］. 北京：人民出版社,1995：39.
④ 十五大以来重要文献选编：上［C］. 北京：人民出版社,2000：45.
⑤ 十六大以来重要文献选编：上［C］. 北京：中央文献出版社,2004：38.
⑥ 十七大以来重要文献选编：上［C］. 北京：中央文献出版社,2009：38.
⑦ 党的十八大文件汇编［C］. 北京：党建读物出版社,2012：37.
⑧ 高倚云,蒋平. 我国财政透明度的度量及改进策略［J］. 中央财经大学学报,2007（2）：1-5.

权益相关的现实问题，通过多渠道及时公开影响社会不公、容易引发贪腐的环节，以及将公众高度关注的问题通过多种多样的形式予以公开。国务院于 2004 年 3 月发布《全面推进依法行政实施纲要》，强调将政府政务公开与行政决策及管理同时纳入依法行政和建设法治政府的工作计划，并强调加快政府信息公开能加速服务型政府的创新，推动政府行政管理体制改革。[①] 2005 年 3 月，《中共中央办公厅　国务院办公厅关于进一步推行政务公开的意见》（中办发〔2005〕12 号）发行，这是政务公开的纲领性文件，围绕政府信息公开的指导思想、工作重点、工具方法、体系完善、团队建设等问题进行了详细说明，同时将公开的价值上升至强化党执政能力的高度。2006 年初，中华人民共和国中央人民政府门户网站正式开通，成为国务院及相关部门、各级政府部门在全球网络中公开的政府信息及在线服务的一体化平台。"网上服务"板块发布了 50 家国务院有关部门、机构的资料。政府信息公开随着中国政府网的开通迈上一个新台阶，给政府和公众提供了广阔的对话平台。

　　2007 年 4 月 24 日，时任国务院总理温家宝签署了第 492 号国务院令，颁布《中华人民共和国政府信息公开条例》，明确了政府公开的内容、主题、监督方式等内容，掀开了国内政务公开工作的崭新一页。该条例自 2008 年 5 月 1 日起施行。这是政务公开工作的一个重要的里程碑，属于政务公开工作的关键性文件，在政府与群众间构建出标准化、长期有效的信息交流渠道，让人民群众充分了解政府各项工作的出发点与落脚点，避免行政决策的随意化和权力滥用。自此，政府信息公开作为一项制度首次以行政法规的形式予以确立，提高了政府透明度和治理效能。自条例实施以来，在政府信息公开方面的面貌的确发生了重大变化，政务工作中以往的暗箱操作、公权力不透明等情况受到约束，普通老百姓可以通过门口网站、媒体、政府公报等多种渠道获取信息。2007 年，宁夏回族自治区颁布实施《宁夏回族自治区村务公开办法》，成为中国第一部指导村民自治的政府文件，规定村民委员会应当及时公布村务信息及和财政涉农资金信息相关的事项。[②]

三、发展阶段（2008 年至今）

　　自《中华人民共和国政府信息公开条例》于 2008 年施行后，财政部先后制定了多项法规条例，并逐渐发展为政府信息公开与财政透明的行为范式。[③]

---

① 政府信息公开条例实用问答［M］. 北京：中国法制出版社，2007.
② 宁夏回族自治区村务公开办法［N］. 宁夏政报，2007-03-15.
③ 苏明，李成威，赵大全，等. 关于预算公开的若干问题研究［J］. 经济研究参考，2012（50）：3-17.

《财政部关于进一步推进财政预算信息公开的指导意见》（财预〔2008〕390 号）于 2008 年发布，之后，财政部又于 2010 年 3 月 1 日发行《财政部关于进一步做好预算信息公开工作的指导意见》，围绕国务院有关部门和地方各级政府预算信息公开制定了工作规范，要求各地提高发布更新财政预算资料的主动性，对包括政府及部门预算、转移支付等信息第一时间发布。财政部于 2011 年 1 月公布的《财政部关于深入推进基层财政专项支出预算公开的意见》提出，基层政府应提升财政专项费用预算的透明度，着重发布和人民群众生产生活关联度高的教育、就业、生活保障以及“三农”信息在内的财政专项费用，同时列出财政专项支出的细目。

十二届全国人大常委会第十次会议于 2014 年 8 月底召开，审议通过新的《中华人民共和国预算法》，首次在法律文件中使用了“预算公开”一词，使预算公开的对象、信息和时限要求等一目了然，规定应对政府间转移支付、机关活动经费等人民群众密切关注的事项予以公开，同时明确不符合预算公开的条件及责任。2015 年，《国务院办公厅关于印发 2015 年政府信息公开工作要点的通知》（国办发〔2015〕22 号）提出，要推进重点领域信息公开，加强信息发布、解读和回应工作，完善体系与平台建设，增强政务公开成效。

中共中央办公厅、国务院办公厅于 2016 年 2 月 17 日发布《关于全面推进政务公开工作的意见》，提出应聚焦加快政府预决算、基础资源分配及关键项目审批落实等政务信息公开，且应将政务公开范围重点确定为财政信息，这是事关民生的关键领域，要求财政资金信息管理更加科学高效，且伴随政策变化而完善。①关于涉农资金问题，国务院于 2017 年 12 月发布《国务院关于探索建立涉农资金统筹整合长效机制的意见》，指出各级人民政府及有关部门在涉农资金的统筹整合方案决策前要听取各方意见，管理办法、资金规模、扶持范围、分配结果等应按规定向社会公开。创建完善村务监控体系，持续优化行政村公开体系，明确了财政涉农资金信息公开的相关规定。②

2016 年，财政部发布《地方预决算公开操作规程》。《中华人民共和国村民委员会组织法》（2010 修订）明确指出，村委会不及时公布需要公开的事务或存在弄虚作假行为的，村民可以向有关部门投诉，经相关工作人员核查后，如果情况属实，则按照相关规定对有关人员进行相应处罚，并担负相关责任。政务公开申请的模式为：申请者有信息公开需求—

---

① 北京师范大学政府管理研究院. 2016 中国地方政府效率研究报告［M］. 北京：科学出版社. 2016：11.

② 白景明. 财政信息公开现状及推进策略［J］. 中国财政，2012（12）：28-30.

进行申请—相关部门核查情况—予以公开。两种模式适用两种不同的程序和法律法规。[①]

2018 年 2 月，国务院办公厅在《关于推进社会公益事业建设领域政府信息公开的意见》中提出，要及时向社会公布最新的扶贫政策及工作方案、具体项目名、资金渠道、有效时间、相关负责人等基本信息，助推完成脱贫攻坚目标，保障人民群众依法行使监督权。

国务院办公厅于 2019 年 12 月 26 日发布《国务院办公厅关于全面推进基层政务公开标准化规范化工作的指导意见》（国办发〔2019〕54 号），强调包括农村和社区等地的基层政务工作应更加规范，并引导当地基层自治组织开展相关活动，政府在公开信息的过程中要做好政策的解读等宣传，打通政务公开工作的"最后一公里"。不管是政府信息公开还是村务公开制度，从根本上都是为了实现群众的利益，要充分发挥制度优势，更好地满足群众诉求。2020 年，财政部制定了《财政部政府信息公开实施办法》，对信息公开的原则、主体、程序、主动公开财政信息的范围、方式均有着明确的规定。2021 年 3 月，《中华人民共和国国民经济和社会发展第十四个五年规划和 2035 年远景目标纲要》提出要构建面向农业农村的综合信息服务体系，建立涉农信息普惠服务机制，这是财政涉农资金公开的愿景。

财政涉农资金信息公开的制度变迁是政府信息公开政策逐步完善的过程，从中华人民共和国成立初期的萌芽状态，到改革开放后的起步和探索阶段，再到 2008 年正式实施《中华人民共和国政府信息公开条例》之后，财政涉农资金信息公开制度逐步发展和推进，这种制度的变迁充分体现了治理导向的理念，进一步提高了政府透明度，提高了作为政府信息公开重点领域的财政涉农资金信息公开的透明度，推动了法治政府、服务政府、责任政府和效能政府的建设。关于财政信息公开领域，国际上有着丰富的经验，国内的实践探索也凝聚了各种智慧结晶，从中提炼和总结这些智慧结晶，对于继续完善政府信息公开相关政策有着重要的指引作用。

[①] 毋晓蕾. 农民集体成员权利研究：农民集体成员权权能、限制与救济［J］. 理论与改革，2013（2）：186-189.

第二节　财政涉农资金信息公开治理的国外实践经验

从现有文献资料来看，有关财政信息公开的研究成果较多，然而理论性、介绍性、模式性借鉴的研究较多，而实地调查研究成果较少。财政信息公开的效果怎么样、公众对政府的做法是否满意、有哪些需要改进的实际问题等，值得我们进一步研究和探讨。毋庸置疑的是，财政信息公开透明化已是大势所趋。我们有必要学习和借鉴国外比较成熟的信息公开制度和丰富的实践经验，并进行比较研究，以获得可鉴之法。

1685 年，英国学者洛克通过《政府论》一书最早阐述了政府信息公开的观念，并强调权力运行应借助已经"公开的法律"，当法律透明化，当权者才能规范自身的各项活动。有学者发现，国外政务信息公开体系极大保障了公民的信息知晓权，同时在开发、利用信息资源方面成效显著。[1]1766 年瑞典发布的《出版自由法》成为现代信息公开立法的源头，但依然在探索期，发展速度较慢，政府一般仅仅是为了行政效率与赢得选民支持，且仍然强调保密。英国学者科特威尔认为，没有政府会不担心公开其行为会带来负面影响，不过，过度保护政府秘密的代价是将无法获得民众的信任与支持，开放性政府试图借助公开接受群众质询，同时证明其行为的科学性，进而在公民心中树立正面形象。[2]法国在 1789 年的《人权宣言》中指出，"公民有向公务员索取文书的权利"，1978 年还发布了《行政文书公开法》；美国属于目前政务信息公开体系科学程度最高、在信息公开上也作用显著的国家。政务信息公开已是大势所趋。西方发达资本主义国家提出了"政务公开""行政公开""让政府在阳光下运作"等口号，并陆续制定了相应的法律法规，保障政府信息公开落到实处。[3]20

---

① 朱红灿，喻凯西. 政府信息公开公众满意度测评研究［J］. 图书情报工作，2012，56（3）：130-134.
② 科特威尔. 法律社会学导论［M］. 潘大松，刘丽君，林燕萍，等译. 北京：华夏出版社，1989：346.
③ 陈佩. 论信息公开在中国的可执行性［J］. 中南民族大学学报（人文社会科学版），2003（S2）：167-169.

世纪 80 年代以后，全球兴起了政府信息公开运动，多数国家都制定了政府信息公开立法。[①]

开放政府合作组织（Open Government Partnership，OGP）于 2011 年 9 月创建后，试图增加政府公开性，使公民依法监督政府的各项行动，严厉打压贪腐行为，并借助现代科技优化政府治理。[②]美国、新西兰、英国等国家财政信息公开的制度体系、内容及方式、财政监督、财政治理、信息公平导向等方面的经验能够为提升中国财政涉农资金信息公开的发展提供可资借鉴之路。

一、相对完备的财政信息公开制度体系

为了推行政务公开，让政府在阳光下运作，提高财政透明度，很多国家相继推出了一系列法律法规，在提高政府执政效率、维护公众利益方面取得了明显的效果。

美国作为一个新兴移民国家，有着相对开放的政治文化氛围，将建设透明政府作为价值追求，美国联邦政府行政院及其下属机构必须在信息的整个生命周期内都把它当成一种资产来管理，促进开放和互操作，把政府信息作为一种资产来管理，将提高运营效率。降低成本、改善服务、支持任务需求、保护个人信息、增加公众对有价值的政府信息的获取。[③]

美国自 2012 年 5 月发行数字政府方案后，民众能够实时借助相关设备了解政府及公共服务的最新动向。在预算信息公开方面，制定了一系列的法律，对预算组织、预算制度、预算程序等进行了全面的规范。

新西兰的《财政责任法案》在世界诸多发达国家财政信息公开法体系中扮演着重要的角色，广受赞誉。新西兰的财政报告制度也是财政公开制度中的亮点，低成本、高效率，很多国家都以其先进的理念和完备的规则为范本来效仿。

英国的财政信息公开制度在发达国家中算是佼佼者。英国的《信息自由法案》对信息公开的程序、管理制度方面都有着详细的规定，对政府预算信息公开的内容及范围也有着明确的界定，要求各公共部门必须及时公布财政信息，在经由信息委员办公室审核批准后实施自己专属的公开计划。政府、议会、公众在信息公开工作中有着明确的职责划分，在协调的过程中形成一种向心力。英国被公认为世界上最开放的政府，它还是开放政府伙伴

[①] 朱红灿，陈能华. 信息鸿沟视野下的政府信息公开的复杂性分析与启示［J］. 情报理论与实践，2010，33（9）：47-50.

[②] 详情参见开放政府合作组织官网，http://www.opengovpartnership.org/

[③] Open Data Policy-Managing Information as an asset，May，2013，http://liblog.law.stanford.edu/2013/05/executive-office-of-the-president-may-9-2013-memorandum-open-data-policy-managing-information-as-an-asset

关系（Open Government Partnership，OGP）的联合主席。OGP 是一个多边协议，用以切实提升政府的公开性，保障公民监督权，杜绝腐败并借助高新科技强化治理，组织成员国一致认同，缺乏透明度会削弱公众对政府的目标和动机的信任。英国 1998 年的《财政稳定守则》指出，财政透明度的提升，要保证政府能够提供可以使公众加以监督的足够的财政信息，但是涉及国家安全和个人隐私的信息是例外的。

通常，世界各国在公开信息时会遵循"以公开为原则，不公开为例外"的做法，并不说明应主动公开的内容，仅仅明确了不能公开的信息，即涉及国家安全和个人隐私的内容要加以保护，在公开的价值和不公开的范围界定中要实现一种平衡，既不能因公开损害国家利益，也不能过分夸大不公开的范围，盛行保密文化。①

我国政府虽然也推行了信息公开的相关法律法规，但是有很多都是规范性文件，只有一些原则性的规定，针对性不强，对财政信息公开的内容、范围、形式等并没有明细的说明，会导致有些部门出于自身利益的考虑，有选择性地公开财政信息，随意性较强，容易滋生腐败行为，损害公众的利益。因此，我国在制度体系的构建上应善于汲取精华。

二、翔实而明确的财政信息公开内容

美国政府全面向社会公开财政管理决策、执行及监督等方面的信息，预算信息公开范围比较广，各部门政府经营支出、给地方政府的补助和资本项目支出，甚至公务员的工资都予以明细地公布，如对公车信息，不但公布数量、支出等情况，还明细到哪些人在用车。

英国财政部每年都要公布公共开支指南，下级部门同样应该公开年度报告，如各项支出明细均应上传至政府官网，保证人民群众能够实时了解政府相关部门在政策、业务及财政资金等方面的内容。政府公开的财政信息必须足够让公众监督财政运行状况，但涉及国家机密、个人隐私的信息可以不予公布。

新西兰的财政报告形式包括预算财政声明和财政政策报告，阐明了长期财政目标和短期财政计划。新西兰的立法机关、投资者、国际组织等均可以使用政府财务报告，涵盖的范围极为广泛。

我国政府在财政信息公开方面往往侧重于"条""款"，只体现出金额的多少，较少能看到对项目本身和具体的支出用途方面有明细的阐述。

---

① 李荣珍．我国司法信息公开的若干问题探讨［J］．海南大学学报（人文社会科学版），2014，32（3）：63-70．

三、多样便捷的财政信息公开方式

1936 年 3 月 14 日起，美国保留在工作日内定期出版《联邦公报》的习惯，并主动更新最新的政府动态，如联邦机构各项文件政策、政府机构各项活动以及涉及的财政信息，美国的"第一政府"网站成为连接全国政府网站的枢纽，全美国的电子政府均可通过该网站进入，互联网成为美国政府发布财政数据最重要的渠道。美国的预算办公室会定期公开《预算和经济展望》，按月公开国库收支明细，并明确财政政策、预算安排以及执行的效果。在美国，公民的关注和参与也是政府财务信息公开的又一亮点，国会审议与辩论预算的会议面向社会公开，民众能够到现场旁听或借助手机等设备在线观看，一些非营利团体，如"反对政府浪费"这样的组织会时时关注、监督政府的开支。[①]美国马里兰州巴尔的摩市早在 1996 年就设立了"311"市民服务系统，后来还作为成功案例在美国推广开来，成为其他城市效仿的对象，里面汇聚了 40 多个市政府部门对外公布的电话，公众可以直接通过拨打 311 将诉求转接入相关政府部门，可查询各类政府信息，还可提出反馈意见。美国联邦政府在优化信息资源管控体系以增强透明度与公开性上成效卓然，总统备忘录"透明和开放政府（Transparency and Open Government）"指导美国联邦政府行政院及下属机构采取具体措施落实透明、参与、协作的原则。[②]

英国政府规定财政数据要在网上公布，必须及时答复公众的诉求，关于政府的财政政策、预算数据等在互联网上均一目了然，各部门按照 "谁分配谁公开"的原则，每年都在网上自行公布本单位的相关财政数据，深入阐述公众关注的财政议题，收集意见并及时反馈。英国还通过设立信息专员及专门委员会的方式来监督政府行为，他们有权要求政府回应公众诉求，甚至可以发出执行令。英国的政府确定了伯明翰、南安普敦等 10 个试点城市，试验参与式预算，民众可通过社区公投或者公共辩论的方式来确定地方财政预算的用途，有着最直接的发言权。参与式预算的方式在提升公众参与面的同时也扩大了财政开支信息的透明度。

新西兰由国会来制定财政信息公开的规则，行政机关来执行，公众、议会、审计机关来进行监督，立法机关、投资者、国际组织等均可以使用政府财务报告。新西兰人可以随时向政府索要信息，政府如果拒绝的话，必须给出合理的理由，对信息公开不满的民众可以向监察专员提交申请，由监察专员介入来督促政府解决民众的诉求。新西兰的国库网的

---

① 朱红灿，陈能. 信息鸿沟视野下的政府信息公开的复杂性分析与启示［J］情报理论与实践，2010，33（9）：47-50.

② 杨孟辉. 开放政府数据：概念、实践和评价［M］. 北京：清华大学出版社，2017：68.

预算栏，将年度总预算、各项支出比例，大到医疗、教育，小到文具开支，一目了然，充分保障民众对公共预算的监督权。

四、内外并重的财政监督机制

国外在财政监督机制方面坚持内部监督、外部监督并重，将大众传媒作为上传下达的沟通媒介，既向公众公布财政信息，又反馈公众对政府的诉求。

美国政府通常通过以下几个方面保障信息公开：第一是行政保障。申请者能够向机关首长发出复议请求，或者向国家文官奖励保护委员会进行申诉，由特别顾问决定有无必要向反对行政政策公开的第一责任人进行法律惩戒。另外，国会也有一定的监督权，美国各行政部门会定期在3月之前向参议院和众议院议长分别上交前一年度的政务信息公开报告，接受国会监督。第二是司法保障。若申请者的复议要求被拒，可以转向居住地或文件所在地的联邦基层法院要求进行司法审查。①

英国政府信息公开的监督保障通常包括多个方面，如信息专员的救济制度，信息专员的主要职责就是监督信息公开法的执行，他们能够通过向公共部门发送决定文件等方式进行申诉，如果公共机关不予受理，则转至法院上交书面文件，信息专员有权要求政府回应公众诉求，甚至可以发出执行令。②

很多国家都在政府内部设立了独立的信息委员会，通常由专家和不同政府部门的代表组成，集专业性和实务性于一体，使信息审查更为科学和合理，重点是向政府机关给予指导，并给予复议机关咨询等回应。

五、将财政信息公开性作为财政治理的重点

从财政治理的角度来看，许多国家都把提高财政公开性作为财政治理的重点，充分体现了治理的合法性、透明性、参与性。例如，美国就预算信息公开制定了一系列法律，对预算组织、预算制度、预算程序等进行了全面的规范，③英国的《信息自由法案》对信息公开的程序、管理制度方面都有着详细的规定，体现了治理的合法性。美国政府面向社会公开财政管理决策、执行及监督等方面的信息，甚至连公务员工资、公车数量及使用明细都予以公布；一些非营利团体，如"反对政府浪费"这样的组织会时时关注、监督政府的

---

① 王勇. 国外政府信息公开的救济制度及对我国的启示 [J]. 行政与法，2012（1）：6-10.

② 阎桂芳. 政府信息公开救济制度研究 [J]. 中国行政管理，2011（5）：30-33.

③ 北京市财政局课题组. 深入推进预决算信息公开的研究 [J]. 预算管理与会计，2015（10）：19-22.

开支。① 英国财政部每年都要公布公共开支指南，要求各政府部门及时公布年度报告，包括详细的开支，并发到网上。普通民众可随时在网上查阅政府各部门的政策、相关业务及财政数据，体现了治理的透明性。

六、重视信息公平，关注信息弱势群体

美国在信息技术方面的发展向来是领头羊，但是仍然面临着社会数字鸿沟问题，针对信息弱势群体，美国借助《2002 年电子政务法》要求通过互联网公开有关政策，并充分考虑对使用互联网有障碍的群体，尽量确保政府相关信息及政策可以被这类群体获取。欧盟就电子政务信息提供方面曾提出以下几个问题，即缺乏对信息弱势群体信息需求的了解，信息基础设施覆盖面非常有限，缺乏面向弱势群体的信息服务及市场，提出要实现公共服务"网站无障碍"，并制定"包容的电子政务计划"，基于"电子政务惠及全民，没有一个人被落下"的原则，借助现代信息技术，提高公众知情权与参与权，为处在社会边缘的人提供援助，使所有民众可以高效获取并利用信息，增加信息素养。希望每一个人都能及时有效地掌握政府信息，并让一些信息弱势人群可以同样获得优质的信息服务，也是欧盟电子政府普惠全民观念的呈现。欧盟国家对信息公平高度关注，始终致力于把欧洲发展为普惠性和开放性的地区，使每一个人，尤其是一些信息弱势人群，都能平等地获取信息。

国外政府将财政公开性作为治理的重点，从制度体系、公开内容、公开方式、监督考核以及信息公平的角度，在财政信息公开透明方面积累了丰富的实践经验，对我国财政涉农资金信息公开的建设有着重要的启迪，国内一些地区摸索和践行的经验，同样值得我们提炼和总结。

---

① 牛美丽. 政府预算信息公开的国际经验［J］. 中国行政管理，2014（7）：110-117.

第三节 财政涉农资金信息公开治理的国内实践经验

马洪基金会于 2013 年末在深圳开设名为"金秤砣"的政府工作测评活动。2016 年起，该基金会与综合开发研究院开始在国内政府政务公开金秤砣奖评议活动，按照主动与申请公开，以百分制对各级政府进行评分评议，旨在强化人民群众对政府公共服务的监督水平，加快政务信息的公开性与效率，在社会上引起了极大反响。2019 年，依据最新发布的《中华人民共和国政府信息公开条例》《政务公开工作要点》等法规条例，项目组二次完善测评指标机制，并增设"互联网＋政务服务"指标，对全国 31 个省、区、市和深圳市 10 个区/管委会政务公开的质量和效果开展第三方独立评议。四川省省政府以 89.38 分名列第一，上海市市政府以 89.06 分名列第二，山东省省政府以 88.30 分位列第三位，共同获得金秤砣奖。其中，上海市已四度蝉联中国政府政务公开金秤砣奖，山东省已连续三届获得金秤砣奖。

本节既选取了经济发达地区的政府信息公开，如最早实施政务公开工作的上海、信息公开工作走在前列的广东、北京，多次获得金秤砣奖的山东、全国信息进村入户试点单位的浙江等经济发达地区，又选取了信息公开工作有着标杆导向的经济欠发达地区，如国内率先公开财政信息的四川省巴中市白庙乡，2018 年省级政府透明度指数排名位列全国第一的贵州以及 2019 年数字政府服务能力中政府门户网站名列全国第四的广西，以期在提炼共性的基础上改善政府的财政治理，为创新政府信息公开模式提供经验借鉴。

一、国内经济发达地区的财政涉农资金信息公开治理实践经验

我国在财政信息公开方面比较先进的是上海、广东、北京、浙江等省市。作为经济相对发达地区，这些省市在信息公开的实践方面有着敏感的感知和高效的执行力，本节力争提取它们的财政涉农资金信息公开实践经验的精髓，以期提炼成可行的实践机理。

（一）上海财政涉农资金信息公开实践

上海是较早一批实施政务公开的城市之一，整体信息化程度较高，信息质量高，公众参与多，透明度多年位于前列，信息公开内容逐步深化，结构也逐渐向基层推进。上海针对重点领域，搞好办事项目、依据、时限、程序、标准、结果、监督渠道等信息的公开。

首先，层级实施，掌握条线，按"挂图作战"方式加快涉农资金信息公开。

当地信息公开按照层级实施，条线掌握公开信息的基本要求，保证当地在信息公开上的统一标准，防止有关部门对相同政务信息标准的混乱，每年命名一批"社区（农村）信息公开服务示范点"，推行行政村为农服务信息服务终端机，为农民提供最新信息，使农民享受应有的政策帮助与福利等，不断深入向基层的信息公开的力度。上海市市政府于2019年通过信息化技术，创设了上海市乡村振兴目标管理系统，通过"挂图作战"的方式，用不同颜色的灯光标识出乡村振兴的关键工作，定期向上级有关部门汇报各项工作的实施情况。

其次，充分发挥财政部门网站领先水平的优势。

上海财政局的门户网站领先于全国水平，访问者能够便利地查询财政管理各项业务，财政信息也一目了然，实现了财政信息公开的全面、清晰、高效等。财政信息主动公开应保证电子化、网络化全部实现，使公众能够实时了解及掌握相关信息，同时拓展和公众的沟通交流路径，不断优化政务信息公开成效，树立良好的政务形象。

最后，强化对涉农资金信息公开的监督力度。

上海将信息公开纳入政风行风测评范围，集中开展公众满意度调查活动，广泛听取公众意见，还招聘了50名网站信息监督员，专门针对政府信息公开内容挑刺提意见，通过积极拓宽群众参与渠道强化公众参与。上海市于2019年8月29日正式出台我国首部关于政府数据开放的专门立法《上海市公共数据开放暂行办法》。这是地方政府政务信息公开在立法上的重要实践。

此外，上海还创建了"郊沪农村集体三资网络监管平台"。平台对资金、合同、财务报表、预警体系等在内的信息进行归类整理，并从布局上同时考虑了市区乡村，不同级别的功能存在一定差异。例如，市、区（县）两级可以使用查询解读功能，能够了解整个上海市收支状态、资产布局、集体经济组织资产处置等情况。村级能够使用公示功能，使群众能够及时掌握当地的资金、收支等信息。农民打开"农民一点通"，就能轻松掌握当地财政资金的使用明细。

（二）广东财政涉农资金信息公开实践

首先，探索多样化信息公开方式，构建基层政务公开与村务公开协同发展机制。

广东省发行《广东省政府信息公开工作考核办法（试行）》《广东省政府信息公开社会评议办法（试行）》《广东省政府信息公开工作过错责任追究办法（试行）》等，规范了政府信息公开的工作流程等内容。通过微信公众号"广东农业"，设置了农业资讯栏目，对接 12316 三农热线云平台，开发了在线服务内容，丰富了移动端的办事功能。为加强农业信息宣传推广和与公众互动，政府官方微博设立了"微访谈"节目，就公众关注的信息，分主题深入介绍相关政策和推进情况，同时解答网友的疑问。2019 年，平台通过电话平台及网络微信平台等渠道受理人民群众的投诉及业务办理，每年办结服务 3166 人次，服务满意度达 98%，做到平台工作 24h 在线，100% 电话接通应答率，100% 回访投诉举报，100% 微信咨询应答率。基层农村也不例外，优化基层政务与村务公开同时发展，引导支持基层群众自治组织优化公开事务及依法自治的相关明细，完善公开模式，系统使用益农信息社、信息公示栏等途径更新政务动向，便于民众及时掌握最新政务消息。

其次，探索政策保鲜机制，探索信息智能化监控。

探索政策保鲜机制，要求各主管部门定期清理存量政策信息，使已废止、不适用的政策回归到"回收箱"，将互相"打架"的政策提交到"PK 台"，明确存废及解决办法，实现政策的全寿命跟踪。广东省省政府积极建立信息依申请公开平台。该平台实现全范围覆盖，从省级到乡镇一级的行政机关均可通过该平台处理对本行政机关的依申请案件，而且实现全流程管理，申请人点击政府门户网站"政府信息依申请公开"提出申请，申请人可在申请页实现申请受理、办理、回复等情况的自主查询。该平台从登记、受理、证件资料上传、办理、函复、短信通知、统计汇总等程序均实现全流程电子化，并实现全智能监控，通过后台智能化平台，对每宗申请均实行实时监控，对即将超期受理和办结的案件自动进行提醒，对已经超期的案件自动亮红牌，实现监督管理的全面智能化。

最后，以罗湖地区先进经验为引领，提升数字化信息公开水平。

这里以广东省深圳市罗湖区政府门户官网予以说明，其凸显了"三层级五公开全链条"规范化公开模式，创设了区、街道、社区"三层级"公开机制，优化决策、管理等在内的体系机制，完善信息公开、政务分析、政策实施等在内的政务公开体系，基本完成了政务公开及服务、电子与法律业务融合的目标，成为国内政府网站绩效测评县（区）网站排头兵，并发展为国内第一个四年以来一直荣获该荣誉的县级单位，也是国内政府门户网站建设的示范。罗湖坚持"三个智慧运行"：首先是基于政务数据源分析与"一数一源"，创建信息资源库与集约化运营管控网站，确保相关部门有关信息及时上传至数据库，确保政府官网有关栏目的信息源头一致，便于进行日常运营管控；其次是官网内容保障智能化管理，做到对网站内容及时更新、自动预警等，监督相关部门在第一时间公开最新的政府资料；最后是网站绩效评估自动化，网站后台能够结合有关部门保障状况更新评分，科学保障网站有效运行。罗湖依托罗湖社区家园网，更新公开当地系统性政务业务资料和民生要闻，通过政府官网和区数字政府平台相互联动，主动将信息发布在政府办公平台，并做到信息在整个官网上的公开透明，简化业务办理流程和效率，提升基层部门的办事有效性。对于人民群众高度关注的问题，罗湖充分释放政府官网在基层治理机制中的现代化效能，主动公开人民群众密切重视的话题，努力将政府官网"政民互动"栏目设计为"服务专窗"和"公开视窗"，以更好地处理群众的各项问题，赢得民心。切实保障人民群众的获得感与参与感，认真听取群众意见，并做到对群众留言等的有效反馈，创build围绕政府官网的"政府工作我发言、罗湖故事我参与、政务服务我点评、政务公开我监督"互动机制，群众相关建议能够在区委及政府报告中呈现，借助政务公开不断提升政府的行政水平。

（三）北京财政涉农资金信息公开实践

首先，财务资料"全口径"开放。首次按经济分类公开了基本支出财政拨款的"类"级预算，随部门预算一并公开政府购买服务信息、部门整体支出绩效目标、继续使用的上年结转资金等内容。同时，及时发布涉及城乡低保标准、农村"五保"供养标准、因病致贫家庭医疗救助等惠民政策，对城乡低保对象的保障信息实行网上公开和居住地长期公示。

其次，将信息公开和政府网站内容建设同时纳入政府绩效考评体系。制定细化市级部门和区政府评估指标，联合中国政法大学法治政府研究院分析创设了当地政府信息公开测评机制，包括日常与年终考核等，将工作考核延伸至街道乡镇等基层单位，将公众的感受和评价也纳入考核体系，通过第三方评估促进公开工作全面落实，提高依法规范水平。

最后，探索推进信息查询"一网通"和智能搜索平台。不断改进政府官网的线上智能搜索功能，完善场景化主题搜索服务，精简热门搜索场景，并借助予以转化识别科技理解群众问题，搜索量不断创下历史新高。加快群众获取信息的便利程度，通过"百问百答"方式供应政策服务"一本通"，强化政府信息准确度和有效推送。

（四）山东财政涉农资金信息公开实践

首先，通过可视化技术准确理解信息。山东公开的政策解读文件中，依据"谁起草、谁解读"的标准，统一推进政策解读和制定工作，借助图表、视频等准确解读政策发布的相关背景、现实目标、重点信息、实施路径、相关政策等，让发布的信息可读性、可视化和共享程度更高。引导不同地区主动摸索，并借助微信公众号等平台，通过实地挨家挨户走访的方式实施宣讲，用人民群众喜闻乐见的形式对各项政务公告进行常态化管控，有效保证人民群众各项权利的实现。同时借助音视频等工具在第一时间更新公开临时救助、困难群众生活援助政策等内容，推进各项业务程序的规范化。省民政厅网站集中公示了省、市、县三级低保信息和监督举报电话。

其次，以喜闻乐见的方式，实行信息公开全生命周期管理。主动推行"政府开放日"项目，使群众能够进入政府机关，实地体验政府相关部门的日常工作。广泛使用政务微博、微信、APP等数字化新媒体，发布政策法规、预警信息、公示公告等政府信息，与公众进行实时互动交流，"一次办好""一站通办""政府代办"等诸多惠民利企举措深受群众欢迎。引导山东省主动完善信息公开指南及明细，制定《政府信息公开政策问答》，第一时间发布《政府信息公开标准文书样本》，确保政府信息全流程的标准化运维。发布新的政策性文件之余，山东还及时整理此前已发布的类似政策，确保政策落实的一致性。例如，在厅门户网站开办"我怎么申请低保"便民板块，附设"直接申请这边请"等子栏目，借助亲民的形式满足人民群众的业务需要。山东省综合运用自我评价、主管部门检查、第三方评估等多种方式，对政务信息公开进行全流程跟踪问效，将群众满意度作为总结验收的重要指标，每日编发《政务公开看山东》刊物，刊发并宣传政务公开工作典型经验。

（五）浙江财政信息公开实践

浙江省政府于2005年还开始实施"百万农民信箱工程"，以政府为主导，融合个人通信等多项功能的旨在为"农业、农村和农民"服务的资源平台，农户可以借助信箱了解与他们切身利益相关的事宜，反映对政府的工作情况和意见。百万农民信息工程配备了县级、乡镇、村级专兼职信息员，建立了一个贯通各个涉农部门的网络体系，将省、市、县、乡镇、村有效地实现了纵向连接。[①]

2014年，农业部（现农业农村部）启动了信息进村入户工程，浙江作为试点单位之一，农村信息化建设基础扎实，将平湖市和遂昌县作为试点整体推进。基于农民的信息需求和农民信箱工程的联络机制，持续建设信息机制，力求实现精准化的信息服务，使农民通过

---

① 王兵，董越勇，朱莹. 浅议利用农民信箱推进信息进村入户［J］. 浙江农业科学，2015（9）：1517−1519，1527.

信息进村入户体系，增加了获取信息的渠道，即使足不出户也可以享受到高效、精准的信息服务。该试点工作对推动东部沿海地区的农业信息化建设有着引领和带动作用。财政涉农资金信息公开不仅是技术层面的提供信息，而且要将政府各项服务功能都纳入其中，实现政府和公众的互动，提高政府的治理水平。浙江省在政务服务平台建设中，在政务服务网公开公共服务事项清单的同时，直接连接各类业务办理系统，使得办理业务过程中的各类信息得以集中公开，提高了政府的服务水平，也提高了公众的满意度。

对于浙江省武义县后陈村践行的"后陈经验"，习近平总书记曾作出重要批示。后陈经验作为具备探索性精神的浙江样本，对推动农村信息公开、推动乡村治理现代化有着重要的启迪作用。2004年6月，后陈村通过村民代表会议选举产生了全国首个村务监督委员会，避免了权力滥用。各项村务工作均应公开，从最初的村务公开栏逐步发展到有线电视等，当地从宅基地分配、项目招投标、日常桌椅板凳等的购买信息都会做到一一公示，使群众有效掌握情况，行使监督权。群众的监督使村务监督委员会的监督权与广大群众的舆论约束力有效联系在一起。

包括北上广深等在内的一线城市，持续优化财政涉农资金信息公示机制，把相关责任、任务等各项规定充分体现在各项业务活动里，并主动公开群众关心的财政信息，大力建设电子政务平台，在提高财政透明度的同时赢得公众的好评，有着较好的标杆引领作用。

然而，我国财政信息公开发展的步伐从整体水平来看还是非常缓慢的，中国的文化传统中历来缺乏公开性元素，我们需要把经济发达地区经过实践检验的经验逐步推广，经济发展水平相对落后的地区也有一些亮眼的经验和做法，值得我们深入探究。

二、国内经济欠发达地区财政涉农资金信息公开治理实践经验

（一）四川省巴中市白庙乡的典型案例分析

虽然发达地区的财政涉农资金信息公开完善程度相对较高，但地方政府经济发达程度和治理水平并不一定成正比，一些贫困地区的地方政府，因积极公开财政信息所带来的经济效应大大提升了财政治理效能，如四川省巴中市白庙乡自2010年起，将财政信息，尤其是公务财政开支明细公布到网上，细到信纸和纸杯开支，被誉为"政府全裸"第一例。白庙乡是一个交通闭塞、经济落后的边远乡镇，多年来由于信息闭塞，内部矛盾重重，在财政涉农资金信息公开前，白庙乡的问题颇多，粮食直补在发放的过程中被层层截留，低保的评定有失公平，惠及相关责任人的亲朋好友，良种补贴分配不公等一系列的社会问题

导致该地政府面临的挑战非常严峻，此次财务全公开实属破冰之举。①村民对财政信息公开的满意度往往是针对基层政府。针对乡镇政务的财务信息，白庙乡将财政公开的内容、地点、网址全部公布于众，并且定期进行公众满意度测评，及时回应公众诉求，并在实践中及时改进。乡镇政府既要准确向村民执行和传达上级政府的政策意图，又要将村民的诉求向上级政府反馈，在每年乡人代会上报告财务公开工作，对失职人员有着严格的问责机制。通过树立良好的信用形象，财政信息公开举措吸引了很多国内外企业慕名落户，实行企业加农户的新型生产模式，推动了当地经济的发展。

有学者对白庙乡的财政涉农资金信息公开政策进行了长期的追踪研究，白庙乡的"全裸"举措显著提高了三公经费的使用效率，精减了政府开支，也提升了公众对政府的满意度和信任度，政府形象的重塑使政府的价值取向深入人心，良好的治理就是要以群众为根基，最大限度激活社会活力，不断提高科学化治理能力。白庙乡作为基层政府机构，推行财务信息公开收效显著，但是由于信息公开会触动利益相关者的痛点，必须建立规范化、长效化的制度约束，促进公开的常态化，这就需要国家大环境的政策支持，否则基层财政信息公开的探索会面临重重阻力，成为昙花一现的悲哀。

（二）贵州财政信息公开实践

贵州省在财政透明度方面所做的努力很大。

首先，在政府门户网站上加大公示涉农资金信息的力度。当地政府官网专门制定了涉农有关的法规条例、政策文件等资料，一些专栏也依据文件类型进行分类，同时开设了检索、排序等在内的系列功能，持续更新数据检索服务，帮助群众更快获取线上的政务资料。结合相关文件的最新要求及时更新信息，通过"美丽黔农"微博、"黔农在线"微信公众号，第一时间公开群众关心的涉农资金信息。明确"谁起草谁公开""谁主管谁负责"的原则，创建从信息起草到公开的管控体系，将具体工作和对应责任对应到人。中央财政扶贫（发展资金）下达30日内拨付到县，资金安排文件第一时间发布在相关网站。更新"惠民政策明白卡"公开路径，详细解读惠民政策的服务主体、相关条件、流程等，让人民群众更好地理解惠民政策。

其次，推行适应基层特点的创新形式公开信息。贵州省政府按照推进"五公开"的要求，逐项编制发布了政务公开流程图，推出了"政务淘宝超市""外卖点单式政务服务"

---

① 吴建南，李泓波，阎波. 基层政府财政信息公开影响因素：以白庙乡为例［J］. 情报杂志，2013（11）：154-158.

等一系列适应基层特点的创新成果。在涉农资金信息公开方面，当地政府开通"扶贫专线"，受理扶贫开发相关的业务询问、意见反馈、联系捐赠等问题，使人民群众能够及时掌握扶贫政策最新动向，并提升业务办理效率。依托贵州省惠民政策项目资金信息公开平台，实现惠民政策执行、惠民项目实施、惠民资金分配等信息全公开，覆盖扶贫、社会保障、农业等多个行业。贵州省镇宁县江龙镇实施了"人民小账"信息云检索平台建设试点，对民生政策执行、民生项目建设、民生资金使用等进行"晒权""晒钱"，有部分少数民族聚居地通过高音喇叭对惠民政策进行汉、苗、布依"三语"广播，通过镇村"背包干部"的随身小喇叭到田间地头宣讲帮扶政策，这种接地气的方式比较为农民接受。贵州铜关村，位于黔东南苗族侗族自治州黎平县，由 4 个村寨组成，其中侗族占到了 93%，贵州铜关微信服务平台是中国第一个村级公众服务号，村务信息公开、村寨通知，在线培训，鼓励村民表达诉求，形成了良好的互动平台。

（三）广西财政信息公开实践

2019 年数字政府服务能力暨第十八届中国政府网站绩效测评结果中，广西政府门户网站在国内排名第四。每当新政策出台时，针对受众群体，政府都会直接邀请政策服务对象到现场来透彻解读，通过点对点的方式直达群众。对基层财政涉农资金信息公开，政府也会将资金数量、使用方式、使用方案等进行详细公示。在扶贫项目方面，政府会将项目名、实施地点等细节性信息一一公示，另外，政府还创新政务公开日流程，让人民群众、政协委员等面对面与政务工作人员详细讨论交流政务公开状况。

广西数字政务一体化平台建设结构完整，层次清晰，如图 3-1 所示：

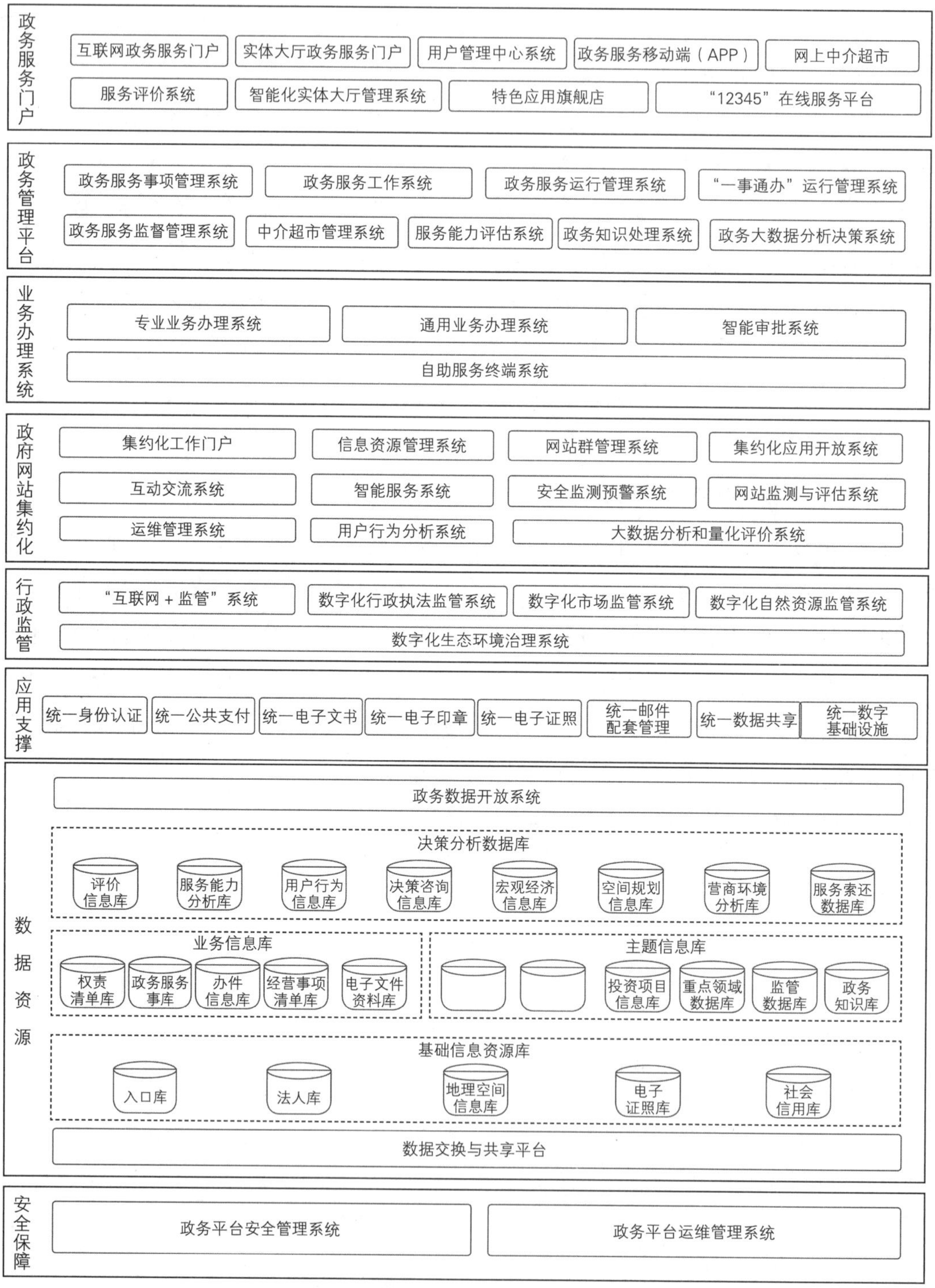

政务服务门户
互联网政务服务门户 | 实体大厅政务服务门户 | 用户管理中心系统 | 政务服务移动端（APP） | 网上中介超市
服务评价系统 | 智能化实体大厅管理系统 | 特色应用旗舰店 | "12345"在线服务平台

政务管理平台
政务服务事项管理系统 | 政务服务工作系统 | 政务服务运行管理系统 | "一事通办"运行管理系统
政务服务监督管理系统 | 中介超市管理系统 | 服务能力评估系统 | 政务知识处理系统 | 政务大数据分析决策系统

业务办理系统
专业业务办理系统 | 通用业务办理系统 | 智能审批系统
自助服务终端系统

政府网站集约化
集约化工作门户 | 信息资源管理系统 | 网站群管理系统 | 集约化应用开放系统
互动交流系统 | 智能服务系统 | 安全监测预警系统 | 网站监测与评估系统
运维管理系统 | 用户行为分析系统 | 大数据分析和量化评价系统

行政监管
"互联网＋监管"系统 | 数字化行政执法监管系统 | 数字化市场监管系统 | 数字化自然资源监管系统
数字化生态环境治理系统

应用支撑
统一身份认证 | 统一公共支付 | 统一电子文书 | 统一电子印章 | 统一电子证照 | 统一邮件配套管理 | 统一数据共享 | 统一数字基础设施

数据资源
政务数据开放系统

决策分析数据库
评价信息库 | 服务能力分析库 | 用户行为信息库 | 决策咨询信息库 | 宏观经济信息库 | 空间规划信息库 | 营商环境分析库 | 服务索还数据库

业务信息库 | 主题信息库
权责清单库 | 政务服务事库 | 办件信息库 | 经营事项清单库 | 电子文件资料库 | | | 投资项目信息库 | 重点领域数据库 | 监管数据库 | 政务知识库

基础信息资源库
入口库 | 法人库 | 地理空间信息库 | 电子证照库 | 社会信用库

数据交换与共享平台

安全保障
政务平台安全管理系统 | 政务平台运维管理系统

图 3-1　广西数字政务一体化平台建设方式示意图

　　政务服务门户、政务管理平台、业务办理系统、政府网站集约化、行政监督、应用支撑、数据资源、安全保障共同构成了政务一体化平台。这是一种数字化和智能化的治理系统，在这种综合共享的平台下，有效地推动了财政涉农资金信息资源在不同层级的流动。数字政务的拓展是实现基层财政信息公开的技术支撑，科学化、系统化的平台建设提升了广西的数字政府服务能力和治理水平。

第四节　国内外财政涉农资金
信息公开治理实践经验的启示

西方发达国家在长期的财政信息公开的实践探索中积累了大量经验，虽各有千秋，但是都在逐步完善相关的法律法规，通过多样化的方式发布翔实的财政信息，有着健全的组织协调联络机构，在财政信息公开方面自上而下构建了全面的法律框架，规定详细，可操作性较强，确保财政信息公开工作有法可依，对我国推进财政信息公开工作有着重要的启迪。财政涉农资金信息公开在中国的实践经历了多年的考验，无论是经济发达地区还是经济欠发达地区，都积累了丰富的实践经验，提炼其中的精髓，对提高政府财政治理水平、实现善治具有重要的推动作用。

通过对国外和国内关于财政涉农资金信息公开经验的阐述，我们需要进一步提炼其中的机理，在具体践行过程中，探索适合本国国情的发展模式，具体启示如下：

第一，国外政府信息公开制度建设的主流还是"自上而下"的模式，这种制度变革必然要经历长期的历练，各个利益主体在千锤百炼的磨合中能够更快地适应新的制度规则，自上而下推进的模式虽然能够高效地推行政策，但是缺乏稳固的根基，很难达到理想的目标。针对财政涉农资金信息公开，很多国家往往只是针对某个部门或者某个地区，对全国各级政府部门的信息公开活动缺乏统一的规范，这是我们需要总结的经验和教训。通常情况下，国外透明政府建设模式可分为两种：一种是将政府信息依法提供给特定公民，以满足公众需求，即向社会公开政府掌握的信息；另一种是旨在通过信息公开将政府行政管理过程公布于众，鼓励公众参与，构建透明型政府。强化民主参与，将两种模式相结合更符合中国的实际。

第二，虽然构建透明政府是国内外政府的共同诉求，但是动力机制是有区别的，在中国，政府信息公开是民主政治建设的重要方面，以民为本，提高公众的知情权，西方国家信息公开是基于对信息价值的充分认知，通过立法的形式巩固国家行政权力，而中国是在民主政治建设过程中不断摸索，探索适合中国国情的信息公开制度。我国需要在汲取国外关于推行财政信息公开工作方面的研究的精华的基础上，逐渐在实践中探索，通过完善财政信息公开制度体系，充实公开内容、创新公开方式，强化监督等措施，在提高政府治理效率的同时提升公众的获得感。

第三，财政信息公开必须以健全法律体系做保障，具备规范有序的工作流程，还要有便民利民的有效措施，这样才能有效提高政府财政管理效率。国外在政府信息公开方面的实践经验普遍是通过构建电子政府的形式，将电子服务和电子民主有机结合，"电子政府"和"开放政府"成为政府治理不可或缺的核心词。世界各国和各地区的政府普遍的共识是，在信息社会中，要构建透明政府，保障公民的知情权，"透明"和"民主"一样，成为当代政治理念之一。公共管理法治化、民主化和信息化的综合成果就是打造透明政府。西方发达国家在信息公开方面的一个亮点是公众的关注和参与度都非常高，在回应公众诉求方面都有专门的监督机构。

相对国外发达国家完善的信息公开制度体系而言，我国政府所推行的信息公开的相关法律法规，有很多只是规范性文件，只有一些原则性的规定，针对性不强，对财政信息公开的内容、范围、形式等并没有明细的说明，会导致有些部门出于自身利益的考虑，有选择性地公开财政信息，随意性较强。我们需要不断借鉴国内外信息公开的先进经验，向精细化方向发展，循序渐进地提高透明度，不断加强制度体系建设，明确界定财政信息公开的内容和范围，进一步细化并予以阐释，及时向社会公布，杜绝单纯堆砌公众难以理解的数据，同时要提升网络化建设水平，注重公众意见并及时反馈。

第四，我国财政涉农资金信息公开的改革是一个随着政府治理体系逐步完善而不断深化认识的过程，既蕴含着我国长期探索的实践经验，也是立足中国国情并借鉴国外政府信息公开理论和实践经验而尝试创新的结果，探索契合中国国情的财政治理体系。我国财政信息公开发展的步伐从整体水平来看还是非常缓慢的，国内经济发达地区和落后地区的财政信息公开方面有着较大的差距，我们需要把经济发达地区的经验逐步引入经济欠发达地区，逐步完善信息公开内容，创新信息公开方式，向精细化方向发展，循序渐进地提高透明度，通过引入第三方评估的方式来加强考核，充分考虑公众的需求，建立完善的财政涉农资金信息公开机制。国外信息公开法的实践经验以及我国信息公开的规章制度的践行，

---

① 廖宏斌，陈东伟. 政府信息公开国际经验及其启示［J］. 学习与实践，2009（1）：103-107.

为政府信息公开法的制定奠定了坚实的基础，政府信息公开法的推行将成为一种必然的趋势。我国财政信息公开理论和实践的探索也为世界贡献了中国智慧和方案。

世界各国在基于治理体系的政府信息公开制度构建方面既有共性，也有特性，还面临着一些共同的难题。在国家治理能力现代化建设的背景下，对财政涉农资金信息公开的研究不能闭门造车，要合理借鉴国外已取得成效的成功经验，不照搬，不盲从，既要立足于本国国情，也要与国际社会接轨，批判式地吸收国外先进理念。西方国家关于财政信息公开方面的理论和实践是和我国国情紧密契合的，因此，我们需将西方经验和我国实践相结合，科学、合理地借鉴和吸收，形成真正适合我国国情的理论，提升财政治理能力，推动实现国家治理能力现代化。

第五节　本章小结

本章探讨了财政涉农资金信息公开的制度变迁及国内外实践经验借鉴：

首先，探讨了财政涉农资金信息公开有关政策的制度变迁。政府信息公开和财政信息公开的制度变迁和政策脉络，是财政涉农资金信息公开的演进基础，从建国初期萌芽状态，到改革开放的起步和探索阶段，到2008年正式实施《中华人民共和国政府信息公开条例》，再到2021年国家发布的"十四五"规划中提出建立涉农资金信息普惠服务机制，财政涉农资金信息公开逐步发展和推进，这种制度的变迁充分体现了治理导向的理念，提高了财政透明度和财政治理水平，推动法治政府、服务政府、责任政府和效能政府的建设。

其次，探讨了国内外典型财政涉农资金信息公开实践经验。财政透明度和信息公开已成为国外构建透明政府的着眼点。美国、新西兰、英国等国家有关财政信息公开和财政治理的制度体系、内容及方式、内外并重的财政监督机制、将财政信息公开性作为公共治理的重点、重视信息公平、关注信息弱势群体等方面的经验，能够为中国财政涉农资金信息公开的发展提供可鉴之路，而国内财政涉农资金信息公开和财政治理实践，既有在信息公开方面走在国内前列的上海、广东、北京、山东、浙江等经济发达地区，也有信息公开方面有着标杆导向的四川省巴中市白庙乡、贵州以及广西壮族自治区等经济欠发达地区，本章对国内外财政信息公开的实践进行了归纳总结，既提炼共性，又呈现特性，为创新政府信息公开模式，提升财政治理能力，实现政府善治愿景提供经验借鉴。

第四章

财政涉农资金信息公开
治理的动力、阻力及耦合

财政涉农资金信息公开在动力和阻力的作用下形成的力场中形成了信息治理系统，其本身也是构成财政治理环境的因素，其中不同要素既相互依存，又有博弈抗衡。力场的动力和阻力抗衡的过程也是财政透明度逐渐明晰的过程，更是财政治理环境不断改善和提升的过程。透过力场分析，既可以看到财政涉农资金信息公开的动力源，又可以看到制度和非制度的静态路径依赖和实践中的障碍，透视出财政涉农资金信息公开在我国的发展现状和问题。信息治理系统在动力和阻力的耦合中逐步演进，改善着财政治理环境，推动着财政管理系统的发展进程。

第一节 财政涉农资金信息公开的动力

一、外在驱动力

（一）市场经济体制逐步完善的外部环境，推动财政涉农资金信息公开

市场经济也是一种信息经济，信息是开放和流动的，政府信息资源只有在充分流动的基础上才能实现效益。政府公布信息可降低市场交易风险，减少经济运行成本，促进社会有序、健康发展。财政涉农资金信息公开本身价值的物化是能给农民带来经济利益的，而政府公开财政涉农资金信息和农民获取信息的互动过程，本身也是市场自身对政府的行为形成的纪律约束，市场主体的逐步发育成熟呼吁推动财政信息公开。

市场经济环境下，信息资源作为重要的生产要素，通过在市场上流动和为社会成员所共享，能够降低交易成本，提高经济运行的质量和效率。市场充分发挥资源优化配置作用的基础条件是信息对称，但是市场经济中的经济主体掌握的信息具有不完全性，而交易中信息不对称现象的存在使得交易的优势方比劣势方掌握更多信息且具有较低的信息搜寻成本，这种现象会导致市场失灵。市场经济崇尚的是平等、竞争，要求政府在规则公正、完备的前提下公布法律、法规、制度等信息，并通过这些规则监管市场行为。政府监管的作用在于纠正市场失灵。政府作为信息的生产者和发布者，公开财政信息，对优化资源配置、推动市场经济体制的完善有着重要的价值。在市场经济体制下，必须要明确政府的责任边界，公众对公共产品需求的日益提高意味着政府承担的责任越来越重，然而政府权力和职

责交叉的层级制以及出于相关利益者的考虑，会对市场机制进行不当干预，既有缺位又有越位，损害了市场经济体制的有效运行。财政信息公开透明将政府行为置于可评价的框架内，实现社会资源的优化配置。市场经济的发展有助于消除集权，创造良好的外部环境。市场经济的发展要求政府的权力运行从自主扩张向公众同意并自觉服从转变，从政治权威向民意权威转变。信息公开是限制政府有限理性和趋利性，增加财政透明度，改善财政治理的重要机制。

对财政涉农资金信息公开的研究，需要找到现代财政和市场经济的契合点。财政信息的公开透明是市场决策的依据，财政透明度的高低在某种程度上也是衡量市场决策是否有合理性的依据。科学合理的财政支出结构体现着政府提供公共产品的数量和质量，但财政支出结构往往存在着不合理的现象，倾向于生产性支出，而事关民生的非生产性支出却占比很低，财政信息公开作为构建需求表达机制的有效路径，能够推动财政支出结构的平衡，促使财政涉农资金投入关乎农民福祉的公共项目上。通过财政信息公开，公众可以了解到资金的支出状况，也可以质疑资金来源和流向，在某种程度上，有助于优化财政支出结构，真正地惠及民生。

2001年，中国加入了世界贸易组织（WTO）。WTO将政府公开透明作为基本原则，其成员需要履行公开信息的义务。在经济开放的时代下，中国向来是负责任的成员国，始终秉持公开透明的原则。在市场经济体制下，财政信息公开透明的准则有助于推动信息资源的流动和资源优化配置，也能够有效防止市场配置资源的盲目性，这在放大信息资源的价值的同时，推动了政府治理水平的现代化。

（二）善治导向的政治体制改革，推动财政涉农资金信息公开

善治实际上就是突破官僚体制的束缚，实现公共利益最大化，探索新的政治运行机制的过程。世界各国都在探索建立适应全球化、信息化需求的新型政府。政治治理和信息公开是紧密相连的，公民所享有的知情权、参与权和监督权是最基本的民主政治权利，获取财政资金信息是农民进行政治参与和民主监督的基础，信息是否公开是公众判断政府是否具有可信性的原则。互动的过程也是监督的过程，有助于提升政府的治理效能。在善治话语的现代政治体制改革中，构建服务型、透明型、责任型、效能型政府是促进公开财政信息的内在推动力。一个国家的政治生活透明度、财政透明度对行政管理和社会管理的效力有着重要的影响，政府信息失真、信息沟通渠道不畅等都会对政治体制改革产生强烈的冲击。治理现代化要求建立政府与市场、公民与社会的多元互动和协同治理机制，财政涉农

资金信息公开成为推动财政治理，推动治理现代化的阿基米德支点。另外，随着政治体制改革的深化，民主、平等、自由的公民意识逐渐增强，公民对政府信息的需求逐渐出现个性化的发展趋势，获取信息和利用信息的素质逐步提高。财政信息公开是对公众民主意识、社会参与意识觉醒的回应，也是提升公众信息素养的必然选择。

（三）互联网＋大数据时代的信息化变革，推动政府创新财政涉农资金信息公开模式

大数据时代，网络政务公开技术的不断成熟和完善克服了传统信息自上而下层层传递的低效率的弊端，因此各级政府都在积极推动电子政务，以满足社会日新月异的需求。数字化、网络化、信息化的技术发展，方便了解民情、汇聚民智。网络信息化所具备的开放性和监督性的特性，可以凝聚成强大的社会力量，介入政治和社会领域。

现代财政的技术支撑是互联网＋信息技术，财政信息透明度要实现现代化、科学化、精细化与民主化的管理，实现公众的监督，需要基于成熟的技术平台。浓缩了公众理性和智能的互联网区域应该转化为社会的预警系统和纠错机制。网络蕴含着机会均等的民主诉求，使公众的知情权、参与权、表达权、监督权有了可以实现的技术路径。信息社会的发展越来越凸显了政府信息公开的价值所在，"开放政府""阳光政府""透明政府"都是用来形容政府信息公开的程度的。政务网站是财政信息公开的重要平台，可以不受时空限制，公众可以自主获取信息。信息技术的支撑为财政信息公开搭建了网络平台，政府通过信息技术不断改进信息发布的方式，提高工作效率和服务水平，和公众在网络上"即时"对话，可以迅速地搭建"上情下达"和"下情上达"之间的桥梁，以最便捷、成本最低的方式了解公众的需求，也使公众能够全面了解政府工作，增进了二者的互动和理解。信息化变革有助于推动政府服务改变以往的金字塔模式，转变为多元化的网络模式，推动政府的组织结构从垂直式的金字塔结构转变为水平的网络结构，管理层级的减少将有助于建立政府和公众的直接联系，这要求政府信息公开的网络平台必须加大辐射面，适应世界建立"信息高速公路"的时代需求。

虽然农村地区的网络技术落后于时代发展的需要，但是传统媒体和新兴媒体交织在一起所带来的信息化水平的提高，在推动政府创新治理模式的同时，也在一点一滴地渗透到农民的实际生活中。在互联网这个公共领域，信息的提供者不再受限于时间和空间，每个人都可以成为信息的受益者，垄断信息的中心话语权在互联互通的环境下彻底被打破。先进的信息技术提供了一个可以使政府和社会、公众实时对话的平台，提高了政府公布信息的工作效率和服务水平，加快了"上情下达"和"下情上达"的无缝连接，增加了传递公

众诉求的机会，政府了解公众需求的途径也增多了，在互动的过程中促进政府不断创新工作方法，充分利用网络信息的大数据，逐步提高信息公开的质量。

互联网带来的信息化浪潮对政府的治理水平而言是个巨大的考验，有时候"当真相还在穿鞋，谣言已经走遍天下"，抓住机遇，迎接挑战成为政府治理的新命题。大数据是实现政府治理现代化的技术途径，在某种程度上不仅是基于数据量的增长和数据处理技术的提高，而且是数据利用思维方面的提升。我们所处的社会是一个立体的大数据生态系统，大数据带来了信息的扁平化，改变了政令下达不畅、信息上传不易的局面，各种信息的宏微观呈现体现了大数据的能量。在信息化的网络时代，互联网普及情况（图 4-1）对于拓展财政涉农资金信息公开的渠道有着重要的意义。电子政务服务平台的建设是财政信息透明化的媒介，城乡之间在信息技术和平台建设上的差异影响着财政信息公开的效果。

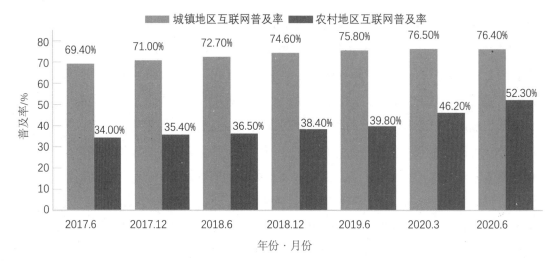

图 4-1 城乡地区互联网普及率

截至 2020 年 6 月，我国城镇地区互联网普及率为 76.40%，农村地区互联网普及率为 52.30%，农村地区和城镇地区互联网普及率在城乡二元治理结构的背景下具有一定差距，但是近四年来农村互联网普及率的上升幅度是高于城镇地区的，仍有一定的提升空间。[①]

互联网平台作为财政涉农资金信息公开的电子平台，是衡量财政透明度及财政治理水平的重要标准，我国在各省（区、市）、市、县均设有电子政务公开平台，并逐渐将覆盖面向基层拓展。截至 2023 年，全国有 21 个省（区、市）构建了层级清晰、覆盖城乡的省（区、市）、市、县、乡、村五级信息公开体系。从总体趋势上看，电子政务服务平台正

① 第46次《中国互联网络发展状况统计报告》［EB/OL］．（2020-09-29）．http：//www.gov.cn/xinwen/2020-09/29/ content_5548176.htm

在向乡村延伸，突出了乡村治理的理念，财政涉农资金信息在这种层级明确的网络体系中传递到基层的过程，也是财政治理能力逐步改善的过程。①

从全球治理的角度来看，世界各国在经济、政治、文化、社会等方面的交流合作推动了"地球村"的进程，公开透明是经济全球化最基本的准则。WTO 规则的三原则为贸易自由化、透明性和稳定性，这里的透明性就是通过信息公开的程度来衡量的。相关国家的政府要想加入特定的国际经济组织，必须要有相对应的信息公开制度。财政透明度是衡量一个国家经济发展水平的重要标杆，如果政府在权力运行过程中充斥着各种暗箱操作，说明缺乏必要的市场约束和监督，进而导致较低的经济自由度。政府信息公开是降低市场交易成本、提升经济发展水平的重要手段。在全球化背景下，任何一个国家发生金融危机都有可能迅速波及其他国家，以国际货币基金组织（IMF）为代表的国际组织，都在极力推动各国实行财政透明，推动财政治理水平。②

在财政涉农资金信息公开方面，数字乡村工程是推进农村信息化发展的一个重大战略举措，电子政务、数字化、信息化的推广和普及为财政信息公开的实践奠定了坚实的基础。农村信息基础设施以及互联网建设得以推进和完善，在涉农资金信息栏目，力求用图、文、声、影像并茂的方式生动呈现信息，同时加强不同涉农网站的整合，实现省、市、县、乡、村五级协同合作，上下联动的信息公开体系，逐步实现"一站发布、全网共享"的信息公开服务。数字乡村建设是推动财政透明度，使涉农资金信息向基层延伸的重要工程，信息化的发展关系着财政治理能力和乡村治理能力现代化的发展，城乡之间"信息鸿沟"的弥合有助于缩小城乡差距，涉农资金信息公开工作在数字乡村背景下的开展，有助于建立与农村人口知识结构相匹配的发展模式，立足农民最关心的现实利益问题，能进一步提升农民的幸福感和获得感。

二、内在驱动力

（一）公众期望的压力

公众期望是政府公开财政信息的压力之一，公众期望政府能够以人民的利益为出发点，及时、全面、准确、有效地公开信息。公众对政府信息公开内容的真实性、准确性，公开方式便捷性的感知和期望值，决定着公众对政府公信力的判断。政府需要基于公众需求来

---

① 刘邦凡，栗俊杰. 新时代我国"全媒体政府"之构建［J］. 重庆社会科学，2019（4）：17-28.
② 刘笑霞，李建发. 中国财政透明度问题研究［J］. 厦门大学学报（哲学社会科学版），2008（6）：34-41.

公开信息，透过公众的评价和满意度来了解信息公开服务水平和质量以及优缺点，了解实际公开质量和公众预期的差异，进而有针对性地制定相应的政策，加以完善。公众满意度的评价客观上要求政府在公开信息的过程中树立以公众为中心的服务理念，政府信息公开必须要充分保障公民的知情权，不仅要公开政府职责、办事程序等政务活动，还要公开和公民切身利益相关的信息，充分保障公民的合法权益。

政府要满足公众的信息渴求，需要保质保量地公开信息，公众的参与度越高，对信息的需求就越深入，往往会形成一种信息需求拉动机制，推动政府进一步公开信息。如果信息公开的服务质量和公众预期差距较大，就会使公众产生消极埋怨的心态。财政涉农资金信息和其他信息相比，有一定的特殊性，通常以数字形式呈现。农民群体对和自身利益相关的信息有着强烈的诉求，如果得不到满足，没有达到期望值，会有一定的挫折感，更有甚者，会出现强烈的抵触情绪，进而寻求非制度参与，不利于社会稳定。公众满意度测评是衡量公共服务水平的依据，也是政府获取公众需求信息的手段，信息公开制度的核心内容是，任何人都有权请求行政机关公开未涉及威胁国家安全和保密法规定范畴的信息，无须质疑请求人使用信息的目的，政府的权力来源于公众，既要维护公众的知情权，又有回应公众诉求的义务，财政信息公开更是如此。

（二）赢得公众信任的渴求

公众信任是公众对政府部门按照公众期待行使公共权力进行公共管理、提供公共服务活动的预期，是一个理性选择的过程，政府如果把信息公开当权力，过滤性公开甚至封锁信息，抑或公开内容过于形式主义，缺乏完整、真实的信息，都会使公众的信任度大打折扣。公众信任往往具有差序结构的特性，对中央政府的信任程度要高于对地方政府的信任，有层级性分化倾向，我国的政府治理体制是任务层层下压，基层政府出于政绩和维稳考虑，有可能会有选择性地公开信息，公众对基层政府缺乏信任对基层政府施政是一种巨大的压力。 公众和政府之间的信任关系的症结在于政府，公众的信任程度和参与程度是高度相关的，信任度越高，参与的愿望就越强烈；信任度越低，抵触情绪就越大。良好社会秩序的构建需要通过公众对政府施政行为的信任来维系，赢得公众信任是一个细水长流的过程，政府背负着公众的期望和信任的压力，任重而道远。

公众的信任程度的高低往往还受社会舆论的影响，舆论体现的都是人们迫切需要解决的问题，汇集社会群体的意见，如信息闭塞导致的贪腐行为一经报道就会引起公众巨大的心理波澜，渴望通过官网渠道获取信息，对政府信息不透明的行为会有所质疑。舆论是一种无形的制约力量，给政府的不透明施政行为带来了巨大的心理压力，舆论的监督作用会迫使政府不断调整工作思路，不断完善信息公开的相关政策，社会对政府公平、公开、负责的渴望推动了信息公开的进程。

（三）政府职责的内在要求

政府财政信息公开本身就是一种制度供给能力，在信息共享的作用下，公众能够进一步了解政府行为过程，便于公民监督，政府能够提供更好的公共服务，形成民众参与和政府服务之间的良性循环。构建服务型和透明型政府是政府的职责之所在，以往的管制型理念已在政府和人民之间制度型对话的过程中遭到扬弃，提供基于公众需求导向的高质量信息服务，并接受公众监督，是服务型政府的职责。财政涉农资金信息公开不单单拘泥于信息公开本身，更是政府在履行职责中的价值体现。财政信息封闭、制度残缺为腐败创造了温床，容易使政府背离公共受托责任。政府的职责还包括保持公共政策的稳定和维护社会的稳定和谐，为防止个人将资金信息作为特权来垄断资源，政府公开财政信息的实质也是为了维护国家和公民的基本权益，尤其是遇到突发事件或者公众高度关注的事务时，政府发布的权威信息有助于制止流言，防止社会恐慌。信息公开是政府必须承担的责任和义务，公众从政府在信息公开中严谨、高效的工作态度中能够看到责任型政府的担当，增强政府在群众中的美誉度。构建责任型政府的理念、服务至上的理念，要求政府公开财政信息，提高财政透明度，这也是财政治理的导向。

第二节　财政涉农资金信息公开的阻力

在外部环境的推动下，公开财政信息已成为一种趋势，然而，很多地方因为财政信息的不公开，导致惠民力度在不同程度上打了折扣。如中央的扶贫款传递给贫困农户、政府专项资金在落实到具体项目的过程中，信息的不公开不透明，会导致政策资源在运行中被层层侵蚀，真正传递给农民手里的实惠有偏差，违背了政策制定者的初衷。在力场环境中，财政涉农资金信息公开面临着重重阻力，有制度环境的制约，也有现实发展的障碍，影响着财政透明度的提升和财政治理能力的改善。制度化水平的障碍导致公民的合理诉求无法通过合法途径表达，会出现非制度化参与的行为，严重影响了政治稳定程度，而在信息公开实施的实践过程中也存在诸多问题。

一、制度环境制约：正式制度和非正式制度的静态路径依赖

（一）正式制度的静态路径依赖

"不公开为原则，公开为例外"的制度沿袭形成一种静态路径依赖。在传统官本位制文化的渗透下，政府作为单一主体，更强调的是正式的制度与规则，运行权力和信息传递的过程是自上而下的。一些官员把权力看作是一种私人物品，随心所欲地行使自由裁量权，尤其在掌控信息方面具有特权，作出的倾向性决策也往往是出于自身利益的考虑，很少考虑社会效果和公众利益。处于信息弱势的农民是呈散沙状分布的，无法感知市场经济基于完全信息的最优激励机制所产生的效益，缺乏动力改变现有制度安排，形成政治冷漠、权利意识缺失的现状。

制度经济学的理论假设包括不完全信息假设、有限理性假设、个人效用最大化假设、机会主义假设。对于农民来说，他们不可能具有获得所需信息的完全能力，处理和分析信息的能力也很有限，故在获取涉农资金信息的过程中，他们希望能够获得信息的最大化效

用，对于官员而言，出于个人效用最大化的初衷，倾向于隐瞒或者歪曲信息。斯蒂格利茨在大赫国际论坛的演讲中指出，"问题并不在于公众被剥夺及时获取信息的权利，而在于政治家和政治官员利用对信息的控制，通过扭曲信息来从中受益"。制度设计的缺陷，使财政涉农资金信息公开缺乏合理的依据，各市县各自为政，标准不一，随意性强，刻着权力标签的印记，损害了农民的知情权，农民的话语权在政府权威的光芒下被弱化，缺乏公平的环境和渠道反映诉求，信息的不公开、不透明，这些都助长了官员暗箱操作的行为，黑暗中的权力在利益的刺激下操纵信息，无形中为腐败行为提供了温床。这种正式制度的依赖导致财政涉农资金信息公开在发展的过程中必定会遇到诸多阻碍。

即使有少部分人尝试通过正式渠道获取财政数据信息，但是受制于办理手续、审批制度，以及政府信息公开条例中在涉及财政公开的项目时只提及公布"财政预算、决算报告"的条款，有关部门会以此进行推诿，会削弱公民对财政信息公开的主动意愿。良好的财政治理结构离不开完善的正式制度环境。信息公开存在一定的不确定性还在于政府信息公开条例赋予各级政府的自由裁量权较大，一旦缺乏必要的监督和责任追究机制，政府有可能会经过综合考量按照自己的意愿有选择性地公开信息。

我国关于财政信息公开的规范性文件处在不断推进和完善的过程中，在实践探索中初步形成了制度体系，但是仍然不健全，存在诸多问题。出于维护利益相关者的需要，许多政府文件被限定在一定范围内公开，大部分的财政信息公开制度表现为"上多下少"，中央、省一级的信息公开制度性规范较健全，但到了县、乡镇层面，信息公开工作开展得非常缓慢。决策者作为顶层设计者，需要将真实有效的信息层层传达，贯彻落实，但到了县、乡镇层面，下层的执行者为了规避政治风险，甚至出于寻租的目的，往往倾向于在公布前过滤、截留对其不利的信息，而且往往层级越低，实际权力反而越大，导致政府的政策执行力随着层级的下降逐渐减弱。在这样的制度背景下，财政涉农资金信息公开在工作机制、协调机制、信息反馈机制、监督与问责机制等方面都存在诸多问题。

我国财政涉农资金信息公开制度中制度需求和制度供给的不均衡现状，严重阻碍着财政透明度的提升，制度均衡的过程是利益群体反复博弈并更迭递进的过程，也是财政治理能力不断提升的过程。

（二）非正式制度的静态路径依赖

在财政信息公开过程中，公共利益部门化、政府和公众矛盾激化等问题，是改善财政治理和实现政府善治的障碍。政府原有体制下已经深深刻下惯例的烙印，在封闭的行政文化背景下，信息公开的探索有可能会导致部门利益受损；在信息不对称的环境下，不求有功、但求无过的惰性文化导致信息的封闭不公开成为沿袭的传统。多年来延续的惯性做法所产生的固化思维导致政府对信息的垄断被认为是天然合理的，这种文化观念的积淀会形成一种强大的历史惰性，阻碍信息公开的进程，阻碍财政治理水平的提升。

虽然在多元政治文化交织下，农民的民主意识、主体意识、参与意识已经逐渐萌发，但是受制于文化程度和生活际遇、生存环境，农民相对较低的认知水平和刚萌发的民主意识之间是存在矛盾的，部分农民不了解政治参与制度，缺乏正确的价值判断和内心体验，更关注的是眼前的利益，而且对部分财政涉农资金信息公开不完全的现状容易有抱怨的情绪，遇到问题时倾向于将责任推给政府，导致参与的动机和意识很难按照制度化的方向发展。中国的文化传统中历来缺乏公开性元素，政府不认同公开文化，会延续自利性本性，阻碍信息公开。农民对公开文化认知不足，会缺乏获得感，滋生埋怨的情绪，成为影响社会稳定的潜在因素。财政涉农资金信息公开封闭观念的文化背景下，降低了财政透明度，财政治理能力也有所下降。善治是以公共利益最大化为目标的，需要整合社会不同主体之间的观念差异和分歧，打破非正式制度的依赖，打造基于善治理念的现代政治文化。

在财政涉农资金信息的公开中，村民除了通过正式渠道获取信息以外，通过人际网络关系获取信息的渠道也非常多。很多村民往往安于"习俗"，存在"等、靠、要"心态，往往是被动接收信息，或者更倾向于接收熟人传播信息。来源于经济社会学的嵌入理论提出，行为人是存在于一定的社会关系网络和社会结构中的，农村地区信息传递的重要的桥梁就是社会关系网络，在这种信息资源互换的过程中，传统文化、个人信息素养等非制度嵌入因素，都会对个体的行为产生影响，这种传统会使信息的真实性受损。

非正式制度的静态路径依赖还会导致财政涉农资金信息公开中的乡村治理内卷化。内卷化通常被用来表述政治权力在运行过程中难以取得应有的效果，甚至偏离制度设置的目标，不能有效促进社会公共利益和推动政治发展的状态。财政涉农资金信息公开中的内卷化体现在，固有的机制和思维维持、延续现状，难以实现质的突破，农民群体需求对于政府而言缺乏制度性约束力，基层政府缺乏进一步改进信息公开工作的动力和动机，农民缺少利益博弈的砝码，使信息公开水平发展缓慢，降低了农民的政治参与热情，也降低了基层政府的权威，加剧了乡村治理的内卷化。政治权威的树立是建立在发自内心的认同和自愿服从的基础上的。善治理念下，打破非正式制度的依赖，打造财政信息透明的财政治理体系已是大势所趋。

二、现实障碍及实践透视

正式制度和非正式制度的静态路径依赖从制度经济学的角度阐述了财政涉农资金信息公开工作存在的障碍，在实际操作过程中，一些地方的财政涉农资金信息公开工作，出于应付上级检查的初衷，只避重就轻地公开群众看不懂的会计科目，通篇数据晦涩难懂，或者形同虚设地仅公开无关紧要的事项，敷衍塞责，以应付差事的心态完成任务，并不在意公开的内容是否易懂，公开的方式是否为公众接受。涉农资金信息公开内容不适合农村实际需要、公开渠道不畅、农民淡薄的民主意识和信息意识以及政府缺乏公开积极性的现状，给财政涉农资金信息公开工作造成了现实障碍。

（一）财政涉农资金信息公开的内容不适应农村的实际需要

财政涉农资金信息公开要先明确各级财政和涉农项目管理部门的公开内容，根据各类涉农资金的性质，明确资金的公开范围、来源和规模，以及资金管理办法、资金扶持范围、资金分配依据和结果、资金收到和拨付时间等信息。信息公开的内容通常要涵盖政府机构自身的基本信息、职权范围、职责划分，以及公众办理相关业务的流程和申诉方式，还要涵盖财政部门有关涉农资金信息的相关政策、文件、公报等，从政策执行的过程到结果都要实行全链条公开。

然而现实实践中，虽然财政涉农资金信息公开随着政策的发展在不断得以完善，但是总体来说仍然较为粗放，很多政府网站仅停留在公开"总体预算"的程度而缺少对预算的分解说明。财政涉农资金信息公开的相关文件仍然不够全面，只有一些原则性的规定，针对性不强，往往侧重"条""款"，只体现出金额的多少，很少能看到对项目本身和具体的支出用途方面有明细的阐述。有些项目仅在部门网站和公示栏进行简单文件公示或由项目实施单位负责公示，对信息公开的内容、范围、形式等并没有明细的说明，导致公开内容粗线条、公开方式单一化、群众知晓率不高。而县乡村三级信息公开的衔接也不够，每一级信息公开的侧重点、范围、时限要求、工作配合尚不明确，一些工程建设项目、产业化扶持项目、贷款贴息项目等信息公开仅停留在县一级，没有到乡进村，无法满足农民的实际生产、生活需求。现实中，海量的信息内容中混杂着诸如总结、领导讲话、新闻通讯等无关痛痒的信息，也会增加农民选择有用信息的成本。加之财政信息本身专业性较强，如果缺乏有效解读，很有可能成为一纸空文。

我国的城乡二元结构导致作为弱势群体的农民与政府之间的力量出现严重不对称，政府部门的信息供给无法满足农民的实际需求，财政涉农资金信息公开给农民带来的效益与期望值的差距较大，农民期望通过获取财政信息能使收益达到最优，而政府官员会权衡成本和收益，有倾向性地披露财政信息，农民个体的薄弱力量导致其利益诉求缺乏通畅的渠道，在社会利益的竞争和博弈中缺少争取利益的砝码。农民对和切身利益相关信息的旺盛需求和政府低效供应信息之间的张力日益增大，信息供给和农民需求之间的失衡状态滋生了政府和农民之间的矛盾，成为潜在的影响社会稳定的因素。

（二）财政涉农资金信息公开的渠道不畅

长期以来的城乡二元差距导致信息技术在农村地区发展得较为缓慢，而财政涉农资金信息往往通过门户网站等方式公布，农民受到自身认知和客观条件的限制，无法从网上获取丰富的政府信息，更多的是通过传统媒介来接收信息，传统媒介的弊端导致农民获取的资金信息，可能经过多层级传播，影响了信息的准确性和真实性。这种数字鸿沟导致农民缺乏机会和能力去接收涉农资金信息。巨大的城乡差距所导致的数字鸿沟限制了县级以下的政府网络化建设水平，农村一线的网络化建设水平更是贫瘠，这种巨大的信息差距成为制约政府信息公开的门槛。

财政涉农资金从上往下拨的环节多，若要使相关政策信息在乡镇、村组、村民中层层公开、落实，需要一定的时间差，往往信息通过电视、报纸等媒体渠道发布后，农民已经开始口口相传，但是由于信息传递层级过多，导致政策落实具有时滞性，容易使群众产生误解，会使农民产生抱怨和猜疑的情绪。网站上涉农资金信息呈现要么流失要么休眠的状态，虽然农业网站已经建立了相应的体系，涵盖面也较广，但是栏目简单，存在低水平重复，信息滞后、过时的情况比比皆是，影响了涉农资金信息的使用价值。另外，涉农资金信息尚缺乏统一的运作机制，信息资源过于分散，导致出现信息分治和信息孤岛的现象，既造成信息资源的严重浪费，也阻碍了信息的顺利传递。缺乏信息化的市场机制，涉农资金信息站、农业种植养殖大户、各种协会作为信息传递的中坚力量，并没有发挥出应有的作用。

（三）农民的民主意识和信息意识较为淡薄

政府公开的涉农资金信息，需要通过农民的接收和反馈才能知晓效果，如果没有农民的积极配合，这种公开就会流于形式。由于受到传统观念和经济发展水平的影响，农民的信息意识较为薄弱，对信息的获取缺乏主动意识。农民是接收涉农资金信息的终端，出现了对信息需求量大但是却很少表达诉求的局面，很少主动获取信息，又容易轻信各种传言，有抱怨情绪时常常保持沉默，之后会将不好的言论传给熟人。淡薄的民主意识和信息意识导致了农民的满意度较低，也给财政涉农资金信息公开工作带来了难题，农民对政府的满意度更多是基于现实表现，而不是出于对未来的信心。

财政幻觉也会影响农民对信息公开的认知，导致信息意识的缺位。政府为了掩盖低效行政的事实，往往会选择低效公开财政信息，①由于财政支出的不公开不透明，很容易导致公众产生财政幻觉，即对大量的财政浪费一无所知。②通常公众是依据预期的成本和收益来作出行为判断，尤其是农民群体受限于自身的认知能力，存在着没有充分接收和利用信息的情况。如果接收到可以使自身获益的信息，有可能是正面评价；如果是毫不相关的信息，就会产生负面评价。这种认知的偏差对政府财政涉农资金信息公开的推进也造成了一定的阻碍。这也是政府缺乏公开财政涉农资金信息动力的原因之一。

（四）政府缺乏公开财政涉农资金信息的积极性

各级政府在公开财政涉农资金信息的过程中较为被动，普遍持观望态度，中央政府公开的涉农资金信息的情况、同级政府公开信息的情况、其他地区公开信息的情况均成为参照，谁都不愿因首先主动公开成为关注的焦点，导致缺乏率先垂范的探索精神，这种谨慎的态度容易导致故步自封。还有的政府部门缺乏协作精神，认为财政信息公开理应由财政部门负责，互相推诿。财政涉农资金信息公开涉及多个部门联动，但是各部门在协调上仍存在互相推诿、各自为政的现象，责任分工不够明确。

在基层政府，不乏这种情况，为了应付工作而公开，只有上级部门检查工作时才公开，仅仅是为了拍照留痕，或者是避重就轻，表面上看起来公开了数据，但是关键的数据也解释不清，或者是公布完信息，不重视反馈，对公众是否存疑并没有持续跟进。如四川省曾在2018年5月开展了针对扶贫"一卡通"问题的调研工作，发现不同地区均存在诸多问题，由于扶贫资金涉及的部门和领域较多，不同的资金往往是通过不同的银行卡发放，有的一个月发几次，有的几个月发一次，监管部门解释不清扶贫资金的具体发放情况，而群众对很多扶贫政策和具体的信息也是一头雾水，这容易导致基层干部出现利用涉农资金信息优势寻租的行为，甚至有的基层干部通过多找几张银行卡的方式，就把扶贫资金揽入自己腰包。财政涉农资金信息的不公开导致扶贫资金成为数不清理还乱的糊涂账。小小的"一卡通"折射出基层管理信息不公开所致的乱象，四川省政府此后也专门针对此事制定了治理扶贫"一卡通"的全省方案，透过表象问题深挖基层治理的深层次问题。

还有一部分基层工作人员表示愿意把财政涉农资金信息公开工作做好，但是由于缺乏

---

① 李炜光，姚丽莎. 财政腐败原因的制度分析［J］. 经济与管理研究，2011（4）：115-119.

② Francisico Bastida and Bernardino Benito，Central Government Budget Practice and Transparency：An International Comparison，Public Administration，85（3），2007：667-716.

明确的工作规范、标准和考核指标，不同政务部门对信息公开的程度、形式有着不同的意见，导致基层管理部门人员在执行的过程中举棋不定。调研组对财政涉农资金信息公开的工作机构曾进行了电话验证，但部分工作人员推诿搪塞，官腔十足，对信息公开重要性的认识不足，只考虑自己如何完成工作，对公众如何更便捷地获取信息毫不在意。政府官员往往以涉及公共安全、保护个人隐私为由消极、被动和推托公开信息，甚至出于部门利益考虑，阻止信息公开。财政信息更多以数据形式呈现，往往不精细化，以遮云罩雾、高深莫测的形式公开，对于普通民众而言，无异于晦涩难懂的天书，使信息公开流于形式。

总之，财政涉农资金信息公开的阻力既有制度因素也有现实因素，制度环境的障碍是正式制度和非正式制度的静态路径依赖，实践中的现实困境是财政涉农资金信息公开的内容不适应农村的实际需要、财政涉农资金信息公开的渠道不畅、农民的民主意识和信息意识较为淡薄以及政府缺乏公开财政涉农资金信息的积极性等，这些因素阻碍着财政透明度的提高，也影响着财政治理的进程，如何摆脱这些阻力所带来的困境，给政府治理带来了难题。

第三节　财政涉农资金信息公开治理系统：
动力和阻力的耦合

前文分别对财政涉农资金信息公开的动力以及阻力进行了分析，信息公开背后的推力和障碍，实际上映射的是财政透明度和财政治理水平的高低，在力场分析中，动力和阻力是共存于耦合的力场中，在相互抗衡中，形成财政涉农资金信息公开的治理系统，是财政治理得以实行的力场环境，需要从整体统筹的角度上来理解。

一、财政涉农资金信息公开动力和阻力耦合的力场模型

现实中财政涉农资金信息公开的阻力和动力形成的力场，产生的博弈有来自不同层级政府之间的博弈，也有来自政府的信息供给和农民信息需求之间的抗争，来自政府行政权力和公民权利的抗衡。正式制度和非正式制度的路径依赖以及实践中的财政涉农资金信息公开存在诸多问题，财政涉农资金信息公开的阻力和动力交织在一起，形成动态博弈的力场。

如图 4-2 所示，阻力来自制度环境的静态依赖和现实的制约，动力来自市场经济体制、政治体制改革和信息化变革的推动，当动力大于阻力的时候，那么合力方向就为正，和动力方向趋同一致，财政信息公开在综合因素的影响下会加速发展，促进政府信息公开的驱动力和阻碍信息公开的阻力所形成的合力大于零将会有效地推进政府信息公开的发展进程。当阻力大于动力的时候，那么合力方向就为负，和阻力方向趋同一致，信息公开将会呈现缓慢发展的趋势。当动力和阻力大致相当的时候，力场处于均衡状态。①总体上来看，财政涉农资金信息公开的力场呈现失衡状态，但是基本走向是在动力和阻力的博弈中趋向于均衡，并在不断克服阻力、加强动力的过程中向前推动。

---

① 蒋明敏. 力场博弈下中国政府信息公开的障碍与出路 [J]. 求实，2011（4）：64-67.

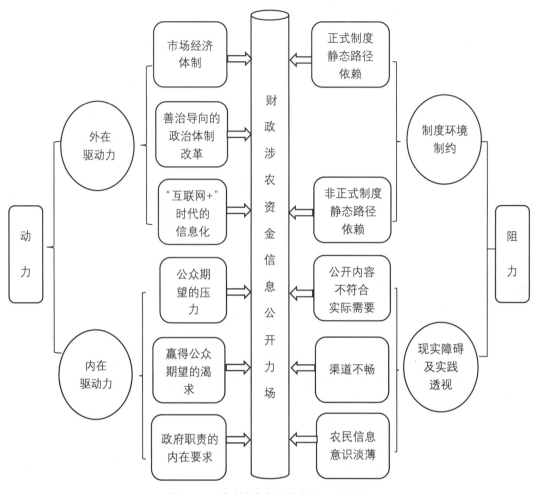

图 4-2　财政涉农资金信息公开力场图

　　总之，财政涉农资金信息公开的动力和阻力所形成的力场中，既有动力和阻力的博弈，也有政府行政权力和农民权利的博弈。社会转型过程中难免会出现"改革阵痛"，政府在推行财政治理、实现善治的过程中，必然要正视这种博弈关系。虽然从总体上看，财政涉农资金信息公开力场为失衡状态，但是处在趋向动态均衡的过程中。财政涉农资金信息公开在各种阻力、动力作用力场下，是徘徊在被动公开和主动公开两难中的理性抉择，在压力和阻力作用下的被动公开和推动、动力作用下的主动公开会在兼容非对等关系的动态均衡中，推动信息公开从被动公开逐步走向主动公开，作用于信息公开的治理系统。

二、财政涉农资金信息公开力场下的治理系统

　　财政涉农资金信息公开在动力和阻力耦合的力场下，在不断的匹配和失衡中，形成了

信息公开治理系统，构成要素有信息、信息人、信息环境。信息人包括信息的生产者、传递者和消费者、监管者，在传递和沟通互动的过程中，形成一个双向的信息流，信息是具体的客体，信息环境既包括承载信息技术的硬件设施，又包括具体的信息政策，在信息生产和传递、信息消费和监管之间不断在匹配和失衡中共同形成财政涉农资金信息公开治理系统。[①]如图 4-3 所示：

信息环境

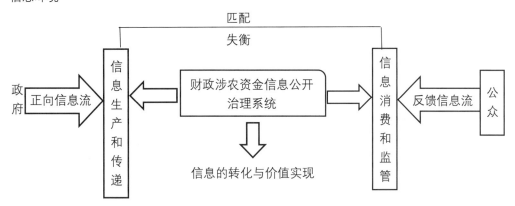

图 4-3　财政涉农资金信息公开治理系统图

治理系统中的生产者和传递者，在财政信息公开中的定位是政府部门在实际行使权力的过程中，通过一定的渠道和方式向社会公布信息；消费者和监管者的定位角色是农民，农民在获取信息的同时，对信息公开的流程、内容及方式有着监督权；财政信息公开相关的法律法规以及公开信息的基础设施和技术条件构成信息环境。在信息环境中，政府的正向信息流和农民的反馈信息流形成了信息的传递，双向流转通畅才能够维持信息公开治理系统的平衡，但是信息传递时间长，传递形式单一以及反馈渠道不畅通等弊端导致很多涉及民生的信息仍然处在一种单向传递状态，导致信息传递的社会化程度很低。在财政涉农资金信息公开治理系统中，农民作为信息公开的消费者，不能止于被动接收信息，要在吸收和利用的同时将信息转化为有助于信息生产者进一步加工的反馈意见，农民作为消费者的同时也是监管者，财政涉农资金信息公开是否透明有效要能禁得住农民的审视。

当然，财政涉农资金信息公开治理系统达到一个平衡状态并不一定是最优状态，低效公开信息以及较低的公众反馈度也能够促成系统处在低水平循环的状态，我们在维持信息生态系统平衡的同时，要注重系统的演进性，打破低水平重复的均衡状态，系统有可能暂

---

① 　王鲁美，相丽玲. 政府信息公开的信息生态系统及其信息生态平衡探析［J］. 图书馆学研究，2015（10）：99-101

时会失衡，但是在政策的不断完善、信息流双向有效交互推动的过程中，会逐步推动信息公开系统实现更高层次的平衡。

财政涉农资金信息公开是财政治理的重要手段，信息公开本身就是一种制度供给能力，在信息共享的作用下，社会民众能够进一步了解政府行为过程，便于公民监督，政府能够提供更好的公共服务，形成民众参与和政府服务之间的良性循环。通过信息公开，能够有效消除信息碎片化，促进治理整体性，促进政府各部门之间的合作，减少政府内部信息孤岛，降低行政成本，同时有利于减少上下级政府间的信息不对称，促进政府横向合作，有助于增加政府与社会、公众之间的合作，提升社会治理的整体性等等。财政涉农资金信息公开的生态环境在动力和阻力耦合形成的力场中，具有复杂性和演进性，贯穿着政府的执政理念，信息人、信息在一个复杂的宏微观信息环境中共同发展，并在信息公开治理系统中逐步演进，推动着财政涉农资金信息公开的发展进程和财政治理能力的改善。

总之，财政涉农资金信息公开对财政透明度和财政治理能力的推进过程，其实也是呼吁公共权力公开透明的过程，在财政涉农资金信息公开治理系统中，信息、信息人、信息环境在动力和阻力博弈抗衡的力场中互相依存，如何增强动力，遏制阻力，使得二者的合力为正，是研究信息公开力场构成的治理系统的落脚点，也是改善财政治理能力的着眼点。

第四节　本章小结

　　本章探讨了财政涉农资金信息公开的力场，财政涉农资金信息公开在推动财政治理的过程中，在驱动力和阻力的抗衡中形成力场，抗衡的过程是财政透明度逐渐明晰的过程，更是财政治理环境不断改善和提升的过程。

　　首先，探讨了财政涉农资金信息公开的外在驱动力和内在驱动力。外在驱动力是市场经济体制逐步完善的外部环境、善治导向的政治体制改革、"互联网＋"大数据时代的信息化变革，内在驱动力来自公众期望的压力、赢得公众信任的渴求、政府职责的内在要求。

　　其次，探讨了财政涉农资金信息公开的阻力。制度方面的阻力主要来自正式制度和非正式制度的静态路径依赖，实践中的障碍主要表现在财政涉农资金信息公开的内容不适应农村实际需要、信息公开的渠道不畅、农民的民主意识和信息意识较为淡薄、政府缺乏公开财政涉农资金信息的主动性。

　　最后，探讨了财政涉农资金信息公开治理系统。信息公开的驱动力和阻力所形成的力场形成了财政涉农资金信息公开的治理系统，透视出财政涉农资金信息公开的发展现状和问题，也映射着财政治理水平的高低。

第五章

财政涉农资金信息公开治理的演化博弈模型

第一节　中央政府和地方政府演化博弈模型

一、研究假设

中央政府和地方政府围绕信息公开政策执行存在着利益博弈关系。中央对地方政府在公开财政涉农资金信息方面存在着严重的信息不对称，如果缺乏有效监管，公众对财政透明的诉求在某种程度上会减少中央和地方之间的信息鸿沟。中央政府和地方政府的关系直接影响着乡镇政府的生存状态，2021年1月，中国社会科学院国家法治指数研究中心及法学研究所法治指数创新工程项目组对不同层次政府信息公开年报情况的评估结果显示，国务院部门与上级政府办公厅按时发布政府信息公开年度报告情况是最好的，接下来是市一级城市，而县（市、区）政府执行得较差。相对于国家层面的财政信息公开，地方政府的信息往往和当地民众有着更为密切的联系，公众对本地财政涉农资金信息公开的需求比较强烈，地方政府的社会治理能力和地方的团结稳定需要通过公众的信任感和归属感的增强得以提升。

中央政府作为公共利益的代表和公共政策的制定者，不仅要考虑地方经济的发展，还要考虑公平正义及社会稳定，因此对财政信息公开透明的要求较高。地方政府作为政策的执行者，在财政涉农资金信息公开过程中虽然不会贸然违背中央政策而隐瞒信息，但是在执行的过程中，出于"非理性经济人"的特性，在政策执行到最基层的时候，存在层层截和、曲解规则等现象，容易偏离农民的需求，在央地信息不对称的条件下，存在一种科层制损耗现象，即地方政府受利益最大化的驱动，倾向于隐瞒甚至扭曲上级政府的公共政策意图，导致实际社会效益受损。中央政府作为决策者，往往要求地方政府定期汇报，确保信息的上传下达；地方政府作为财政涉农资金信息公开的执行者，为了回避有可能出现失职的责任风险，执行者提供给决策者的信息往往通过层层过滤，使突出成绩、弱化问题成为惯例，这就是所谓的信息黑洞效应。

本文假设的演化博弈模型的主体是中央政府和地方政府。构建演化博弈模型基于以下几个假设：（1）作为演化博弈利益主体的中央政府和地方政府，在博弈的过程中作出不止一次的策略选择，二者构成利益博弈关系，要想找到最优策略，都需要不断调整，寻求较优策略，进而形成稳定策略；（2）该博弈是非对称博弈。

二、构建中央政府和地方政府演化博弈模型

中央政府作为政策的制定者，有责任监督地方政府充分披露财政涉农资金信息，也可以选择信任地方政府的执政行为。因此，中央政府的演化策略博弈空间为（监管，信任），假设中央政府积极监管地方政府公开信息行为的概率是 α（$\alpha \in [0, 1]$），那么信任即不监管的概率为 $1 - \alpha$。[①]

地方政府在公开财政涉农资金信息的过程中，可以选择严格执行中央政策精神，积极主动高效公开信息，也可以选择隐瞒甚至扭曲与自身利益相关的信息，低效公开信息，因此，地方政府的演化策略博弈空间为（高效公开信息，低效公开信息），设 β（$\beta \in [0, 1]$）为地方政府高效公开财政涉农资金信息的概率，则低效公开的概率为 $1 - \beta$。

通过对政府和农民策略空间的分析，构建演化博弈模型如表 5-1 所示：

表 5-1　财政涉农资金信息公开中央政府和地方政府演化博弈矩阵

博　弈		中央政府	
		监管（α）	不监管（$1-\alpha$）
地方政府	高效公开信息（β）	$m+m_1-n$, $p-q$	$m-n$, $-q_1$
	低效公开信息（$1-\beta$）	$-n_1-n_2$, $-q$	$-n_2$, $-q_1$

m 为地方政府公开财政涉农资金信息带来的收益，包括公众认可度的提升；m_1 表示当中央政府通过监督，发现地方政府积极披露信息的行为，将会给予适当的奖励，不仅包括物质奖励，还包括精神奖励，地方政府将会获得隐形的收益；n 表示地方政府需要为高效披露信息付出一定的管理成本和机会成本；n_1 表示如果中央政府选择监管策略，对地方政府消极低效公开信息的行为进行相应的处罚，地方政府将增加成本；n_2 表示地方政府低效公开信息的形象损失；p 表示当地方政府积极公开财政信息时中央政府的收益，包括政

① 陈宇，闫倩倩. 府际关系视角下区域环境政策执行偏差研究：基于博弈模型的分析 [J]. 北京理工大学学报（社会科学版），2019（5）：56-64.

治收益，即政府公信力的提升和社会的稳定；q 表示中央政府需为监管付出的监管成本；q_1 表示中央政府选择不监管所损失的对地方的行政威慑力，地方政府低效公开涉农资金信息的行为一旦被第三方披露，会造成恶劣的社会影响，中央政府还将承担声誉受损的损失。[①]

首先，讨论中央政府的演化稳定策略，中央政府监管的概率为 $\alpha(0<\alpha<1)$，不监管的概率为 $1-\alpha$，中央政府采取监管策略的期望收益是 W_1，不监管策略的期望收益是 W_2，采取监管和不监管混合策略的平均收益是 $\overline{W}$，方程如下：

中央政府演化博弈：

$$W_1=\beta(p-q)+(1-\beta)(-q)=\beta p-q \tag{1}$$

$$W_2=\beta(-q_1)+(1-\beta)(-q_1)=-q_1 \tag{2}$$

$$\overline{W}=\alpha W_1+(1-\alpha)W_2=\alpha\beta p-\alpha q-q_1+\alpha q_1 \tag{3}$$

根据复制动态方程（4），令 $F(\alpha)=0$，则 $\beta^*=(q+q_1)/p$，第一种情况，当地方政府采取的高效公开策略的概率 $\beta=\beta^*=(q+q_1)/p$，且 $d\alpha/dt=0$ 时，所有 α 都是稳定状态，即中央政府监管或者不监管的收益都是没有差异的，有可能采取混合策略；第二种情况，如果 $\beta \neq \beta^*$，由于演化稳定策略（ess）必须满足的条件是 $F(\alpha^*)=0$ 且 $F'(\alpha^*)<0$，则当 $\beta>\beta^*$ 时，$W_1-\overline{W}>0$ 且 $\alpha^*=1$ 是进化稳定策略，即中央政府通过监管所获得的收益大于平均收益值；第三种情况，$\beta<\beta^*$ 时，$W_1-\overline{W}<0$ 且 $\alpha^*=0$ 是进化稳定策略，中央政府会趋向于不监管。三种情况下，中央政府行为复制动态的相位图如图 5-1 所示：

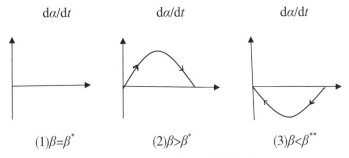

$(1)\beta=\beta^*$　　　$(2)\beta>\beta^*$　　　$(3)\beta<\beta^{**}$

图 5-1　中央政府复制动态相位图

其次，讨论地方政府的演化稳定策略，地方政府高效公开信息的概率为 α，低效公开信息的概率为 $1-\alpha$，高效公开信息的期望收益是 z_1，低效公开信息的期望收益是 z_2，采取积极主动接收信息和消极被动接收信息的混合策略的平均收益是 $\overline{z}$，方程如下：

$$z_1=\alpha(m+m_1-n)+(1-\alpha)(m-n)=\alpha m_1+m-n \tag{5}$$

① 王琦. 政府监管与企业社会责任行为的演化博弈研究［J］. 西南政法大学学报，2019（1）：133-142.

$$z_2=\alpha(-n_1-n_2)+(1-\alpha)(-n_2)=-\alpha n_1-\alpha n_2-n_2+\alpha n_2 \tag{6}$$

$$\bar{z}=\beta z_1+(1-\beta)z_2=\beta(am_1+m-n)+(1-\beta)(-\alpha n_1-\alpha n_2-n_2+\alpha n_2)=\beta am_1+\beta m-\alpha n_1-n_2+\beta n_2+\beta\alpha n_1+\beta n_2 \tag{7}$$

$$F(\beta)=\beta(z_1-\bar{z})=\beta(1-\beta)[\alpha(m_1+m_2)+m-n+n_2] \tag{8}$$

根据复制动态方程（8），令 $F(\beta)=0$，则 $\alpha^*=(n-m-n_2)/(m_1+n_1)$，第一种情况，当中央政府采取监督策略的概率为 $\alpha=\alpha^*$ 时，$d\beta/dt=0$ 时，所有 β 都是稳定状态，即地方政府高效公开信息和低效公开信息的收益是没有差异的，有可能采取混合策略；第二种情况，如果 $\alpha\neq\alpha^*$，由于演化稳定策略（ess）必须满足的条件是 $F(\beta')=0$ 且 $F'(\beta^*)<0$，则当 $\alpha>\alpha^*$ 时，$z_1-\bar{z}>0$，$\beta^*=1$ 是进化稳定策略，即地方政府高效公开信息所获得的收益大于平均收益值；第三种情况，$\alpha<\alpha^*$ 时，$z_1-\bar{z}<0$，$\beta^*=0$ 是进化稳定策略，地方政府会趋向于低效公开信息。三种情况下，地方政府行为复制动态的相位图如图 5-2 所示：

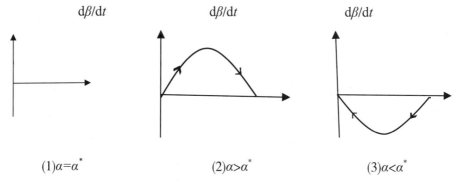

(1)$\alpha=\alpha^*$ (2)$\alpha>\alpha^*$ (3)$\alpha<\alpha^*$

图 5-2　地方政府复制动态相位图

三、中央政府和地方政府复制动态稳定性分析

上述中央政府和地方政府复制动态相位图都基于自身利益最大化角度，看到对方的行为选择后，再对自身行为进行调整，实现个体博弈的最优选择。但是现实中，中央政府和地方政府往往是同时进行行为选择和策略调整的，要实现博弈双方最优，需要观测中央政府和地方政府策略的动态调整过程。

如图 5-3 所示，由以上分析可知，演化稳定策略分别为 $\alpha=0$、$\alpha=1$、$\beta=0$、$\beta=1$，则区域Ⅱ和区域Ⅲ是演化稳定区域，区域Ⅰ和Ⅳ是未达到演化稳定状态的区域。中央政府和地方政府的复制动态关系中，（0,0）和（1,1）是两个演化稳定策略，当初始状况在Ⅱ区域时，会收敛到演化稳定策略（1,1），当初始状况落在Ⅲ区域时，会收敛到演化稳定策略（0,0），当初始状况落在Ⅰ和Ⅳ区域时，有可能收敛到Ⅱ区域（1,1），也有可能收敛到Ⅲ区域（0,0）。

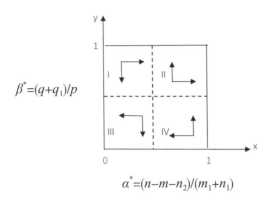

图 5-3　中央政府和地方政府之间复制动态稳定图

从 I 区域可看出，当 $\alpha<(n-m-n_2)/(m_1+n_1)$ 时，$\beta=0$ 为演化稳定策略，所以箭头向下，当 $\beta>(q+q_1)/p$、$\alpha=1$ 为演化稳定策略，所以箭头向右，当中央政府和地方政府的状态位于 I 区域时，博弈状态趋向于（1,0），中央政府选择监管策略，而地方政府采取低效公开信息策略。

从区域 II 可看出，当 $\alpha>(n-m-n_2)/(m_1+n_1)$ 时，$\beta=1$ 为演化稳定策略，所以箭头向上，当 $\beta>(q+q_1)/p$ 时，$\alpha=1$ 为演化稳定策略，此时博弈状态收敛于（1,1），中央政府选择监管策略，地方政府趋向于选择高效公开信息，使信息公开步入良性轨道，该区域是实现双赢最理想的状态。

从区域 III 可看出，当 $\alpha<(n-m-n_2)/(m_1+n_1)$ 时，$\beta=0$ 为演化稳定策略，所以箭头向下，当 $\beta<(q+q_1)/p$ 时，$\alpha=0$ 为演化稳定策略，所以箭头向左，此时博弈状态收敛于（0,0），中央政府趋向于不监管，地方政府趋向于低效公开信息，该状态不利于维护社会的稳定发展。

从区域 IV 可以看出，当 $\alpha>(n-m-n_2)/(m_1+n_1)$ 时，$\beta=1$ 为演化稳定策略，所以箭头向上，当 $\beta<(q+q_1)/p$ 时，$\alpha=0$ 为演化稳定策略，所以箭头向左，此时博弈状态收敛于（0,1），中央政府采取不监管策略，地方政府倾向采取高效公开信息策略。

在多大程度趋向两个进化稳定策略，取决于当 $\alpha=(n-m-n_2)/(m_1+n_1)$ 和 $\beta=(q+q_1)/p$ 的值，当 α 不变，$n-m-n_2>m_1+n_1$ 时，即 $n-n_1-n_2>m+m_1$，β 趋向于 1，III 和 IV 区域的面积会向上扩大，地方政府高效公开信息的成本的增加速度要大于收益。当 $n-m-n_2<m_1+n_1$ 时，即 $n-n_1-n_2<m+m_1$，β 趋向于 0，I 区域和 II 区域向下增加，地方政府倾向于高效公开信息。当 β 不变，$q+q_1>p$ 时，α 趋向于 1，I 和 III 区域的面积会向右扩大，中央政府监管的成本要大于监管的收益。当 $q+q_1<p$ 时，α 趋向于 0，Ⅱ和Ⅳ区域的面积会向左扩大，中央政府会倾向于严格监管地方政府公开信息的行为。

不同层级政府之间的演化博弈，呈现了中央政府在监管和不监管条件下地方政府高效和低效公开信息的状态，下面将从政府和农民之间博弈的角度来建立演化博弈模型。

第二节　政府和农民的演化博弈模型

在财政涉农资金信息中，农村社会保障类项目、农田水利工程项目、农业产业化扶持类项目、扶贫资金类项目、涉农财政补贴等信息均和农民的利益息息相关，虽说国家涉农资金投入的力度逐年加大，惠及农民的"真金白银"也越来越多，然而，很多地方因为财政信息的不公开，导致惠民力度在不同程度上打了折扣，农民对涉农资金信息的迫切需求和政府有限信息供给之间的矛盾日益凸显。农民本应成为财政涉农资金信息公开中最大的受益者，却被动地接收着经过层层过滤的有限信息，逐渐成为沉默的大多数，虽然信息诉求的分散性导致农民参与利益博弈的力量相对薄弱，但是农民群体对政府治理的认可度是维护社会稳定的重要因素，通过探讨政府和农民之间在财政涉农资金信息公开问题上的利益博弈，能够推动政府和农民不断调整最优策略，进而促进农村社会的发展。

一、研究假设

财政涉农资金信息公开中，政府和农民都是庞大的群体，政府处于信息优势，而农民始终处于信息劣势，双方存在着严重的信息不对称，他们之间既相互依存，又有着利益差别。

从政府的角度来说，政府群体既有提升行政效率和通过公众的良好口碑来塑造形象的需要，如公信力及社会认可度的提升，又有维护自身利益的需要，官员的经济人属性导致其在公开涉农资金信息的时候会充分考虑自身成本和收益，希望用最小的成本获得最大的效益，有可能做出有悖于农民利益的策略选择，有倾向地公开使自身收益最大化的信息，而且他们不仅可以控制信息，还有可能扭曲信息。该群体存在着非理性的个体与行为。

从农民的角度来说，自 2003 年以来，中央连续推出了一系列的农村新政，农民在权力地位上得到改善，对政府的信任度也有所增加，但是基层政府形象在农民心目中的转变是一个长期的过程。在公众群体里，涉农资金信息公开最大的受益者是农民，但呈散沙状分布的农民处在信息劣势地位，受到信息不完全和认知水平的限制，农民接收到的涉农资金信息极其有限。大数据时代背景导致信息以复杂化和多元化态势存在，农民对和自身利益相关的涉农资金信息有着迫切的需求，希望以最小的成本获取知情权的效用价值，而农民参与收集、理解和使用与财政涉农资金相关的信息是需要信息成本的，农民和财政部门之间的信息地位极度不平等，只能被动接收有限的信息。农民受制于较低文化水平和理解程度，想要了解补贴类信息、社会保障类信息、产业化项目扶贫类资金类信息的具体情况，需要花费精力和成本收集相关信息，并甄别符合自身利益需求的信息。长期以来"非公开为常态，公开为例外"的制度沿袭导致农民的信息意识相对比较淡漠，对政治参与制度也缺乏了解，当政府有限的信息供给满足不了农民的信息需求时，容易滋生抱怨的情绪，故该群体也存在着非理性的个体和行为。使基层政府置于公众监督和问责下的基层民主是推动信息公开的原动力。

因此，构建演化博弈模型基于以下几个假设：（1）作为演化博弈主体的政府和农民均是具有有限理性的群体，在博弈的过程中作出不止一次的策略选择，二者构成利益博弈关系，要想找到最优策略，都需要不断学习和调整，寻求较优策略，进而形成稳定策略；（2）该博弈是非对称博弈；（3）由于存在"差序政府信任"现象，即公众对政府的信任具有层级性，对中央政府的信任程度要高于对地方政府的信任程度。基层政府是最能体现公众需求的一级政府，农民对政府的认知往往来源于基层政府的施政行为，[①]因此，本文中假设的政府的演化博弈行为主要指基层政府。

二、政府和农民演化博弈的策略空间

政府作为博弈的决策者，策略空间为（高效公开信息，低效公开信息），高效公开财政信息的表现是政府能够充分履行职责，积极主动公开涉农资金信息，低效公开信息的表现是政府公开的涉农资金信息不完全，甚至基于少数人利益，经过筛选后隐瞒了部分信息，有损民众利益。设 $x(x \in [0, 1])$ 为政府高效公开财政涉农资金信息的概率，则低效公开的概率为 $1-x$。

农民的策略空间为（积极主动获取信息，消极被动接收信息），主动获取信息的表现是农民能够积极获取信息，并能有效反馈自己的诉求，被动接收信息的表现是若农民无法获取与自身利益相关的信息，会产生猜忌和抵触的消极心理，导致行为比较被动。假设农民积极主动获取信息的概率是 $y(y \in [0, 1])$，那么消极被动接收信息的概率为 $1-y$。

---

① 王浦劬，郑姗姗. 政府回应、公共服务与差序政府信任的相关性分析：基于江苏某县的实证研究 ［J］. 中国行政管理，2019（5）：101-108.

三、构建政府和农民演化博弈模型

通过对政府和农民策略空间的分析，构建演化博弈模型如表 5-2 所示：

表 5-2　财政涉农资金信息公开中政府和农民演化博弈矩阵

博　弈		政　府	
		高效公开信息 (x)	低效公开信息 $(1-x)$
农民	积极主动获取信息 (y)	$a+a_1-c_1$，$b+b_1-c_2$	$-c_1$，$-d$
	消极被动接收信息 $(1-y)$	a，$-c_2$	0，0

a 表示农民获取涉农资金信息时所得到的经济收益，如扶贫项目资金、农业产业化项目资金信息的公开，会给农民带来的潜在的经济利润，促进增收；a_1 表示农民通过获取涉农资金信息时所得到的社会收益，如个人福利和获得感的提升；c_1 表示农民获取信息的成本，如投入的时间和精力；b 表示政府主动公开涉农资金信息的收益，如政府行政效率的提高、公信力、声誉和形象的提升；b_1 表示政府高效公开信息促进社会总体福利的提升；c_2 表示政府公开财政涉农资金信息付出的管理成本和机会成本；d 表示政府低效公开信息导致的权威及形象的损失。具体解释如下：

（1）当政府高效公开涉农资金信息，农民积极主动获取信息时，政府需要投入管理成本，农民需要付出获取信息的时间和精力成本。在高效透明的信息公开体系下，弱化了政府的信息垄断，农民可以获得充分的信息服务，提升农民对政府的认可度，进而促进提升社会收益。因此政府获得的收益为 $b+b_1-c_2$，农民获得的收益为 $a+a_1-c_1$。（2）当政府高效公开财政涉农资金信息，农民基于自身的有限性，选择消极被动接收信息时，政府的高效行为有助于提升公信力，而由于农民的消极行为，政府需付出更多的治理成本。因此政府获得的收益为 $-c_2$，而农民的收益为 a。（3）当政府低效公开财政涉农资金信息，而农民积极主动获取信息时，财政信息的不透明，导致农民虽然投入了信息成本，但是无法获取有效信息，需付出一定的时间和精力，政府的公信力和权威会有所下降，因此政府的收益为 $-d$，公众的收益为 $-c_1$。（4）当政府低效公开信息，农民消极接收信息，行政效率的低下以及农民的漠视行为，会导致双方收益基本为 0。

四、演化稳定策略和复制动态方程

（一）政府的演化稳定策略和复制动态方程分析

首先讨论政府的演化稳定策略，政府高效公开信息的概率为 $x(0<x<1)$，低效公开信息

的概率为 1–x，政府采取积极主动的态度高效公开涉农资金信息策略的期望收益是 U_1，消极被动低效公开信息策略的期望收益是 U_2，采取高效公开信息和低效公开信息混合策略的平均收益是 $\overline{U}$，方程如下：

$$U_1=y(b+b_1-c_2)+(1-y)(-c_2)=yb+yb_1-c_2 \tag{1}$$

$$U_2=y(-d)=-yd \tag{2}$$

$$\overline{U}=xU_1+(1-x)U_2=x(yb+yb_1-c_2)+(1-x)-yd \tag{3}$$

根据马尔萨斯的动态方程理论，可以构造政府的复制动态方程：

$$F(x)=dx/dt=x(U_1-\overline{U})=x(1-x)(yb+yb_1-c_2+yd)$$
$$=x(1-x)[y(b+b_1+d)-c_2] \tag{4}$$

根据复制动态方程（4），令 $F(x)=0$，则 $y^*=c_2/(b+b_1+d)$。

第一种情况，当 $y=y^*$，$dx/dt=0$ 时，所有 x 都是稳定状态，即政府高效公开信息和低效公开信息没有什么差别，有可能采取混合策略；第二种情况，如果 $y \neq y^*$ 由于演化稳定策略（ess）必须满足的条件是 $F(x^*)=0$ 且 $F'(x^*)<0$，则当 $y>y^*$ 时，$U_1-\overline{U}>0$、$x^*=1$ 是进化稳定策略，即政府通过高效公开信息所获得的收益大于平均收益值；第三种情况，$y<y^*$ 时，$U_1-\overline{U}<0$、$x^*=0$ 是进化稳定策略，政府会趋向于低效公开信息，三种情况下，政府行为复制动态的相位图如图 5-4 所示：

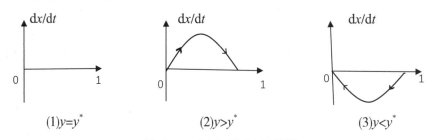

(1)$y=y^*$ (2)$y>y^*$ (3)$y<y^*$

图 5-4　政府复制动态相位图

（二）农民的演化稳定策略和复制动态方程分析

其次讨论农民的演化稳定策略，农民积极主动获取信息的概率为 $y(0<y<1)$，消极被动接收信息的概率为 $1-y$，农民积极主动获取信息的期望收益是 V_1，消极被动接收信息的期望收益是 V_2，采取积极主动获取信息和消极被动接收信息的混合策略的平均收益是 $\overline{V}$，方程如下：

$$V_1=x(a+a_1-c_1)+(1-x)(-c_1)=xa+xa_1-c_1 \tag{5}$$

$$V_2=xa \tag{6}$$

$$\overline{V}=yV_1+(1-y)V_2=yxa_1-yc_1+xa \tag{7}$$

可以构造农民的复制动态方程：

$$F(y)=dy/dt=y(V_1-\overline{V})=y(1-y)(xa_1-c_1) \tag{8}$$

根据复制动态方程（8），令 $F(y)=0$，则 $x^*=c_1/a_1$，第一种情况，当 $x=x^*$，dy/dt 始终为 0，所有 y 都是稳定状态，农民将采取混合策略；第二种情况，如果 $x \neq x^*$，由于演化稳定策略（ess）必须满足的条件是 $F(y^*)=0$ 且 $F'(y^*)<0$，则 $x>x^*$ 时，$V_1-\overline{V}>0$，$y^*=1$ 是进化稳定策略，即农民通过积极获取信息所获得的收益大于平均收益值；第三种情况，当 $x<x^*$ 时，$V_1-\overline{V}<0$、$y^*=0$ 是进化稳定策略，农民将趋向于消极被动接收信息。农民行为复制动态相位图如图 5-5 所示：

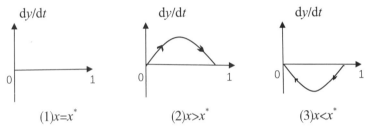

(1)$x=x^*$　　　　(2)$x>x^*$　　　　(3)$x<x^*$

图 5-5　农民复制动态相位图

（三）模型均衡点与稳定性分析

根据以上分析可知，财政涉农资金信息公开中政府和农民群体的演化，可以用微分方程（4）和（8）组成的系统来描述，该动态复制系统有 5 个均衡点，即 5 个可能的稳定状态为 $E_1(0,0)$，$E_2(1,0)$，$E_3(0,1)$，$E_4(1,1)$，$E_5[c_2/(b+b_1+d),c_1/a_1]$。均衡点 $E_1(0,0)$ 表明财政部门采取低效公开涉农资金信息的策略，而农民用消极被动接收信息的行动策略；均衡点 $E_2(1,0)$ 表示政府低效公开涉农资金信息，但是随着信息化的渗透和民主意识的提升，农民采取积极主动的态度来获取信息；$E_3(0,1)$ 表示政府采取高效公开财政涉农资金信息的策略，而农民采取消极被动接收信息策略；均衡点 $E_4(1,1)$ 表示政府高效公开财政涉农资金信息，农民也能积极主动获取信息，双方形成良性互动的状态；均衡点 $E_5[c_2/(b+b_1+d)$，$c_1/a_1]$ 表示政府采取高效公开信息的概率为 $c_2/(b+b_1+d)$，而农民积极主动获取财政涉农资金信息的概率为 c_1/a_1。

该动态复制系统有 5 个均衡点，要研究复制动态过程会趋向于哪个平衡点。根据弗里德曼提出的方法，演化系统的稳定策略可以从该系统的雅可比矩阵 (J) 的局部稳定分析法判定，对 $F(x)$，$F(y)$ 分别关于 x 和 y 求偏导数，可得雅可比矩阵如下：

$$\begin{Bmatrix} (1-2x)[y(b+b1+d)-c_2] & x(1-x)(b+b_1+d) \\ y(1-y)a_1 & (1-2y)a \end{Bmatrix}$$

矩阵 J 的行列式为：

$DetJ=(1-2x)[y(b+b_1+d)-c_2](1-2y)a-x(1-x)(b+b_1+d)y(1-y)a_1$

矩阵 J 的迹为：

$TrJ=(1-2x)[y(b+b_1+d)-c_2]+(1-2y)a$

根据弗里德曼的判定标准，若 $DetJ>0$ 且 $TrJ<0$ 时，系统的均衡点为 ess 点，即演化稳定策略，若 $DetJ>0$ 且 $TrJ>0$ 时，则对应的均衡点不稳定，若 $DetJ<0$ 且 $TrJ=0$ 时，则对应的平衡点为鞍点。将五个平衡点 $E_1(0,0)$，$E_2(1,0)$，$E_3(0,1)$，$E_4(1,1)$，$E_5[c_2/(b+b_1+d),c_1/a_1]$ 带入雅克比矩阵，稳定性分析如表 5-3 所示：

表 5-3 稳定性分析结果

均衡点	$DetJ$ 符号	TrJ 符号	结果
$E_1(0,0)$	+	−	ESS
$E_2(1,0)$	+	+	不稳定
$E_3(0,1)$	+	+	不稳定
$E_4(1,1)$	+	−	ESS
$E_5(c_2/(b+b_1+d),c_1/a_1)$	−	0	鞍点

由表 5-3 可知，$E_1(0,0)$ 和 $E_4(1,1)$ 是演化稳定策略，$E_2(1,0)$ 和 $E_3(0,1)$ 是不稳定点，$E_5(c_2/(b+b_1+d),c_1/a_1)$ 是鞍点，由于 $b+b_1+d-c_2=(b+b_1-c_2)-(-d)=$ 政府积极主动公开信息的收益 – 消极被动公开信息的收益，$a_1-c_1=(a+a_1-c_1)-a=$ 农民积极主动获取信息的收益 – 消极被动接收信息的收益，因此演化策略图有以下几种情况：

情况一：由图 5-6 可知，当 $b+b_1-c_2>0>a_1-c_1$ 的时候，即政府高效公开信息的收益大于低效公开信息的收益，农民积极主动获取信息的收益小于消极被动接收信息的收益，系统演化相位轨迹图表明，从任何初始状态出发，最终都将收敛到 $E_1(0,0)$ 点，作为弱势群体的农民受到自身认知和客观条件的限制，一旦积极主动的行为没有达到预期收益，就会降低关注度，政府的有限理性使其缺乏有针对性地制定对策的动力，经过长期博弈和反复调整，演化稳定策略为（低效公开，消极接收）。

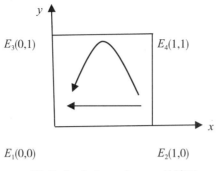

图 5-6　$b+b_1-c_2>0>a_1-c_1$ 的情况

情况二：由图 5-7 可知，当 $a_1-c_1>0>b+b_1+d-c_2$ 的时候，即农民积极主动获取信息大于消极被动接收信息的收益，而政府高效公开信息的收益小于低效公开信息的收益，系统演化相位轨迹图表明，从任何初始状态出发，最终都将收敛到 $E_1(0,0)$ 点，说明虽然农民有着强烈的信息诉求，但是政府出于自身利益的需要，利用掌控信息的优势，制定出的倾向性决策往往并不是立足于社会效果和公众利益，导致农民对政府的满意度和认可度下降，通过反复博弈，有限理性的政府和农民依然会选择（低效公开，消极接收）的演化稳定策略。

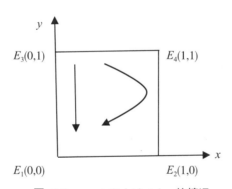

图 5-7　$a_1-c_1>0>b+b_1+d-c_2$ 的情况

情况三：由图 5-8 可知，当 $b+b_1+d-c_2<0$，$a_1-c_1<0$ 时，即农民积极主动获取信息小于消极被动接收信息的收益，政府高效公开信息的收益也小于低效公开信息的收益，系统演化相位轨迹图表明，从任何初始状态出发，最终都将收敛到 $E_1(0,0)$ 点，说明如果政府和农民积极的行动均为未达到预期的效益，最终会选择（低效公开，消极接收）的演化稳定策略。

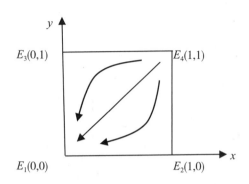

图 5-8 $b+b_1+d-c_2<0$，$a_1-c_1<0$ 的情况

以上三种情况说明，只要政府和农民之间有一方高效公开或者主动获取的收益小于低效公开或者被动接收的收益，最终的演化稳定策略都将为（低效公开，消极接收）。

情况四：由图 5-9 可知，当 $b+b_1+d-c_2>0$，$a_1-c_1>0$ 时，农民积极主动获取信息大于消极被动接收信息的收益，政府高效公开信息的收益也大于低效公开信息的收益，政府积极主动公开财政信息和农民积极主动获取信息的行为都取得理想的效果，此时，博弈系统有两个稳定状态。当初始状态为 $E_1E_2E_5E_3$ 时，演化博弈系统将收敛到 E_1（低效公开，消极接收）模式；当初始状态处于 $E_3E_5E_2E_4$ 区域时，演化博弈系统将收敛到 E_4（高效公开，积极获取）模式，整个演化博弈的结果都取决于这两个面积的大小；当 E_5 向右上角移动，$E_1E_2E_5E_3$ 的面积增大，则演化博弈系统收敛于 E_4（高效公开，积极获取）的概率增加，而收敛于 E_1（低效公开，消极接收）模式的概率减小；若 E_5 向左下角移动，$E_2E_5E_3E_4$ 区域的面积增大，则演化博弈系统收敛于 E_1（低效公开，消极接收）模式的概率增加，而收敛于 E_4（高效公开，积极获取）的概率减少。

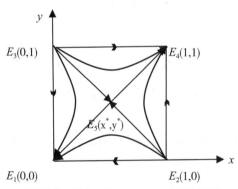

图 5-9 $b+b_1+d-c_2>0$，$a_1-c_1>0$ 的情况

影响 $E_5(c_2/(b+b_1+d),c_1/a_1)$ 点变动的因素有以下几个方面：

1. 参数 b、b_1、d、a_1

如图 5-10 所示，假设其他参数不变，当 b、b_1、d 增大时，E_5 向左下移动，则 $E_3E_5E_2E_4$ 区域的面积增大，$E_1E_2E_5E_3$ 的面积减少，演化博弈系统收敛于 $E_1(0,0)$ 模式的概率减少，而收敛于 $E_4(1,1)$ 的概率增加；当 a_1 增大时，$E_3E_5E_2E_4$ 区域的面积也会增大，收敛于 $E_4(1,1)$ 的概率也会增加。这说明对于政府和农民而言，在公开信息和获取信息的过程中获益越大，失益越少，积极性就越高，反之，获益越少，越有损积极性。

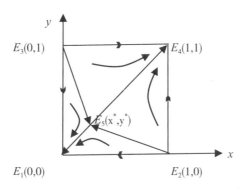

图 5-10　其他参数不变，b、b_1、d 增大或者 a_1 增大

2. 参数 c_1、c_2

参数 c_1 表示农民积极主动获取信息的成本，包括投入的时间和精力，如图 5-11 所示，当其他参数不变，c_1 增加，E_5 向右上移动，则 $E_3E_5E_2E_4$ 区域的面积减少，$E_1E_2E_5E_3$ 的面积增加，演化博弈系统收敛于 $E_1(0,0)$ 模式的概率增加，而收敛于 $E_4(1,1)$ 的概率减少。参数 c_2 表示政府高效公开涉农资金信息付出的管理成本和机会成本，如果 c_2 增加，演化博弈系统收敛于 $E_1(0,0)$ 模式的概率增加，而收敛于 $E_4(1,1)$ 的概率减少。表明如果农民积极获取信息和政府高效公开涉农资金信息的成本增加，会影响双方的积极性，演化博弈系统会趋向于收敛到 E_1（低效公开，消极接收）状态，如果成本减少，会推动演化博弈系统趋向于收敛到 E_4（高效公开，积极获取）状态，从而达到双赢。

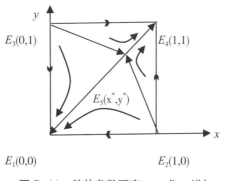

图 5-11　其他参数不变，c_1 或 c_2 增加

在现实中，政府和公众之间的契约关系是政府要保障社会的公平正义，而公众接受政府的治理，政府和农民任何一方都不能把谋取私利当成博弈策略的筹码。政府公开财政涉农资金信息和农民获取信息是一个动态过程，从演化博弈分析中可以看出，系统的均衡策略取决于政府公开信息的收益。它不仅包括行政效率的提升，还包括公信力、声誉和形象的提升，取决于社会总体福利的提升以及农民在获取信息时获得的经济利益、个人福利和获得感的提升；取决于政府公开信息投入的管理成本、机会成本以及农民为积极获取信息投入的时间和学习成本。在动态博弈中，任何一方行为的转变都有可能使演化稳定策略发生变化。①

---

① 胡志明，程灏，赵冰，方立媛. 公共治理视域下政府行为与公众响应的演化博弈［J］. 沈阳工业大学学报（社会科学版），2018（10）：464-468.

第三节　财政涉农资金信息公开治理的演化博弈格局

财政涉农资金信息公开在动力和阻力的作用下，形成了互相抗衡的力场，在中央政府和地方政府之间、政府和农民之间的双重博弈的作用下，形成了演化博弈格局，从博弈到合作，体现了信息公开的稳定功效，从消耗到收益体现了信息公开的绩效功能，从被动到主动体现了信息公开的政府职能转变功能，财政治理正是在不断的演进过程中，得以推进和提高。

一、博弈到合作——信息公开稳定功效

第一，从中央政府和地方政府的博弈的角度来看，地方政府如果只是着眼于中央政府的监督，会导致缺乏促进信息公开，改善公众获取信息渠道的内生动力。当然，上级政府对下级政府不能仅依靠单纯的检查和评比来盖棺定论，下级政府有可能会用冠冕堂皇的工作汇报搪塞应付，缺乏公众有效监督的体系必然会助长暗箱操作的势头，基层政府作为政策执行的一线操作者，对问题更能够洞若观火。政策执行过程中，往往需要经过重复博弈才能达到激励相容的效果，中央政府和地方政府作为博弈双方，通过重复博弈实现合作双赢。

第二，从政府和农民的博弈的角度来看，通过建立演化博弈模型，并对复制动态系统和演化相位图进行分析，政府和农民之间是一种社会交换的博弈互动过程，政府需要在既定前提下满足农民的合理需求，提升农民福祉，而农民的政治认同是稳定剂，农民的政治认同下降，有可能会引起争取合法权益的抗争行为。民生的改善对农民群体而言，产生的政治效用在某种程度上要高于其他群体，[①]从博弈到合作的过程，体现了信息公开的稳定功效。

---

① 当代中国农民政治认同研究. 中国社会科学网http://www.cssn.cn/shx/201407/t20140729_1271860_2.shtml，2019-06-15.

二、消耗到收益——信息公开绩效功能

第一，从中央政府和地方政府的博弈的角度来看，地方政府高效披露信息的成本以及因高效公开信息带来公众认可度的提升和中央政府的奖励，因低效公开信息行为受到相应处罚的成本以及形象损失，是影响地方政府信息公开策略的重要因素，而中央政府因地方政府积极施政行为所获得的政治收益以及付出的监管成本和因不监管损失的行政威慑力是影响中央政府博弈策略的重要因素。中央政府和地方政府在公开信息的过程中要保证信息的一致性，从信息公开内容、形式等方面，确保收集、加工、利用信息的标准一致，避免出现信息矛盾，减少成本消耗的同时，实现共赢局面。

第二，从政府和农民的博弈的角度来看，要降低成本，提高收益，政府需以农民需求为导向，降低农民积极获取信息的成本，为农民提供良好的信息服务。财政部门通过公布涉农资金信息，希望用最小的成本获得最大的效益，提升农民对政府的信任感，提高公信力，而农民希望能以最小的成本获得知情权的效用价值，从边际成本的方面看，农民往往倾向于吸收便捷性较强的信息，如果想扩大收集范围，需要耗费大量时间和精力，提高获得额外信息的边际成本，从边际效益的方面来看，农民获取额外信息所获得的额外收益，增加了效用，随着信息量的增大，带来的边际效益会逐渐减小。信息公开在某种程度上也是一种预警系统，能够有效提高公众对未知事物的认知水平。当基层政府主动公开信息的动力来源是出于公众需要，而不是为了应付上级检查，才能赢得公众的政治信任，政府和农民的博弈过程充分体现了信息的绩效功能，从消耗到收益的过程也是提升财政治理水平的过程，善治的本质特征，就在于它是政府与公民对公共生活的合作管理，目标是实现双赢。①

三、被动到主动——信息公开促进政府职能转变功能

第一，从中央政府和地方政府的博弈的角度来看，要推动地方政府转变职能，从被动变主动，需以农民对地方政府的满意度和认可度作为评价工作的标准，中央政府将农民对地方政府的满意度作为地方政府官员晋升的考核标准，激励地方政府主动积极回应农民诉求。中央政府在地方政府高效公开该信息，严格执行公共政策时，给予的奖励越多，对地方政府低效公开信息的行为的处罚成本越大，地方政府高效公开信息的概率也就越大，当中央政府采取有效的奖惩策略，地方政府的演化策略会倾向主动高效公开信息，反之，则会增强地方政府的道德风险。地方政府在中央政府的引导和监督下，从被动公开信息到主

---

① 王建国，刘小萌. 善治视域下公民参与的实践逻辑［J］. 河南师范大学学报（哲学社会科学版），2019（2）：22-29.

动公开信息的过程，也是政府职能转变的过程。

第二，从政府和农民的博弈的角度来看，政府的被动低效公开信息行为往往是受利益驱动，在促进政府管理运营收入增加的同时，需要引入外部压力，[①]进一步提升责任意识和服务意识，提高政府低效公开涉农资金信息的成本，提高执政效率，推动演化博弈达成政府主动高效公开，农民主动积极获取信息的稳定状态。对农民而言，要进一步增加农民积极主动获取信息的收益，需培育农民的信息意识和提升实践参与能力，强化信息意识，提升文化素养，让农民通过积极主动获取信息的行为，能真正获得经济利益和社会利益，从而达到演化稳定状态。地方政府从被动到主动，农民从被动到主动的过程体现了信息公开推进政府职能转变的功能。

---

① 李大芳，白庆华，陈志成. 公众网络参与与政府回应演化博弈分析［J］. 统计与决策，2011（21）：45-47.

第四节　本章小结

在信息公开治理环境中，存在着多重利益博弈关系，既有中央政府和地方政府之间的利益博弈，又有政府和农民之间的利益博弈，政府信息公开的制度变迁、财政治理水平的提升以及农民的认知水平都具有渐进性，因此，本章采用演化博弈工具来分析财政涉农资金信息公开，详细剖析了演化稳定策略。

首先，构建中央政府和地方政府演化博弈模型。中央政府的演化策略博弈空间为（监管，不监管），地方政府的演化策略博弈空间为（高效公开信息，低效公开信息），中央政府和地方政府复制动态相位图都基于自身利益最大化角度，看到对方的行为选择后，再对自身行为进行调整，实现个体博弈的最优选择。中央政府对地方政府高效公开信息的行为奖励越多，对低效公开信息的行为的处罚成本越大，地方政府高效公开信息的概率也就越大，当中央政府采取有效的奖惩策略和监管措施，地方政府的演化策略会倾向主动高效公开信息。

其次，构建了政府和农民的演化博弈模型，政府的演化策略空间为（高效公开信息，低效公开信息），农民的策略空间为（积极主动获取信息，消极被动接收信息），从演化博弈分析中可以看出，系统的均衡策略取决于政府公开信息的收益，不仅包括行政效率的提升，还包括公信力、声誉和形象的提升；取决于社会总体福利的提升以及农民在获取信息时获得的经济利益、个人福利和获得感的提升；取决于政府公开信息投入的管理成本、机会成本以及农民为积极获取信息投入的时间和学习成本。由于农民在演化博弈中处于相对弱势地位，要使财政涉农资金信息公开达到演化博弈中政府高效公开和农民积极获取信息的双赢稳定状态，政府对演化过程要进行合理干预，推动农民通过积极主动获取信息的行为，真正获得经济利益和社会利益，从而达到演化稳定状态。

再次，探讨了财政涉农资金信息公开治理的演化博弈格局，从博弈到合作，体现了信息公开的稳定功效，从消耗到收益体现了信息公开的绩效功能，从被动到主动体现了信息公开的政府职能转变功能，财政治理能力是在不断演进过程中，得以推进和提高的。

最后，财政涉农资金信息公开的过程就是在中央政府和地方政府、政府和农民的利益博弈中不断更迭递进的，中央政府和地方政府、政府和农民在各种利益矛盾交织的博弈路上都在不断提升认知。我国财政涉农资金信息公开的过程实际上就是农民认知理念和政府执政理念逐步更新的过程，更是财政治理能力改善的过程。政府在治理的过程中要在农民信息需求和政府信息供给的博弈过程中找到一个平衡点，不断缩小二者之间的信息鸿沟，探索构建财政涉农资金信息公开治理机制的新思路。

第六章

财政涉农资金信息公开
治理的效果及评价——
基于对宁夏试点的调查

第一节　宁夏财政涉农资金信息公开试点现状及问题

一、通过财政涉农资金信息公开提升财政治理水平的措施及成效

（一）推动财政透明度实现跨越式提升

宁夏作为西部民族地区，经济发展比较落后，多年以来财政透明度排名较为靠后，通过政府门户网站公布的信息总体来说较为粗糙，很少列出资金支出的明细，在回应公众诉求方面比较滞后，但是自 2016 年开始，宁夏在财政透明度发生了显著的变化，从起始的财政透明度低于全国水平到 2016 年以后的位居前列，其中的内在规律值得深入探索和挖掘。

财政透明度作为政府透明度的核心内容，推动着政府整体透明度的提升。2017 年以来，宁夏网上政务服务能力连续 3 年位列西北第 1 名，构建了自治区、市、县（区）、乡（镇、街道）、村（社区）五级贯通的信息公开体系。2019 年，在中国政府透明度指数评估结果（省级政府）榜单中，宁夏位居第 7 名。2020 年，《中国政府透明度指数报告（2019）》中的评估结果显示，在省级政府透明度指数排名中，宁夏位列第 9 名。宁夏政府透明度和信息公开服务能力的提升，得益于财政透明度的推进，更离不开财政涉农资金信息公开工作在实践中的改善。①

宁夏自 2015 年开展了财政涉农资金信息公开试点工作，明确了信息公开主体，在自治区、市、县、乡、村层面搭建了信息公开平台，丰富了信息公开内容，对涉农财政补贴、农村社会保障类项目、农田水利工程项目、农业产业化扶持类项目、扶贫资金类项目进行了公开公示，如图 6-1 所示：

---

① 宁夏回族自治区人民政府办公厅，自治区人民政府办公厅关于印发2015年政府信息公开工作要点的通知. 网址：http://www.nx.gov.cn/zwgk/zfxxgkzd/201611/t20161111_319467.html，20150301.

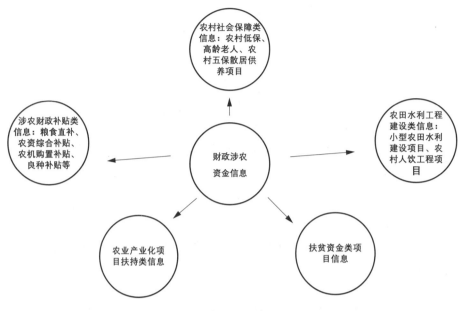

图 6-1　宁夏财政涉农资金信息种类

宁夏对县级财政涉农资金统筹整合方案进行了全面的审核，并加强监管力度，通过充分公开信息，对财政涉农资金的整个过程实现动态化的监管，打通涉农资金信息深入基层的最后一公里。在信息公开方面，通过"一张表"建立目录管理机制，从市、县两个层级梳理公开事项，并以条目形式分类细化，"两细化"规范依申请公开，细化工作流程和答复标准化模板，"三同步"提升政策解读效果，重要政策解读同步研究、同步部署、同步推进，"四渠道"拓展政民互动途径，通过建立市长信箱、微博诉求、"12345"三条线上渠道和"政府开放日"一条线下渠道，形成线上"一门受理、逐级转办、集中督办"运转模式和线下"参与决策、体验服务、见证结果"的互动机制，为公众提供一站式服务。[①]在财政信息公开方面，宁夏以"三统一"为核心，打造规范、高效的预算公开环境。在政府官网上设有财政信息公开专栏，清晰地展现了不同层级单位的财政预算信息公开情况，因为资金信息具有专业性的特征，为杜绝公开的随意性，需要有规范的公开模板，并对公开具体内容、表格样式等有着详细的规定。[②]

（二）明确了信息公开主体

宁夏各市县协调农办、财政、农牧、林业、民政、扶贫等多个部门，制定财政涉农资

① 田禾，吕艳滨. 中国政府透明度（2019年）［M］. 中国社会科学出版社，2019：59.
② 宁夏回族自治区人民政府政务公开办公室，宁夏推进国家级基层政务公开标准化规范化试点经验交流材料，网址：http://www.nx.gov.cn/zwxx_11337/ftt/201910/t20191021_1807642.html，20191021.

金信息公开方案，明确了各相关部门、单位的职责任务、工作目标、范围、内容和工作要求。对自治区涉农资金分配、项目确定、到县资金拨付、项目实施各环节公开都有明确规定。自治区发改委、民委及农口部门积极配合，提供信息资料，主动接受监督。农办负责联系、协调、指导、督查各成员单位做好涉农资金信息公示工作，宣传部负责在市、县（区）人民政府网站开设财政涉农资金信息公开板块，及时发布财政部门上传的各类涉农资金信息以及页面的维护、刷新等工作，财政局负责财政涉农资金信息公开工作的协调、信息收集、信息上传、监督检查等工作，同时安排必要的工作经费确保工作顺利开展，乡镇负责补贴数据的收集、审核、公示、上报以及农户手机号码的采集、更新，其他成员单位负责收集、整理、上报本部门需要公示的各项资料，确保财政涉农资金信息公开工作取得实效，不走过场。

（三）搭建了信息公开平台

财政厅在宁夏财政信息网开辟了"财政涉农资金信息公开"板块，已公开财政、农牧、民政、水利、发改、住建等部门的相关涉农资金信息，及时公开试点项目各类资金信息27条，政策法规9条，涉及资金33.3亿元。全区100%的县级、70%以上的乡镇级政务服务大厅和村级便民服务点实现了标准化。全区共有22个县（市、区）涉农资金信息主要通过政府网站、政府政务大厅电子屏、电视、报纸及其他方式予以公开。其中，通过政府网站公开的县区有22个，通过政府大厅电子屏公开的有13个县区，通过电视公开的有11个县区，通过报纸公开的有6个县区，采取其他方式公开的有7个县区。全区200个乡镇主要通过乡镇政府网站、乡镇民生服务中心大厅电子屏以及乡镇公示栏进行涉农政策及资金信息公开。其中，有29个乡镇通过乡镇政府网站进行公开，占全区乡镇数的15%，有169个乡镇通过民生服务中心大厅电子屏进行公开，占全区乡镇数的85%，有190个乡镇通过乡镇公示栏进行公开，占全区乡镇数的95%，有23个乡镇采取其他方式（发放通知单、表册等）进行公示，占全区乡镇数的12%。各乡镇主要依靠村务信息公开平台和传统的公示栏进行信息公开。全区2265个行政村，已经开通互联网的村占70%，通过互联网公开涉农资金信息的村占50%。涉农资金信息平台的建立，最重要的是如何把信息真正便捷有效地传达到最基层的农民，使涉农资金信息真正晾晒在阳光下。

（四）丰富了信息公开内容

宁夏在各市、县（区）政府信息网站对各类涉农资金信息进行了公开公示。一是各类涉农补贴相关政策和资金情况，具体包括对种粮农民粮食直补和农资综合补贴、农机购置补贴、良种补贴等。二是社会保障类项目，主要是农村最低生活保障及高龄老人、农村五保散居供养项目。三是农田水利工程建设项目，主要是小型农田水利建设项目和农村人饮工程项目。四是农业产业化扶持类项目。五是扶贫办负责的扶贫资金类项目。

各地除重点围绕农业"四大补贴"、农村最低生活保障、小型农田水利建设、农林产业化扶持、林业贷款贴息、重大农业技术推广、扶贫资金等7大类试点项目进行信息公开外，还结合区域特点，丰富了公开内容。如平罗县将高龄老人补贴、农村五保散居供养项目纳入公开范围。彭阳县对涉及群众切身利益或与群众生活密切相关的生育服务证、"少生快富"项目、残疾证办理、宅基地申请、"一卡通"申请等25类事项，将办理程序、所需条件、收费标准等信息在村务公开栏长期公示，群众不出村就掌握了办事程序和条件，省去了来回跑路。中宁县鸣沙镇结合硒砂瓜、枸杞等特色产业种植规模大的实际，对政策性农业保险参保情况进行了公示。

宁夏财政涉农资金信息公开的实践，通过不断健全组织机构建设，丰富信息公开内容，完善信息公开方式，各市县携头并进，取得的效果比较显著，但在社会调查的过程中，也发现很多问题。

二、宁夏财政涉农资金信息公开治理的问题

推进财政涉农资金信息公开在数字政府建设过程中的发展还任重道远，财政治理能力的提升也不是一蹴而就的。

（一）缺乏行之有效的长效机制

宁夏财政涉农资金信息公开试点工作存在的问题有着一定的制度背景。虽然我国财政信息公开制度体系已初步建立，但是中央、省一级的信息公开制度性规范较健全，到了县、乡镇层面，信息公开工作开展得非常缓慢。宁夏通过近些年的努力，以推进财政涉农资金信息公开的试点工作为契机，提升了财政透明水平，但是由于经济基础相对薄弱，如果不配套长效机制，将会影响工作的持续性，财政涉农资金信息公开的成效需要通过长期的实践来检验。

在调查中我们发现，乡镇干部对信息公开的懈怠和对计划生育工作的重视形成鲜明对比，主要原因在于计划生育工作有着严格的监督与问责机制，而财政涉农资金信息公开由于缺乏监督和问责，故受重视程度不够。财政涉农资金信息公开的问责和考核体系中，从基层政府的角度而言，往往是一种政府自上而下的运作过程，脱离了公众的实际需要，导

致一些地方存在为了考核而工作的现象，浪费了大量的人力物力财力，无益于推进乡村的发展。问责制度往往也体现在上级政府对基层政府的约束和要求，看起来体系严密的考核掩盖了密闭环境下自上而下脱离群众运作的事实。

（二）财政涉农资金信息公开内容有待细化

虽然自财政涉农资金信息公开试点工作中，多数县区都制定了具体的实施方案，但是从综合评估的结果来看，主动公开信息数量普遍不多，范围不够宽，尤其是与农民切身利益相关的重点信息公开得仍不够全面，有些项目仅在部门网站和公示栏进行简单文件公示或由项目实施单位负责公示，公开内容粗线条、公开方式单一化、群众知晓率不高，而县乡村三级信息公开的衔接也不够，每一级信息公开的侧重点、范围、时限要求、工作配合尚不明确，一些工程建设项目、产业化扶持项目、贷款贴息项目等信息公开仅停留在县一级，没有到乡进村，无法满足农民的实际生产、生活需求，因此农民的评价较低。

（三）财政涉农资金信息公开平台有待扩展

在实际调研过程中，由于信息公开时间差的问题容易造成农民的误解和猜疑，涉农资金经过主流媒体已经予以公布，然而经过层层落实的繁文缛节的程序，传递到基层，进村入户需要较长的时间。信息公开平台和渠道的不畅，会滋生暗箱操作行为，导致涉农资金在运作的过程中出现厚此薄彼、优亲厚友的现象。

财政涉农资金信息公开条件的不完善，也影响着信息渠道的畅通。全区43个行政村还没有通互联网，村级电脑配置等基础条件差、网络条件不稳定，农户手机号码不全，直接影响涉农资金信息及时有效公开。另外，乡村信息公开人员业务不熟练，受年龄和文化素质影响，不会使用电脑软件和互联网，这些都是影响信息渠道畅通的因素。

（四）农民的信息素养有待加强

政府公开的财政涉农资金信息，需要通过农民的接受和反馈才能知晓效果。农民信息意识较为薄弱，对信息不敏感，缺乏主动查找和利用信息的意识，对信息需求量很大，却很难明确表达需求。从调研访谈中可以了解到，虽说农民对信息有着强烈的渴求，但是民主意识和信息意识却比较迟钝，这和长期以来制度性和非制度性静态路径依赖所带来的求稳、保守、封闭的观念有关，他们仍然拘泥于传统的认知，面对庞大的信息流，感到无所适从，缺乏主动获取信息的积极性和主动性。许多农民受教育程度相对较低，难以理解信息内容，更无法有效利用信息，尤其是财政涉农资金信息本身具有一定的专业性，如果缺乏通俗易懂的解读，对农民而言无异于天书。农民获取信息往往习惯被动式接受，坐等外界提供信息。

　　财政透明度多年来持续较低水平的状况必然存在着问题的根源，财政治理能力的提升既需要自上而下的政策制定和执行，也需要自下而上的信息反馈，不能仅通过官方发布排名或者成绩来判定财政涉农资金信息公开的实际效果。涉农资金信息是否能主动、及时、全面公开？公开的信息是否能有效传递给基层农户？在涉农财政资金信息公开过程中还有哪些因素影响着信息的有效公开？如何完善？上述问题都需要我们层层深入社会调查，全面了解涉农财政资金信息公开的现状，了解基层农户的实际满意度，进而构建提升政府效率和公信力的公开透明的财政信息公开治理机制。

第二节　财政涉农资金信息公开治理的农户满意度及影响因素分析

公众满意度作为财政治理能力提升的一个重要的衡量标准，充分体现着信息的公平和价值。公众满意度是动态变化的，受时间空间变化和政策改变的影响而随之发生变动，这种变动体现了公众需求与预期的变化，要逆转公众满意度下降的趋势，维持满意度上升的趋势，需要政府适时作出调整，进一步提高政府公信力。本文选取宁夏作为样本地区，通过对比2016年和2019年农民对财政涉农资金信息公开的满意度，以期找到促进信息公开的内在规律，找出政府信息公开未来的发展方向，通过对公众满意度的横向和纵向变化趋势的分析，针对财政涉农资金信息公开的内容和方式加以调整并作出长远规划，寻找公众最为关注以及产生不满意情绪的关键要素，进而实施基于公众满意度为导向的公共政策，提升涉农资金的使用效率，促进财政透明度的提升和财政治理能力的改善。

一、农户满意度分析

（一）样本选取与问卷说明

宁夏作为西部地区，其农村在信息获取方面处于半封闭状态，农民对信息的感知还处在较低层次，缺乏对信息公开重要性的认识。财政涉农资金信息公开在实践中虽然取得了一定的成效，但是在民主意识尚在萌芽阶段的西部农村地区，依然任重道远。本章的研究样本是宁夏农村的农户，旨在通过调研访谈的方式了解宁夏农户对财政涉农资金信息公开的认知度、满意度及需求度。根据经济发展差异和地域差异，调查问卷的设计采用的方法是分层抽样法，先按某种特征将总体进行分类，分成若干层级，依据一定比例，分层抽取一定个体，将不同的个体合在一起作为样本，^①具体在本文的调查中，是将宁夏划分为以县为单位的总体，按照乡镇距离县城距离的远近程度，以近、中、远的距离来进行随机抽样，2016 年和 2019 年选取的样本县均为永宁县、中宁县和盐池县，选取的乡镇也不变，这样能够保证调查群体的稳定性，每县抽取 3 个乡镇，共 9 个乡镇。它们分别是：永宁县杨和镇、闽宁镇、李俊镇，中宁县舟塔乡、鸣沙乡、大战场乡，盐池县花马池镇、青山乡、大水坑镇。再按照分层抽样的原则，按照近、中、远的距离从每个镇中各选出 3 个行政村，每个行政村选取 13—15 户。此次问卷调研，覆盖了宁夏回族自治区 3 个样本县、9 个乡镇、27 个行政村。2016 年最后实际收回问卷 355 份，有效问卷 350 份，无效问卷 5 份。2019 年最后实际收回问卷 361 份，有效问卷 355 份，无效问卷 6 份，样本分布如表 6-1 所示。

表 6-1 2016 年和 2019 年问卷调查样本县、乡（镇）、村

样本县	样本乡镇	2016 年样本村	2019 年样本村
永宁县	杨和镇	红星村	红星村
		纳家户村	纳家户村
		王太村	王太村
	闽宁镇	福宁村	福宁村
		木兰村	木兰村
		园艺村	园艺村
	李俊镇	东方村	板桥村
		雷台村	政权村
		许桥村	政台村

---

① 张会萍，马茜，刘振亚. 农村民生服务满意度研究：基于宁夏回族自治区的农户调查 [J]. 宁夏社会科学，2013（1）：39-45.

样本县	样本乡镇	2016 年样本村	2019 年样本村
中宁县	舟塔乡	康滩村	康滩村
		潘营村	潘营村
		薛桥村	薛桥村
	鸣沙乡	二道渠村	二道渠村
		黄营村	黄营村
		薛营村	曹桥村
	大战场乡	大战场村	大战场村
		红宝村	红宝村
		兴业村	兴业村
盐池县	花马池镇	东塘村	李记沟村
		郭记沟村	皖记沟村
		柳杨堡村	沙边子村
	青山乡	方山村	青山村
		郝记台村	郝记台村
		猫头梁村	猫头梁村
	大水坑镇	大水坑村	红井子村
		宋堡子村	李伏渠村
		新泉井村	新泉井村

本文采用李克特量表五级评分法，满意度评分赋值从 1 到 10 分，每 2 分为一个评级，10 分为满分，将数字排列成一个序列，根据农民的态度来定位，满意度评定等级为：1—2 分为很不满意，3—4 分为比较不满意，5—6 分为一般满意，7—8 分为比较满意，9—10 分为十分满意，比较满意和十分满意的人数之和占总人数的百分比为实际满意率。[①]

根据民族地区以及宁夏农村的实际情况，问卷设计主要包括以下模块：

1. 村庄基本信息和农户基本信息。村庄基本信息主要包括村庄距离县城的远近程度、人均月收入水平、村里互联网接入情况。农户基本信息包括性别、年龄、民族、婚姻状况、

---

① 张会萍，惠怀伟，刘振亚．欠发达地区农村民生服务需求及其均衡分析：基于宁夏回族自治区的农户调查，［J］．农村经济，2014（6）：74-77.

职业、最高受教育程度、家庭概况、低保情况、家庭经济状况等。

2. 农户对补贴信息、低保信息、产业化项目信息、公共设施建设信息、扶贫信息的接收情况和满意度调查。

3. 农户接收信息的主要渠道，包括互联网、手机、广播电视报纸、村务公开栏、乡镇民生服务中心、村民代表大会、政策宣讲团等。

4. 调查农户对财政涉农资金信息公开的态度以及具体行为。看农户是否有主动获取信息的意识、对信息公开的支持程度、对当地政府的信任程度以及对本地信息公开情况的总体满意度。

5. 调查农户对财政涉农资金信息公开的需求情况。涉及类别与农户对信息公开的满意度调查相同，采用李克特量表分为5个等级：不需要、不太需要、一般、比较需要、迫切需要。

（二）基本信息描述

通过问卷调查，对农户的基本信息（主要包括性别、民族、年龄、文化程度、家庭规模及家庭年收入等方面）进行了统计，2016 年和 2019 年的具体统计分别如表 6-2 和表 6-3 所示：

表 6-2 2016 年农户基本信息情况

统计指标	数据（户）	比例（%）
样本总数	350	
性别（男）	243	69.40
（女）	107	30.60
民族（汉）	298	85.10
（回）	52	14.90
年龄（30 岁及以下）	16	4.60
（31—40 岁）	40	11.40
（41—50 岁）	97	27.70
（51—60 岁）	120	34.30
（61—79 岁）	77	22.00
文化程度（小学及以下）	197	56.30
（初中）	127	36.30
（高中、中专或职高）	22	6.30
（大专及以上）	4	1.10

统计指标		数据（户）	比例（%）
家庭规模	（1—2人）	118	33.70
	（3—4人）	140	40.00
	（5—6人）	84	24.00
	（7人及以上）	8	2.30
家庭年收入	（1万元以下）	76	21.70
	（1万—3万元）	154	44.00
	（3万—5万元）	67	19.10
	（5万—8万元）	22	6.30
	（8万—10万元）	11	3.10

数据来源：根据调研组的调研数据整理而得，2016年

表 6-3　2019 年农户基本信息情况

统计指标		数据（户）	比例（%）
样本总数		355	
性别	（男）	226	63.66
	（女）	129	36.34
民族	（汉）	280	78.87
	（回）	75	21.13
年龄	（30岁及以下）	23	6.48
	（31—40岁）	47	13.24
	（41—50岁）	113	31.83
	（51—60岁）	99	27.89
	（61—85岁）	73	20.56
文化程度	（小学及以下）	182	51.27
	（初中）	125	35.21
	（高中、中专或职高）	38	11.83
	（大专及以上）	10	2.80

统计指标		数据（户）	比例（%）
家庭规模	（1—2 人）	110	30.99
	（3—4 人）	161	45.35
	（5—6 人）	78	21.97
	（7 人及以上）	6	1.69
家庭年收入	（1 万元以下）	68	19.15
	（1 万—3 万元）	174	49.01
	（3 万—5 万元）	79	22.25
	（5 万—8 万元）	25	7.04
	（8 万—10 万元）	9	2.54

数据来源：根据调研组的调研数据整理而得，2019 年

1. 从农户的性别比例来看，2016 年的调研中，男性比例占 69.40%，女性比例占 30.60%；2019 年的调研，男性比例占 63.66%，女性比例占 36.34%。为了全面了解农户家庭对财政涉农资金信息公开的满意度和需求度，本文访谈对象以户主为主。

2. 从民族特征来看，本文随机抽取的 9 个乡镇中，2016 年调查对象回族比例为 14.90%，汉族比例为 85.10%；2019 年调查对象回族比例为 21.13%，汉族比例为 78.87%，其中永宁县杨和镇的纳家户村属于回族聚居区，回族比例占到 97% 以上，闽宁镇作为生态移民村，回族聚居比例也较高，充分体现出民族地区的特色的同时，也有助于挖掘不同民族对不同问题认知的特点。

3. 从年龄结构来看，由于农村老龄化现象较为严重，青壮年多数都外出务工，因此样本农户年龄结构偏大，50 岁以上的占 50% 以上，通过访谈，能够体现出农村地区财政涉农资金信息公开的真实状况。

4. 从文化程度上来看，2016 年的问卷结果显示，农户小学及以下的文化程度比例为 56.30%，初中文化程度为 36.30%，高中及以上文化程度为 7.40%，2019 年的问卷结果显示，农户小学及以下的文化程度比例为 51.27%，初中文化程度为 25.21%，高中及以上文化程度为 14.63%。

由于对信息的理解程度和接受程度受文化水平限制，农民的认知水平相对较低，调研

过程中采用一对一访谈方式，用本地语言给农民解释问卷中的问题，以期能够呈现农民的真实意愿，确保了问卷的有效性和真实性。

5. 从家庭规模上来看，由于考虑到对信息的接受有一定的年龄限制，因此抽样农户家庭人数只统计了 16 岁以上成员，2016 年的问卷结果显示，1—2 人的比例占 33.70%，3—4 人的比例有 40.00%，5—6 人的比例占 24.00%，7 人及以上比例为 2.30%；2019 年的问卷结果显示，1—2 人的比例占 30.99%，3—4 人的比例有 45.35%，5—6 人的比例占 21.97%，7 人及以上比例为 1.69%，家庭规模会影响农民对信息的认知，但是同一家庭往往在整体认知上会有一定的从众性。

6. 从家庭年收入上来看，多数农村家庭各项收入总和均在 3 万元以下，一些贫困家庭每年只有几千元的收入，家庭经济状况较好和家庭经济状况较差的群体在对信息的需求上会有一些差异。

（三）财政涉农资金信息公开农户满意度分析

1. 农户对财政涉农资金信息公开内容满意度

财政涉农资金信息公开试点所设置的板块中，农民能够感知到的信息主要涉及补贴、低保、产业化项目、公共基础设施建设、扶贫信息等，因此对农户满意度的调研主要集中在这五个方面，满意度的数据处理结果如表 6-4 和表 6-5 所示：

表 6-4　2016 年农户对财政涉农资金信息公开情况的满意度

信息公开内容		有效人数	很不满意 1—2 分	比较不满意 3—4 分	一般满意 5—6 分	比较满意 7—8 分	十分满意 9—10 分	满意度（%）	综合满意度（%）	满意度排序
补贴信息	便捷性	344	58	45	83	88	70	45.93	39.15	1
	及时性	344	69	47	88	74	66	40.70		
	易懂性	344	80	54	80	71	59	37.79		
	渠道丰富性	344	102	80	90	38	34	20.93		
	内容详细性	344	96	79	63	62	44	30.81		
	内容真实性	344	43	29	70	93	109	58.72		

续表

信息公开内容		有效人数	很不满意 1—2分	比较不满意 3—4分	一般满意 5—6分	比较满意 7—8分	十分满意 9—10分	满意度（%）	综合满意度（%）	满意度排序
低保信息	公平性	339	138	45	61	47	48	28.02	26.55	5
	透明性	339	150	38	55	49	47	28.32		
	便捷性	339	115	63	72	57	32	26.25		
	及时性	339	123	71	62	46	37	24.48		
	渠道丰富性	339	151	61	67	34	26	17.70		
	内容详细性	339	134	69	64	39	33	21.24		
	内容真实性	339	91	35	68	64	81	39.82		
产业化项目信息	便捷性	136	29	16	32	41	18	43.38	37.79	2
	及时性	136	41	18	31	25	21	33.82		
	渠道丰富性	136	37	26	35	28	10	27.94		
	内容详细性	136	43	19	32	26	16	30.88		
	内容真实性	136	19	10	35	31	41	52.94		
公共基础设施建设信息	便捷性	302	76	41	72	70	43	37.42	32.51	3
	及时性	302	83	47	77	54	41	31.46		
	渠道丰富性	302	89	68	76	45	24	22.85		
	内容详细性	302	93	66	68	40	35	24.83		
	内容真实性	302	53	40	70	72	67	46.03		
扶贫信息	便捷性	278	74	41	65	55	43	35.25	31.80	4
	及时性	278	95	44	64	39	36	26.98		
	渠道丰富性	278	91	52	63	42	30	25.90		
	内容详细性	278	93	43	61	46	35	29.14		
	内容真实性	278	58	24	80	48	68	41.73		

数据来源：根据调研组的调研数据整理而得，2016 年

表 6-5　2019 年农户对财政涉农资金信息公开情况的满意度

信息公开内容		有效人数	很不满意	比较不满意	一般满意	比较满意	十分满意	满意度（%）	综合满意度（%）	满意度排序
			1—2 分	3—4 分	5—6 分	7—8 分	9—10 分			
补贴信息	便捷性	355	10	58	94	117	76	54.37	53.29	1
	及时性	355	21	64	100	105	65	47.89		
	易懂性	354	19	72	80	116	67	51.69		
	渠道丰富性	355	27	69	94	102	63	46.49		
	内容详细性	343	19	62	83	121	58	52.17		
	内容真实性	355	11	23	76	140	105	69.01		
低保信息	公平性	353	107	49	55	94	48	40.00	40.28	5
	透明性	353	123	39	61	83	47	36.82		
	便捷性	353	58	81	82	86	46	37.39		
	及时性	354	61	82	70	92	49	39.83		
	渠道丰富性	355	85	68	72	91	39	36.62		
	内容详细性	355	73	80	69	95	38	37.46		
	内容真实性	355	47	53	64	103	88	53.8		
产业化项目信息	便捷性	134	19	15	31	49	20	51.49	46.62	3
	及时性	135	26	21	21	45	22	49.63		
	渠道丰富性	135	22	29	32	38	14	38.52		
	内容详细性	135	21	29	37	30	18	35.56		
	内容真实性	133	9	13	37	36	38	55.64		
公共基础设施建设信息	便捷性	316	17	67	65	117	50	52.89	48.49	2
	及时性	316	27	76	58	103	52	49.05		
	渠道丰富性	316	27	91	67	101	30	41.46		
	内容详细性	316	20	87	84	87	38	39.56		
	内容真实性	315	9	50	68	106	82	59.68		
扶贫信息	便捷性	288	34	60	62	84	48	45.83	45.14	4
	及时性	288	49	54	64	84	37	42.01		
	渠道丰富性	288	41	78	60	83	26	37.88		
	内容详细性	286	46	65	59	80	36	40.56		
	内容真实性	287	19	28	68	103	69	59.93		

数据来源：根据调研组的调研数据整理而得，2019 年

第一，针对不同信息公开领域满意度所统计的有效人数和有效样本有着较大的区别，如产业化项目信息领域的有效人数相对较少，是因为样本农户中有一些人从未听说过这类信息，能够做出满意度评价的农户均接触或了解过相关领域的信息。从有效人数也可以看出，产业化项目信息、扶贫信息、小型农田水利建设信息的知晓度并不高，而补贴类信息和低保类信息和农民的生活息息相关，90%以上的农民都知晓。

第二，针对不同信息公开状况的满意度评价，既有共性指标（如便捷性、及时性、渠道丰富性、内容详细性、内容真实性），也有个性指标（如低保信息的公平性和透明性）。每一类领域中，农户对信息真实性的满意度评价都是最高的，可见惠农政策还是深入民心的。但从整体上来说，农户对财政涉农资金信息公开的满意度偏低，如下图所示：

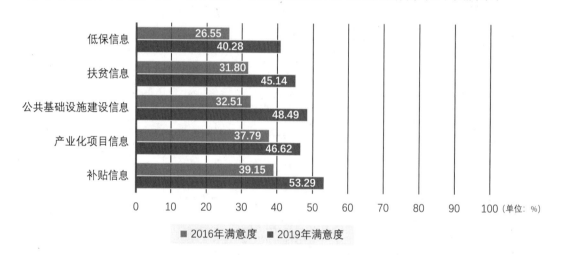

2016、2019 年宁夏财政涉农资金信息公开农户满意度

2016 年，总体满意度仅为 32%，2019 年的总体满意度为 46%。具体到每一类信息上，2016 年农户满意度从高到低的顺序依次为：补贴信息为 39.15%、产业化项目信息为 37.79%、公共基础设施建设信息为 32.51%、扶贫信息为 31.80%、低保信息为 26.55%；2019 年农户满意度从高到低的顺序依次为：补贴信息为 53.29%、公共基础设施建设信息为 48.49%、产业化项目信息为 46.62%、扶贫信息为 45.14%、低保信息为 40.28%。农户的抱怨多数都集中在低保信息上，因获取的低保信息极其有限，进而质疑低保的公平性和透明性。

从总体态势来看，农户满意度从 2016 年到 2019 年是呈缓慢上升态势的。在图中，2019 年农民对财政涉农资金信息公开的信任度和满意度有所提升，体现了四年来信息公开政策的完善以及工作的开展正在以浸润式的方式影响着农民内心的认同感。信任度和满意度在四年间的小幅提升，说明宁夏财政涉农资金信息公开的工作要想逐步获得更高的公众支持度和认可度，仍然需要在实践中不断摸索，寻求科学的发展道路。

2. 农户对财政涉农资金信息公开方式的感知

对信息的及时性和便捷性的满意度进行评价，也是对农户获取信息方式的一种评价。农户获取信息的方式主要表现在以下几个方面。

（1）互联网。在实际调研的过程中，我们看到，一些地方政府在门户网站上公布了详细的补贴信息、低保信息、产业化项目信息等，但在2016年350个样本农户中，自己或者家里有人会上互联网的仅有95人，占27%；有49人表示会用互联网搜索自己想要的信息，占14%；只有9人表示进过政府的门户网站，仅占3%。2019年355个样本农户中，自己或者家里有人会上互联网的仅有113人，占32%；有55人表示会用互联网搜索自己想要的信息，占15%；只有13人表示进过政府的门户网站，仅占4%。多数农户都从未进过政府门户网站，更无法及时地获取信息，导致满意度较低。互联网技术经过三年的推广，在农村地区的普及率逐渐提升，2019年知晓并且会利用互联网的人数明显呈上升趋势。

（2）广播、电视、报纸。2016年有35%的农户，2019年有39%的农户表示通过广播、电视、报纸等传统媒体来获取政策性的信息，但是对地方性政策执行的情况不太了解。

（3）手机短信。2016年有25%的农户，2019年有49%的农户，表示手机上曾经接收过来自县、乡、村层面的短信，但政策类短信偏少，通知类短信偏多。农户大多数都拥有手机，发短信的方式最为便捷，但是由于受到内容和篇幅的限制，能接收到的信息非常有限。

（4）乡镇民生服务中心。乡镇民生服务中心将原财政、农经、民政和社保等，由各站、所分管承担的民生服务工作全部纳入民生服务中心集中统一管理。民生信息涉及村民基本生活和生存状态的方方面面。2016年调查中有166个农户曾经去过乡镇民生服务中心，占47%，其中只有66人比较关注民生服务中心的公开栏和电子屏，且表示民生服务中心的公开栏和电子屏的内容更新得非常慢。2019年调查中有198个农户曾去过民生服务中心，占56%，其中有112人比较关注民生服务中心的公开栏和电子屏。这说明在四年的过程中，农民的信息意识有所提升，乡镇民生服务中心也会摆放一些政策信息的宣传册和口袋书，但是由于农户受到文化程度低的限制，难以全面掌握政策的基本内容。

（5）村民代表大会。乡村治理民主化进程的推进，需要通过村民代表大会的方式，体现大多数农户的意愿。调查中，有61%的农户称村里召开过村民代表大会，其中有

42%的农户称村民代表大会上没有给大家告知过与切身利益相关的信息，体现出村民代表大会的作用发挥得不够充分。

（6）村务公开栏。村务公开栏是促进基层民主政治建设、防止腐败的一块重要阵地。农村设立的村务公开栏，目的是将村里财务收支、党的惠农政策和集体资产管理等百姓关心的大小事情及时公开，让村民一目了然，接受群众监督，这是最贴近村民的方式。调查显示，仅有37%的农户比较关注村务公开栏，有的农户表示不关注公开栏的原因是信息发布不及时，缺乏想了解的内容，且更新较慢，所以没兴趣关注。

（7）村干部宣讲。村干部经过培训后，为农民宣讲政策和相关信息，更容易为农民所接受，尤其是不识字或者文化程度较低的人，需要通过口头宣讲的方式来获取信息，一些农户表示通常主动去村委会询问，村干部才会予以解释，宣讲政策方面较为被动。

（8）村民之间互相交流。调研中，在提到村民通常通过什么方式获取低保、补贴、产业化项目、公共设施建设、低保等信息时，2016年有65%、2019年有60%的农户都选择了村民之间互相交流，这种非正式的交流方式，影响着信息的准确性，也降低了农户对信息公开的满意度。从以上方式可以看出，农民获取信息的方式通常以间接方式为主、直接方式为辅。在提到农民期望通过什么方式获取信息时，按从高到低的顺序分别是：手机短信、村民代表大会、村务公开栏、政策宣讲团、村干部宣讲、村民之间互相交流、乡镇民生服务中心、互联网。宁夏作为经济发展落后地区，政府涉农资金信息的传播还是依赖于传统的地缘与亲缘模式，故农户倾向于通过更直观、更贴近的方式来获取信息。在某村和村民访谈的过程中可以看出，信息耗散问题仍然是一个突出的问题。大众传统人际传播导致层级越多，信息耗散就越容易失真。村民呈散沙状居住，有的基本位于信息传播的最末端，涉农资金信息经过各种口耳相传的信息传递过程，每个节点转述的话语对同一信息会有不同的认知，有选择性地吸收对自己有益的信息，自动过滤对自己无益的信息，这种人际传播链导致信息损耗甚至被歪曲理解。

从农户对财政涉农资金信息公开的满意度分析中可以看出，宁夏2016年到2020年间的探索以及农民满意度的缓慢上升态势中体现了财政涉农资金信息公开的进步，内容逐渐标准化，公开方式立体化，管理规范化，逐渐在打造上下贯通的公开体系，为打通基层政务公开的"最后一公里"付出了艰辛的努力。但农户对财政涉农资金信息公开的满意度仍在较低的水平上，并没有充分体现财政治理的实效，农户的满意度受到多种因素的影响，我们需要进一步剖析显著影响农户满意度的因素。

二、财政涉农资金信息公开农户满意度的影响因素分析

财政涉农资金信息公开满意度是衡量财政治理成效的重要标准，蕴涵着财政治理的公平性、责任性、回应性和参与性理念，本文通过变量选取，使用有序 probit 模型来分析影响农户满意度的因素。

（一）变量选取及样本描述

本研究在评测农户对信息公开是否满意时，采取了定量数据到定性结果的方式来分析信息公开满意度（Satisfaction）。将农户对财政涉农资金信息公开的满意度作为因变量，自变量包括 3 类共 12 个分变量：一是个人特征变量，包括民族（NAT）、性别（GEN）、年龄（AGE）、文化程度（EDU）、是否低保（ML）、手机是否能上网（MOB）；二是家庭因素变量，包括家庭规模（FS）、家中是否有村干部（VO）、家庭年收入（AHI）；三是环境因素变量，包括距离县城的远近（DIS）、区域经济状况（EPS）、是否开通互联网（INT）。具体变量解释如表 6-6 和表 6-7 所示。

表 6-6　2016 年影响农户对财政涉农资金信息公开满意度的因素

影响因素 Effect Factor		变量 Variable	变量解释 Description	均值 Mean	标准差 Std.Dev.
信息公开总评价		SAT	0= 非常不满意；1= 不满意；2= 一般 3= 比较满意；4= 非常满意	1.871	1.345
个人 特征 变量	民族	NAT	1= 汉族；0= 回族	0.851	0.356
	性别	GEN	1= 男；0= 女	0.694	0.461
	年龄	AGE	样本农户的周岁	51.851	11.489
	文化程度	EDU	1= 小学及小学以下；2= 初中；3= 高中（职高、中专）；4= 大专以上	1.523	0.667
	是否低保	ML	1= 是；0= 否	0.106	0.308
	手机是否能上网	MOB			
家庭 因素 变量	家庭规模	FS	最近一年内一起生活的家庭总人数	3.52	1.479
	家中是否有村干部	VO	家里是否有村干部：1= 有；0= 没有	0.089	0.285
	家庭年收入	AHI	家庭年收入水平	1.391	0.771

续表

影响因素 Effect Factor		变量 Variable	变量解释 Description	均值 Mean	标准差 Std.Dev.
环境 因素 变量	距离县城的远近	DIS	参照样本选取方式：1= 距离较近； 2= 距离适中；3= 距离较远	2.189	0.717
	区域经济状况	EPS	参照样本选取方式：1= 经济较差； 2= 经济一般；3= 经济较好	1.729	0.618
	是否开通 互联网	INT	1= 是；0= 否	0.78	0.415

数据来源：根据调研组的调研数据整理而得，2016 年

表 6-7　2019 年影响农户对财政涉农资金信息公开满意度的因素

影响因素 Effect Factor		变量 Variable	变量解释 Description	均值 Mean	标准差 Std.Dev.
信息公开总评价		SAT	0= 非常不满意；1= 不满意；2= 一般 3= 比较满意；4= 非常满意	2.32	1.008
个人 特征 变量	民族	NAT	1= 汉族；0= 回族	0.789	0.409
	性别	GEN	1= 男；0= 女	0.634	0.482
	年龄	AGE	样本农户的周岁	50.563	12.246
	文化程度	EDU	1= 小学及小学以下；2= 初中；3= 高 中（职高、中专）；4= 大专以上	1.639	0.755
	是否低保	ML	1= 是；0= 否	0.156	0.354
	手机是否能上网	MOB			
家庭 因素 变量	家庭规模	FS	最近一年内一起生活的家庭总人数	3.52	1.47
	家中是否有村干部	VO	家里是否有村干部：1= 有；0= 没有	0.096	0.295
	家庭年收入	AHI	家庭年收入水平	1.406	0.758
环境 因素 变量	距离县城的远近	DIS	参照样本选取方式：1= 距离较近； 2= 距离适中；3= 距离较远	2.2	0.719
	区域经济状况	EPS	参照样本选取方式：1= 经济较差； 2= 经济一般；3= 经济较好	1.727	0.616
	是否开通 互联网	INT	1= 是；0= 否	0.801	0.396

数据来源：根据调研组的调研数据整理而得，2019 年

（二）有序 Probit 模型估计结果及分析

Ordinal Probit Model（有序 Probit）模型通常具备以下特点，变量有的取值具有序列等级的含义，尤其是在满意度影响因素的研究中，满意度的取值为 0、1、2、3、4，对应"非常不满意""不满意""一般""比较满意"和"非常满意"，这是一个序列等级的变量，表示满意度在逐步提高。

在对财政涉农资金信息公开的满意度进行调查时，我们将农户对信息公开的满意度分成以下 5 类，即因为因变量 y 的取值具有序列等级性，从 0 到 4，说明了农户对信息公开的满意度也在逐步提高，故采用有序 Probit 模型来实证分析影响农户满意度的因素。

本文使用 Stata12.0 软件运行有序 Probit 模型进行了估计，2016 年和 2019 年的模型在 0.01 的水平上都是显著的，表明模型在统计上是显著的，结果见表 6-8 和表 6-9。

表 6-8 2016 年有序 Probit 模型估计结果

影响因素 Effect Factor		变量 Variable	参数估计值 Coef.	边际影响 dy/dx	p 值 $p>|Z|$
个人特征变量	民族	NAT	−0.202	−0.001	0.250
	性别	GEN	0.152	0.005	0.256
	年龄	AGE	0.003	0.0008	0.618
	文化程度	EDU	−0.080	−0.002	0.401
	是否低保	ML	0.510	−0.016	0.007
家庭因素变量	家庭规模	FS	−0.033	−0.0009	0.415
	家中是否有村干部	VO	0.669	−0.034	0.002
	家庭年收入	AHI	0.155	0.004	0.060
环境因素变量	偏远程度	DIS	0.012	0.0003	0.885
	区域经济	EPS	−0.238	−0.006	0.020
	是否接入互联网	INT	0.352	0.019	0.018
样本量 =350　LR chi2(12)=36.99　Prob>chi2=0.0002　Pseudo R2=0.0335					

数据来源：根据调研组的调研数据整理而得，2016 年

表 6-9 2019 年有序 Probit 模型估计结果

影响因素 Effect Factor		变量 Variable	参数估计值 Coef.	边际影响 dy/dx	p 值 $p>|Z|$
个人特征变量	民族	NAT	−0.185	−0.002	0.328
	性别	GEN	0.323	0.012	0.123
	年龄	AGE	0.023	0.0007	0.219
	文化程度	EDU	0.673	−0.040	0.004
	是否低保	ML	0.425	−0.028	0.006

影响因素 Effect Factor		变量 Variable	参数估计值 Coef.	边际影响 dy/dx	p 值 $p>|Z|$
家庭因素变量	家庭规模	FS	−0.0028	−0.0006	0.525
	是否有干部	VO	0.669	−0.034	0.002
	家庭年收入	AHI	0.142	0.003	0.0663
环境因素 变量	偏远程度	DIS	0.108	0.0018	0.753
	区域经济	EPS	−0.154	−0.004	0.015
	是否接入互联网	INT	0.226	0.012	0.011
样本量 =355　　LR chi2(12)=25.76　　Prob>chi2=0.0001　　Pseudo R2=0.0265					

数据来源：根据调研组的调研数据整理而得，2019 年

表6-8，6-9中分别给出了有序 Probit 的参数估计值、边际影响及各变量的显著水平（P>|Z|），2016 年模型的结果显示：农户是否低保、家中是否有村干部、家庭年收入状况、农户所在地区的经济发展程度以及是否接入互联网显著影响着农户对信息公开的综合满意度，而其他因素没有显著的影响作用，2019 年模型结果和 2016 年基本一致，增加了一个明显的影响因素，即文化程度也显著影响着农户的综合满意度。

结合调研中的实际情况，对此结果具体阐述如下：

第一，个体特征对农户满意度的影响。2016 年的调查显示，农户的民族、性别、年龄及文化程度对农户关于信息公开的满意度并没有显著的影响，说明不同民族、不同性别、不同年龄对信息公开的态度方面并没有明显的差异，样本农户整体年龄偏大，而且文化程度整体较为低下，对信息公开的满意度的认知也较为接近。而农户是否低保与农户满意度呈正相关关系，该变量在 1% 的水平上较为显著，但是边际效果影响并不大。在调研的过程中，我们发现，享受低保的农户通常已经享受了相关政策，尤其在低保类信息方面掌握的信息比较全面，相对于非低保户而言，满意度较高。2019 年的调查显示，农户的文化程度水平与农户满意度呈正相关关系，该变量在 1% 的水平上较为显著，知识水平的差异导致农户对信息公开的认知也是有所差异的，主动获取和吸收信息的能力也有差异，文化程度高的农户获取信息的渠道也相对较多。

第二，家庭因素对农户满意度的影响。2016 年和 2019 年的调查均显示，家里是否有村干部与农户对信息公开的满意度有着正相关关系，都在 1% 的水平上显著。村干部的解读是农户接收信息非常重要的一个渠道。在获取信息的方式方面，受文化程度较低的限制，农户往往都是通过传统渠道了解信息，尤其是村干部的宣讲，调研问卷显示，82% 的农户

都希望村干部能够给村民解读补贴、低保、产业化项目等相关信息，而家里有村干部的农户，对信息的掌握更为便利，对政策信息了解得较多，因此满意度相对较高。家庭年收入与农户对信息公开的满意度也有着正相关关系，在 10% 的水平上较为显著，2016 年边际影响为 0.004，2019 年边际影响为 0.003，农户的家庭经济状况越差，对财政涉农资金信息公开的满意度就会越低。收入水平是影响农户信息素养的重要因素。农民作为信息弱势群体，受经济条件所限，信息意识不强，而现代信息技术的广泛使用，又使文化水平较低的群体心有余而力不足，面对繁杂的信息，难以甄别有价值的信息，往往是在他人通过利用涉农资金信息获利后才纷纷效仿，降低了信息应有的效用价值。调研中我们发现，家庭经济状况较好的农户，在某种程度上和善于捕捉各种政策类信息并从中获益有很大的关系，如产业化项目类信息对提升农户的收入有着很重要的作用。

第三，环境因素对农户满意度的影响。2016 年和 2019 年的调查均显示，区域经济的发展程度和农户的满意度有着负相关关系，在 5% 的水平上较为显著。原因在于经济发展的程度越好，农民对信息的需求度就越高，当信息供给的速度无法满足农户的需求，就会影响农户的满意度。另外，村里是否接入互联网和农户的满意度有着正相关关系，也在 5% 的水平上较为显著。信息传递的过程中，新兴媒体的作用日益凸显，政府通过门户网站公布了大量涉农资金信息，文化程度较高的农户，很多都希望通过互联网方式便捷地获取信息，一些接入互联网的村设置了专门的信息员，相比没有接入互联网的村而言，在信息获取上占有一定的优势，农户的满意度也相对较高一些。

2016 年和 2019 年的研究结论均显示，农户是否低保、家里是否有村干部、家庭年收入状况、农户所在地区的经济发展程度以及是否接入互联网均显著影响着农户对信息公开的综合满意度，文化程度的影响在 2019 年开始显著的，说明从财政涉农资金信息公开中受益的群体，家庭经济状况好的群体、文化程度高的群体对信息公开的接收和理解程度相对较高，和公众满意度水平有着直接的关联。要提高财政治理水平，在硬件和软件方面的投入力度都需加大，使信息公开的效益能普惠到每一个普通农户，而不仅仅是特定群体。

在分析完农户满意度的同时，还要进一步挖掘农民对各类信息的需求度，进而因需施策。

第三节　财政涉农资金信息的农户需求态势分析

本文在对涉农资金信息公开需求的度量中，将农户对财政涉农资金信息的需求度量化为不需要、不太需要、一般、比较需要、迫切需要，其中迫切需要和比较需要的人数之和占总人数的百分比为需求度，具体统计结果如表 6-10 和表 6-11 所示：

表 6-10　2016 年农户对涉农资金信息的需求度

		有效人数	不需要	不太需要	一般	比较需要	迫切需要	需求度	总需求(%)	需求度排序
补贴信息	种粮农民直补	348	5	27	12	137	167	87.36	82.91	1
	良种补贴	348	9	21	22	131	165	85.06		
	农资综合补贴	348	12	32	23	123	158	80.75		
	农机具购置补贴	348	12	38	25	117	156	78.45		
低保信息		349	13	37	51	92	156	71.06	71.06	3
产业化项目信息		348	12	57	39	113	127	68.97	68.97	4
公共设施建设信息		349	8	71	91	115	64	51.29	51.29	5
扶贫信息		340	6	25	31	104	174	81.76	81.76	2

数据来源：根据调研组的调研数据整理而得，2016 年

表 6-11　2019 年农户对涉农资金信息的需求度

		有效人数	不需要	不太需要	一般	比较需要	迫切需要	需求度	总需求(%)	需求度排序
补贴信息	种粮农民直补	355	4	18	30	125	178	85.35	79.79	2
	良种补贴	355	5	18	37	136	159	83.10		
	农资综合补贴	355	5	21	55	129	145	77.18		
	农机具购置补贴	355	6	29	59	131	130	73.52		

续表

	有效人数	不需要	不太需要	一般	比较需要	迫切需要	需求度	总需求(%)	需求度排序
低保信息	355	5	24	66	115	145	73.24	73.24	3
产业化项目信息	355	13	66	76	100	100	56.34	56.34	4
公共设施建设信息	355	7	71	96	116	65	50.99	50.99	5
扶贫信息	355	4	18	37	125	171	83.38	83.38	1

数据来源：根据调研组的调研数据整理而得，2019 年

农户对涉农资金信息公开的满意度较低，主要原因在于信息供给无法有效地满足农户对信息的需求。从统计结果可以看出，2016 年，农户对五大类信息需求度从高往低的顺序分别是：补贴类信息、扶贫信息、低保信息、产业化项目信息、公共设施建设信息。2019 年农户对五大类信息需求度从高往低的顺序分别是：扶贫信息、补贴类信息、低保信息、产业化项目信息、公共设施建设信息。

总体来看，农民更关注扶贫类信息和补贴类信息，对和自己切身利益相关的信息比较关注，更倾向于需要更直观、和经济利益直接挂钩的信息。如补贴类信息覆盖面广，受益面也较广，农业补贴能够明显改善农民的生活水平，而随着精准扶贫力度的加大，扶贫信息对贫困地区的农户而言如同及时雨，农民对这两类信息的需求度相对较高。对低保信息而言，虽然只有少数贫困户能够获得低保，但是由于低保的评定在操作的过程中因信息不对称的问题，很容易出现腐败行为，所以农户对低保的评定过程非常关注，提高公平性和透明性的诉求也非常强烈。农民对低保类信息的高需求度基于对生存相关的信息的关注，这反而体现了一种弱势生存现状，对信息的接收如果不授之以渔，很难改变授之以鱼的局面。

2016 年和 2019 年农户对产业化项目信息的需求度均排在第四位，仅次于低保信息，农村养殖和种植的产业化项目信息对已经达到规模种植和养殖的农户而言非常宝贵，能够有效利用资源，节约成本，提高农民收入，农户也相对较需要这类信息。因为公共设施建设信息属于公共物品，每个人都可以从中获利，并不具有排他性，通常都是由政府来出资建设，所以农户对这类信息的需求相对偏低。

相对于 2016 年 32% 的总体满意度和 2019 年 46% 的总体满意度而言，农户对信息的需求量远大于实际获取的信息。在被问到"您期望的信息公开和实际生活中的信息公开差距大吗"的时候，2016 年有 88%、2019 年有 91% 的农户都表示差距非常大，2016 年有

72%、2019 年有 69% 的农户认为所接收到的信息无法满足知情的愿望。2016 年有 83%、2019 年有 78% 的农户在被问到"如果对接收到的信息有疑惑，知不知道反馈渠道"的时候，均表示不知道。访谈的过程中，有农户表示，有疑问会去村委会咨询，即使不满意，也只有保持沉默。2016 年有 94%、2019 年有 97% 的农户认为财政涉农资金信息公开需要接受监督，2016 年有 87%、2019 年有 92% 的农户表示愿意参与监督信息公开，由此可见，农民对获取信息的愿望是非常强烈的。四年来，随着政策的完善和农民对信息公开认知的加深，农民的信息意识也有所增强。在访谈过程中，农户提出财政涉农资金信息公开工作需要更贴近农民，公开要更加及时，内容更加丰富，查询场所要增加，要做好宣传和解读工作，对农户提的意见更要及时反馈。满足农民对信息的需求是做好财政涉农资金信息公开工作最重要的环节。

在实际的调研中发现，农民对低保、扶贫信息公开不满意的原因并非源于政府的制度供给，农民对整体的信息服务框架是满意的，但是此类信息服务往往需要基层去协调和组织，农民对基层执行方式的不认同导致了此类信息满意度较低，但是对这方面的需求度却是最高的。在提供信息公开服务的时候，要有一个针对农民需求的优先序，将农民迫切需要的信息放在首位。

本节内容对财政涉农资金信息公开的农户满意度和需求度的分析仅仅是从农户的角度来进行评价，我们还需要对财政涉农资金信息公开进行自上而下和自下而上相结合的方式进行全方位的绩效评估。资金信息以数字的形式呈现，发挥的实际效果如何？财政透明度和财政治理水平的提升需将政策制定、执行和公众反馈以及后期的可持续性发展相结合，要通过构建明确的指标体系进行评价，来展现财政涉农资金信息公开的治理成效。

第四节 财政涉农资金信息公开治理的绩效评价

财政涉农资金信息是政府信息公开中的重要领域，要提高财政资金的使用效益，促进政府和民众之间的沟通，提高财政治理能力，需要有效衡量财政政策、过程、结果的评价以及政府履行职能的情况。对财政涉农资金信息公开的综合评价，也是对财政治理能力的评价。在以往有关信息公开评价的研究中，有学者构建了公共参与视角下的政府信息公开绩效评估指标体系，通过模糊层次分析法确定一、二级指标的权重，[①]还有学者将"公众至上"的价值取向应用到政府信息公开的满意度评价中来，探讨了绩效评估中的客观指标和公民满意度的主观指标的平衡权重问题，[②]邓淑莲等通过设计省级财政透明度的评估指标体系连续多年对全国31个省的省级财政透明度进行了评估和打分。[③]总体上来说，对信息公开绩效评价的原则应坚持经济性、效率性、有效性和公平性原则；对评价方法的研究使用的方法有成本收益法、公众评判法、专家打分法、因素分析法和综合评价法等。基于公众导向的绩效评价体现了政府善治理念的延伸。[④]财政涉农资金需要及时将预算绩效情况及时予以公开，对目标完成情况要进行追踪管理，并反馈整改，设立红黑榜并将信息向社会公布，将绩效评价结果作为下一年度涉农资金预算的参考依据。

财政涉农资金信息公开绩效评估的数据和资料来源有两种：一是课题组成员直接通过问卷调查、典型访谈、实地勘察等方式取得的第一手资料；二是通过查阅相关单位政府门户网站或者单位提供的资料和数据。本研究对2016年和2019年宁夏财政涉农资金信息公

---

① 刘磊，邵伟波. 公众参与视角下基于模糊层次分析法的政府信息公开绩效评估研究［J］. 情报理论与实践，2014（3）：73-78.

② 周志忍. 论政府绩效评估中主观客观指标的合理平衡［J］. 行政论坛，2015（3）：37-44.

③ 邓淑莲，曾军平，郑春荣，朱颖. 中国省级财政透明度评估（2017）［J］. 上海财经大学学报，2018（6）：18-28.

④ 杨志安，邱国庆. 中国式财政分权、财政透明度与预算软约束［J］. 当代经济科学，2019（1）：35-46.

开的情况进行了综合研判，并通过比较研究分析了演变态势，有效将主观评价和客观评价结合起来，既评价政府执行信息公开的过程和结果，又评价公众满意度。第六章中已经对农民的满意度进行了分析，该部分内容和结论可以作为综合评价的主观评价部分，以衡量客观评价的有效性。目前，以效率作为单一评判标准的绩效评价方式已逐渐向公众满意导向的评价方式转变，在提高效率的同时需兼顾公平，因此绩效评价指标体系的设计既要考虑自上而下的政策实施，又要考虑自下而上的满意和认可，进行全方位、多层次的综合评价。对财政涉农资金信息公开试点的综合评价充分呈现着财政治理的实效。

一、财政涉农资金信息公开指标体系设计

现有对于信息公开绩效评价的研究大多集中于广义上的政府信息公开，鲜有对财政涉农资金信息公开的绩效评价，即使有，通常也是通过自上而下验收或者检查的方式进行，容易流于面子工程和形式主义。在绩效评价中，指标体系的设计是最为关键的评估环节，而现有有关政府信息公开的评估指标体系普遍存在着目标不够明确、指标不够细化等问题，不能对农业专项资金绩效进行有针对性、全方位、深入细致的评估。

本章主要从宁夏财政涉农资金信息公开的特点出发，基于绩效评估理论，系统、全面地对相关指标体系构建和评估进行研究，将涉农资金信息公开中的产业化项目、公共基础设施建设信息、低保信息、扶贫信息、农业补贴这五大类信息分开进行细化分类评价。为了客观、公正地对宁夏财政涉农资金信息公开工作进行绩效评估，在进行指标设计的时候遵守系统性、相关性、层次性及可行性原则。系统性原则是要求指标能够全面反映财政涉农资金信息公开的效果；相关性原则要求设计的指标要与具体的信息公开内容相关；层次性原则是财政涉农资金信息公开的绩效评估指标选取应从多层次考虑，尽量细化指标，从各个层次对信息公开情况进行考核；可行性原则是指标应该切实可行，设计易量化的考核指标，以便财政涉农资金信息公开绩效评价的可操作性。

本书通过问卷调查、典型访谈、实地勘察等方式取得的第一手资料及查阅相关单位网站公布的数据来进行指标体系设计。具体技术路线为，结合调研宁夏中宁、永宁、盐池当地的实际情况，充分吸取相关专家学者的意见和建议，构建财政涉农资金信息公开的绩效评价指标体系，通过对三个县的农牧局、财政局、扶贫办等相关部门，以及各村样本户的具体情况进行实际调查，全面分析信息公开的具体实施情况、存在问题和运作方式。

利用定性与定量指标相结合的方法，本文设计的一级指标为：实施方案评价、政策执

行、社会效果、农户评价以及可持续性指标；二级指标为：组织管理、规范性文件、信息公开内容、信息公开方式、回应解读情况、政府形象、公众认可、农户满意度、农户信任及建立长效涉农资金信息公开机制等；三级指标从机构设置、人员配备、资金投入、平台建设、监督管理，对财政涉农资金信息公开的主动性、规范性、内容的全面性，公开方式的时效性，农户对信息的理解和接受性，农户对涉农财政政策的反应与监督积极性以及农户对财政涉农资金信息公开的满意度等方面进行全面的评价，针对涉农资金信息公开试点的补贴、低保、公共基础设施建设、农业产业化项目、扶贫信息等公开领域，还设计了具体的指标体系。

二、利用层次分析法确定指标权重并进行综合评价

本文选取永宁县、中宁县、盐池县作为研究样本，在设计的绩效评价指标体系中，分为两个方面，即在自上而下的层面上，政府是否能够全面、及时、有效地传达信息，通过和当地政府相关部门进行访谈，获取相关资料，结合政府门户网站发布的涉农资金信息，进行综合评价；在自下而上的层面上，农户是否能够接收到信息，通过实地发放调查问卷和访谈的方式，了解农户的满意度和需求度（上一章已分析）。在指标权重的设置上主要采用的是层次分析法。

（一）层次分析法基本理论

层次分析法是美国著名运筹学家 Saaty 在 20 世纪 70 年代提出的决策方法。该方法按照因素的支配关系分组，形成递阶层结构，通过比较的方法确定两个因素的相对重要性，综合判断各因素的重要性顺序并赋予权重。首先，建立层次结构，将决策目标分解为多层次的递阶结构，递阶结构中上层指标和下层指标是支配关系；其次，用比较的方法对各指标支配的子指标进行两两比较，确定子指标对前一层次指标的影响大小，建立判断矩阵；再次，计算矩阵最大特征根，分配权重系数，然后判断矩阵的一致性，最后，综合计算各层次指标的组合权重，并进行总的一致性检验。流程图如图 6-8 所示。

1. 建立层次结构

建立层次结构是将决策目标分解为多层次的递阶结构。递阶结构中，上层指标和下层指标是支配关系，上层指标决定下层指标的范围和内容。层次的数量可以很多，但是要很好地处理好每一层的准确性和一致性，每层每个指标最好不超过 9 个，且具有相对独立性，在单个指标失灵的情况下，其他指标也能反映问题。

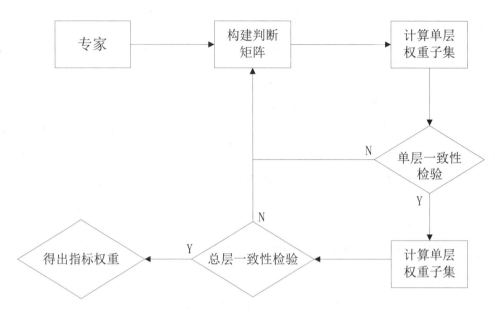

图 6-8　层次分析法流程图

2. 建立比较判断矩阵

采用比较的方法，对各指标支配的子指标进行两两比较，确定子指标对前一层次指标的影响大小。例如第一层次指标 A 有两个子指标分别是 b_1、b_2，其中 a_{ij} 表示指标 b_1、b_2 对指标 A 的影响大小之比。按照以上办法，比较所有指标之间的影响大小，建立判断矩阵 $A(a_{ij})_{m \times n}$。该矩阵具有下列三个性质：（1）$a_{ij}>0$；（2）$a_{ij} = \dfrac{1}{a_{ji}}$；（3）$a_{ii}=1$。该矩阵也被称为正互反矩阵。为了区别指标之间的重要性，采用不同重要级别的语言进行区别，一般采用相同、强、较强、很强、极强。在这几个级别之间再插入一个区分度，这样形成了 9 个级别，综合反映判断区别程度。

表 6-12　指标重要级别判断标准

标度 a_{ij}	含　义
1	指标 b_i 和 b_j 同等重要
2	指标 b_i 比 b_j 的重要程度介于 1 和 3 之间
3	指标 b_i 比 b_j 略重要
4	指标 b_i 比 b_j 的重要程度介于 3 和 5 之间
5	指标 b_i 比 b_j 较重要
6	指标 b_i 比 b_j 的重要程度介于 5 和 7 之间

标度 a_{ij}	含　义
7	指标 b_i 比 b_j 非常重要
8	指标 b_i 比 b_j 的重要程度介于 7 和 9 之间
9	指标 b_i 比 b_j 绝对重要
倒数	标度 $a_{ij}=1/a_{ij}$

3. 由判断矩阵计算比较指标的相对权重

对矩阵 A 计算满足 $AW=\lambda_{\max}W$ 的特征根和特征权向量，然后利用归一化处理特征权向量，判断矩阵的一致性，检验中先计算一致性指标 $CI=\dfrac{\lambda_{\max}-n}{n-1}$，然后根据 Satty 给出的 RI 值，计算一致性比例 CR，$CR=\dfrac{CI}{RI}$，当 CR<0.1 时，判断矩阵的一致性可以接受。

4. 综合计算各层次指标的组合权重，并进行总的一致性检验

（二）各维度之间的判断矩阵及权重

本文利用 Yahhp 软件，通过层次分析法给政府门户网站政府信息公开的各项评估指标赋予了权重，使用综合评分法，结合权重设置，通过各个指标逐层向上评估，从对三级指标的评估向上推出二级指标和一级指标的得分，进而对财政涉农资金信息公开的整体指标体系进行评估。宁夏财政涉农资金信息公开评价的各维度之间的判断矩阵如表 6-13 所示。该判断矩阵一致性比例：0.0275＜0.1。判断矩阵可以接受。

表 6-13　财政涉农资金信息公开评价维度判断矩阵

单位：分

	实施方案	政策执行	社会效果	农户评价	可持续性	权重（wi）
实施方案	1	0.2	1	1	4	0.1564
政策执行	5	1	2	2	7	0.4463
社会效果	1	0.5	1	1	3	0.1722
农户评价	1	0.5	1	1	3	0.1722
可持续性	0.25	0.1429	0.3333	0.3333	1	0.0529

各维度的重要性排序中，从实施方案看，重要程度从高到低的顺序为政策执行 > 社会

效果/农户评价/实施方案>可持续性；从政策执行看，重要程度从高到低的顺序为政策执行>社会效果、农户评价>实施方案>可持续性；从社会效果来看，政策执行>社会效果、农户评价/实施方案>可持续性；从农户评价来看，政策执行>社会效果/农户评价、实施方案>可持续性；从可持续性来看，政策执行>实施方案>社会效果/农户评价>可持续性。在排序中，相互之间的排序按照重要程度进行，重要程度的排序主要依据涉农资金信息公开提升政府工作效率和农户认可的目标，因此政策执行、社会效果、农户评价的排序在前。按照层次分析法构造判断矩阵，通过 Yahhp 软件计算，得出一级和二级指标的权重。再对各目标层进行分析，考虑到三级指标的重要性相当，故三级指标通过等权来确定权重。如表 6-14 所示：

表 6-14 评价指标权重

一级指标	一级指标权重	二级指标	二级指标权重	三级指标	三级指标权重
实施方案	0.1564	组织管理	0.1173	财政涉农资金信息公开机构的设立	0.01955
				财政涉农资金信息公开人员配备	0.01955
				财政涉农资金信息公开资金投入	0.01955
				财政涉农资金信息公开范围	0.01955
				财政涉农资金信息公开平台建设	0.01955
				监督管理	0.01955
		规范性文件	0.0391	财政涉农资金信息公开指南和目录	0.01955
				业务流程	0.01955

续表

一级指标	一级指标权重	二级指标	二级指标权重	三级指标	三级指标权重
政策执行	0.4463	财政涉农资金信息公开内容	0.294	补贴信息（包括种粮农民直接补贴、良种补贴、农资综合补贴政策、农机具购置补贴）的内容、申请程序、咨询和投诉路径	0.0588
				低保信息的内容、申请程序、咨询和投诉路径	0.0588
				公共设施建设信息的内容、建设范围及咨询途径	0.0588
				产业化项目信息内容、申请程序、咨询和投诉路径	0.0588
				扶贫信息的内容、申请程序、咨询和投诉路径	0.0588
		财政涉农资金信息公开方式	0.1173	公开方式的种类	0.02932
				公开方式的丰富程度	0.02932
				公开方式的及时程度	0.02932
				公开方式的便捷程度	0.02932
		回应解读情况	0.035	回复情况	0.035
社会效果	0.1722	政府形象	0.0861	管理效率	0.0287
				公正性	0.0287
				透明性	0.0287
		公众认可	0.0861	提升农户主动获取信息意识	0.0287
				满足农户知情和参与愿望	0.0287
				农户认可度	0.0287
农户评价	0.1722	农户满意度	0.129	农户对补贴信息公开的满意度	0.0258
				农户对低保信息公开的满意度	0.0258
				农户对公共建设信息公开的满意度	0.0258
				农户对产业化项目信息公开的满意度	0.0258
				农户对扶贫信息公开的满意度	0.0258
		农户信任	0.0432	信任政府	0.0216
				支持信息公开	0.0216
可持续性	0.0529	建立长效财政涉农资金信息公开机制	0.0529	建立财政涉农资金信息公开考核制度	0.02645
				建立财政涉农资金信息公开监督与问责等配套制度	0.02645

指标分值为五级，即非常好、好、一般、不好、非常不好，分别以 5、4、3、2、1 来表示，邀请财政涉农资金信息公开课题组相关专家共同打分，包括财政厅工作人员 2 名和宁夏大学专家 2 名。在评价财政涉农资金信息公开具体效果时，将各指标的分值乘以权重，得到具体的权重分值，再将所有指标的权重分值相加，最后换算成百分制，得出财政涉农资金信息公开效果评价的总分值，从而判断样本县永宁县、中宁县、盐池县财政涉农资金信息公开效果的具体情况，具体指标体系的设计和评价过程可见附录—宁夏财政涉农资金信息公开综合评价表。评价结果显示，2016 年财政涉农资金信用公开绩效评价加权总分：永宁县为 2.51155（换算成百分制 50 分），中宁县为 2.43335（换算成百分制 49 分），盐池县为 2.83462（换算成百分制 57 分）；2019 年财政涉农资金信息公开绩效评价加权总分：永宁县为 2.80528（换算成百分制 57 分），中宁县为 2.90868（换算成百分制 58 分），盐池县为 3.26967（换算成百分制 65 分）。

（三）具体评价指标解读

通过对永宁县、中宁县、盐池县等三个样本县的财政涉农资金信息公开的指标体系进行综合评价，2016 年从高到低的顺序分别是盐池县 57 分、永宁县 50 分、中宁县 49 分；2019 年从高到低的顺序分别是盐池县 65 分、永宁县 57 分、中宁县 58 分。虽然综合评价水平仍然在较低的水平，但是总体成绩是呈缓慢上升态势的，对五个一级指标的深入剖析如下：

1. 实施方案指标解读

从实施方案指标来看，财政涉农资金信息公开制度体系更多地表现为上多下少的局面，在省一级层面通常有着明确的财政涉农资金信息公开的指南和目录，但是具体到县、乡、村层面，实施方案出现缩水的现象，在自上而下执行的过程中，信息公开随意性强，公开义务人自由裁量权过大，指南和目录缺乏可操作性。虽然各地政府都在积极搭建财政涉农资金信息公开平台，投入了一定的人力、物力、财力，但是总体力度还是不够，2016 年到 2019 年，均设置了涉农资金信息公开机构，但是架构尚不完善。在人员的配备方面，仍然由兼职人员来兼任该工作，信息员相对短缺；在专项资金投入方面，2019 年的投入资金和力度都增大，无论是硬件方面还是软件方面都有所改善；在规范性文件方面，盐池县的政府门户网站上有关涉农资金信息公开指南以及相关业务的流程信息都相对明确，永宁县和中宁县分类不清，流程也不够详细。在乡镇一级政府访谈的过程中，有工作人员称有些文件直接层层下发到村里，既无法保证信息的时效性，又增加了工作成本。制度设计上的缺陷，有可能会导致财政涉农资金信息公开内容、范围缺乏科学依据，各市县规定笼统不一，严重损害了农民的知情权。如何把涉农资金用在刀刃上，完备的和可操作性强的省、市、县、乡、村一体化的财政涉农资金信息公开体系是为财政资金保驾护航的制度保障。[①]

2. 政策执行指标解读

政策执行指标主要包括财政涉农资金信息公开内容、公开方式以及回应解读的情况。

在信息公开内容指标方面，2016 年，永宁、中宁、盐池三个样本县的农机购置补贴信息公开都比较及时和公开透明，而粮食直补、良种补贴、农资综合补贴虽然也公布了一些相关政策和内容，但是更新非常不及时，很多信息仅仅停留在财政涉农资金信息公开试点工作刚刚开始的时候，后期再无更新内容，说明该试点工作在后续的监督和检查方面存在一定问题。2019 年，三个县的农机购置补贴信息方面内容都比较详细，盐池县和永宁县在种粮农民直补、良种补贴、农资综合补贴信息公开公示能够及时按照政策要求更新内容。

在低保信息公开方面，农民怨言最深，2016 年的调查显示，无论政府的门户网站，还是其他渠道，很少有明细的低保信息，相对应的农户满意度也最低。2019 年的调查显示，农村低保的政策、内容、申请程序以及咨询和投诉途径，在县级政府门户网站上均可以找到链接，盐池县和永宁县的网站低保信息内容翔实，而且根据低保的动态调整分批次公布，中宁县的低保信息公布相对滞后，但是三个县在咨询和投诉途径方面仅有一些政策性的规定，模糊不清，没有责任到人。相比三年前而言，低保信息逐渐从犹抱琵琶半面的遮掩状态向坦荡的公开状态过渡，但在执行的过程中还存在很多问题，依然有暗箱操作和优亲厚友的腐败现象。低保信息是农民能切实感受到的和自身利益息息相关的信息，信息不透明会导致农民有猜疑和埋怨的情绪，这也是连续几年低保信息农户满意度都排在最后一位的原因所在，但是数据显示，政府在公开低保信息方面的努力和进步与农户满意度的提升是成正比的，政府在信息公开政策方面的完善本身就体现了政府治理的成效。

在公共基础建设信息方面，三个县都公布了相关的政策和内容，但是信息咨询的途径相对欠缺。

在产业化信息公开方面，2016 年和 2019 年的差别不大，中宁和盐池有枸杞、滩羊等特色产业，产业扶持力度较大，信息披露也较为完整和及时。农林产业化项目的政策、内容、申请程序以及信息咨询和投诉途径都相对明确，永宁县也有产业扶持类目录，但是信息不够详尽。产业化项目的信息公开，是最能够将信息效益转化为经济效益的类别，需要以通俗易懂的方式加以解读，使农民深刻感受到信息背后潜在的经济价值，如果信息晦涩

[①] 王良. 城乡政府信息公开实施现状的比较调查研究：基于山东部分城乡的实证考察 [J] . 东岳论丛，2015（4）：134-137.

难懂，农民就会处在观望的状态，难以发挥产业化信息的实效。

在扶贫信息公开方面，2016年盐池公开得较为详细，作为贫困地区，精准扶贫工作正在如火如荼地开展，因此在扶贫信息方面公开得较好，而永宁和中宁县在扶贫信息方面的公开相对薄弱；2019年，永宁县、中宁县和盐池县都及时公布了扶贫资金信息，且内容较翔实，构建精准的信息瞄准机制是扶贫信息公开工作的关键，扶贫信息公开也需精准到人，三年来的积极探索，作为实施精准扶贫政策的一个重要环节，扶贫信息公开也逐步打开了新局面。

通过2016年和2019年对财政涉农资金信息公开试点工作的综合评价来看，多数县区都制定了具体的实施方案，但是从评估结果来看，主动公开信息数量普遍不多，范围不够宽，尤其是与农民切身利益相关的重点信息公开得仍不够全面，有些项目仅在部门网站和公示栏进行简单文件公示或由项目实施单位负责公示，公开内容粗线条、公开方式单一化、群众知晓率不高，而县乡村三级信息公开的衔接也不够，每一级信息公开的侧重点、范围、时限要求、工作配合尚不明确，一些工程建设项目、产业化扶持项目、贷款贴息项目等信息公开仅停留在县一级，没有到乡进村，无法满足农民的实际生产、生活需求，因此农民的评价较低。

在信息公开方式指标方面，2016年和2019年，三个县在试点工作中都能够利用广播电视、政府门户网站、手机短信、乡镇民生服务中心、村务公开栏等方式公开信息，然而形式的多样性必须为农民所接受才能体现价值所在，这些方式在及时性和便捷性上远未达到农户的需求。2016年调查显示，农民最需要的信息公开方式按从高到低的排序，分别是手机短信、村民代表大会、村务公开栏、政策宣讲团、村干部宣讲、村民之间互相交流、乡镇民生服务中心、互联网，但是农民接收到的手机短信更多的是通知类信息，村民代表大会也没有起到应有的作用，村务公开栏更新缓慢，村干部很少主动宣讲，这些现实导致农民对信息公开方式的评价较低。2019年调查显示，农民最需要的信息公开方式按从高到低的排序，分别是手机短信、乡镇民生服务中心、村民代表大会、村务公开栏、政策宣讲团、村干部宣讲、互联网、村民之间互相交流。和2016年相比，手机短信这种方式仍然被排在首位，乡镇民生服务中心近些年来的基层服务延伸到乡村，也使农民的认可程度相对提高，通过互联网方式获取信息的需求程度也有所提升，而村民之间互相交流这种传统的信息传递方式放在最后一位，说明农民对信息公开已经开始有了理性认知，不再拘泥于近邻传播方式。

财政涉农资金信息更多通过多门户网站公布的方式影响着农民获取信息的便捷性。在调研中，很多村都是空心村的状态，高龄老人留守较多，受限于较低的文化程度，很难从网上及时获取信息，因此在创新信息公开方式的同时仍然要保留传统媒介方式。

财政涉农资金信息公开条件的不完善，也影响着信息渠道的畅通。全区有 43 个行政村还没有通互联网，村级电脑配置等基础条件差、网络条件不稳定，农户手机号码不全，直接影响涉农资金信息及时有效公开。另外，乡村信息公开人员业务不熟练，受年龄和文化素质影响，不会使用电脑软件和互联网，这些都是影响信息渠道畅通的因素。

在回应解读指标方面，2016 年三个县的农户对到相关部门咨询所得到答复的满意程度较低，均在 30% 左右；2019 年上升到 40% 左右。

3. 社会效果指标解读

社会效果指标主要包括政府形象和农户认可度。2016 年和 2019 年在和永宁、中宁、盐池县政府相关部门的人员的实地访谈中得出一个共性认识，即信息公开试点工作在政府层面的效果还是很明显的，在一定程度上有助于提升政府工作效率，提升政府的公正性和透明性，提升财政治理水平。但是从农户的角度来看，由于存在信息不对称，对政府信息公开的透明性和公正性尚存质疑。从公众认可方面来看，包括提升农户主动获取信息的意识，满足农户知情与参与愿望以及农户认可度等三个指标。2016 年，永宁县农民获取信息意识的主动性要比中宁和盐池强一些，而在满足农户知情与参与愿望指标上，三个县农民的打分都在 30% 左右，在认可度指标上，永宁县和盐池县农民对财政涉农资金信息公开工作本身认可度在 50% 左右，中宁县农民的认可度相对低一些。2019 年，三个县的农民获取信息的主动意识都有所提高，而在满足农户知情与参与愿望指标上，永宁县和中宁县维持在 40% 左右的水平上，盐池县的指标提升比较明显，达到 63%。在认可度指标上，永宁县和中宁县农民对财政涉农资金信息公开工作本身认可度在 50% 左右，盐池县农民的认可度为 68%。从盐池县农民态度的变化来看，盐池县在财政涉农资金信息公开方面扎实的工作已经在潜移默化地改变着农民的认知。

4. 农户评价指标解读

农户评价指标主要包括农户满意度和农户信任。2016 年，三个县农户对财政涉农资金信息公开的综合满意度为 32%，2019 年的综合满意度为 46%。针对补贴信息、低保信息、产业化信息、公共设施建设信息、扶贫信息，农户都有着不同的评价，但是对低保信息公开的评价普遍是最低的。2016 年有 60% 的农户对政府比较信任，有 90% 左右的农户支持公开信息，2019 年有 65% 的农户比较信任政府，有 93% 的农户支持信息公开工作，说明农户对公开信息的诉求是非常强烈的，从信息公开问题上引申出来的是对信息公平的诉求。

5. 可持续性指标解读

可持续性指标在于财政涉农资金信息公开运行过程中有没有建立一个长效的机制，如考核机制、监督和问责机制等，2016年在调研过程中，财政涉农资金信息公开机制并不完善，自上而下的执行和自下而上的反馈过程中都存在诸多问题，因此分数都偏低。2019地调研显示，财政涉农资金信息公开机制在逐步完善，三个县都能够建立相应的考核制度和监督问责制度，财政透明度有着明显的提升。如2019年，中宁县探索建立"村廉通"机制，将监督机制工作向镇、村延伸，设立村级"廉情诊所"，借助村民的"火眼金睛"，从源头上畅通信息，使微腐败行为被扼杀在萌芽中。采取"坐、看、问、巡、会"五诊结合方式，通过群众来电、来信、来访、专项检查、抽查、暗访、问卷调查、走访、实地排查等形式，重点诊治村级组织在贯彻上级工作决策、村级事务决策、农村集体资金、资源管理等方面存在的问题，"廉情诊所"的运行在某种程度上也是财政涉农资金信息公开工作在村级层面的拓展。① 再比如，盐池县积极建立涉农资金信息公开三级审批制度，所有待发布信息须经主任初审、分管领导审查、主要负责人审阅。进一步规范基层综合服务监管网的信息管理、发布、审批更新等程序，细化信息公开工作流程、审批程序、保密管理、责任追究等制度，提高了信息公开工作的制度化、规范化和科学化管理水平。② 虽然在财政涉农资金信息公开治理机制还存在诸多问题，但几年来，各级政府都在积极探索建立财政涉农资金信息公开长效机制，不断总结经验和教训，在可持续性指标方面有着不错的成绩。

通过四年的跟踪调查，我们可以看到政府层面关于财政涉农资金信息公开的组织管理、政策执行有着很大的改观，政府在完善组织机构建设、搭建信息公开平台、丰富信息公开内容等方面作出了大量的努力，也取得了一定的成效。宁夏财政透明度在2016年跃居全国第一名，财政涉农资金信息公开方面的成绩功不可没。但是农民的评价仍普遍偏低，制度体系的不完善以及农民薄弱的民主意识和信息意识导致出现这种矛盾，政府出于统筹考虑的需要，面向社会公布了各类涉农资金信息，如涉及产业化项目、公共设施建设项目等信息通常在门户网站上公布，而农民通常关注的是和自身利益相关的信息，而且受自身文化程度限制，多数人不会上网获取信息。因此，虽说财政涉农资金信息公开试点的综合评价总体偏低，但是我们依然要客观地看待这个问题，并找出具有普遍参考价值的发展思路。

① 中宁提升"村廉通""廉情诊所"品牌影响力，宁夏文明网，http://nx.wenming.cn/2015sy/2015dfdt/dtzws/201903/t20190322_5047767.html，20190322.
② 盐池县政府办公室，盐池县完善制度加大涉农资金监管力度，宁夏回族自治区人民政府网站，http://www.nx.gov.cn/zwxx_11337/sxdt/201712/t20171226_652418.html，20171226.

第五节　本章小结

本章以宁夏财政涉农资金信息公开试点为例，以宁夏盐池县、中宁县、永宁县作为样本研究区域，通过问卷调查、典型访谈、实地勘察以及查阅相关单位政府门户网站或者单位提供的资料和数据，将自上而下的政策制定和自下而上的信息反馈相结合，从四个方面来呈现 2016 年和 2019 年宁夏财政涉农资金信息公开治理效果，即试点开展的现状和问题、农户满意度及影响因素、农户需求态势以及对试点的综合绩效评价等，探讨财政涉农资金信息公开治理的实效，调研数据来源于 2016 年和 2019 年的社会调查。宁夏作为西部少数民族地区，经济发展水平虽然相对落后，但是财政透明度自 2016 年开始有着大幅度的提升，在 31 个省市区中位居前列，此后也保持着良好的发展势头，探索建立健全、全面规范、公开透明的财政涉农资金信息公开治理机制，对保障各项支农惠农政策的落实，推动财政治理能力的提升和政府实现善治有着重要的意义。

首先，分析了宁夏财政涉农资金信息公开的现状及成效，财政涉农资金信息公开自 2015 开展试点工作以来稳步推进，在信息公开主体、平台建设、公开内容等方面都取得了一定的成效，但是在运行的过程中也存在缺乏长效机制、公开内容和方式不够完善以及农民信息意识淡薄的问题。

其次，分析了 2016 年和 2019 年财政涉农资金信息公开的农户满意度及影响因素，呈现了横向和纵向变化趋势。财政涉农资金信息公开满意度是衡量财政治理水平的重要标准，研究结果表明，2016 年农户总体满意度仅为 32%，2019 年的总体满意度提升至 46%，虽然总体水平仍较低，但是呈上升态势。为进一步探究影响满意度的因素，本章构建了有序 Probit 模型，2016 年模型的结果显示：农户是否低保、家里是否有村干部、家庭年收入状况、农户所在地区的经济发展程度以及是否接入互联网显著影响着农户对信息公开该的综合满意度，而其他因素没有显著的影响作用。2019 年模型结果和 2016 年基本一致，增加了一个明显的影响因素，即文化程度也显著影响着农户的综合满意度。

再次，分析了农户对财政涉农资金信息公开的需求态势，2016年和2019年的调查显示，农户对补贴类、扶贫类、低保类等与自身利益息息相关的信息需求度相对较高，在提供信息公开服务的时候要有一个针对农民需求的优先序，将农民迫切需求的信息放在首位。

最后，对宁夏财政涉农资金信息公开试点进行了"自上而下"和"自下而上"相结合的全方位绩效评估。第一，设计了财政涉农资金信息公开指标体系，一级指标为实施方案评价、政策执行、社会效果、农户评价以及可持续性指标；第二，利用层次分析法确定指标权重并对财政涉农资金信息公开的主动性、规范性、内容的全面性，公开方式的时效性、农户对信息的理解和接受性、农户对涉农财政政策的反应与监督积极性以及农户对财政涉农资金信息公开的满意度等方面进行全面的评价，结果显示，2016年得分永宁县为50分、中宁县为49分、盐池县为57分，2019年评价结果有所提升，永宁县为57分、中宁县为58分、盐池县为65分，并进一步对五个一级指标进行了解读和剖析。

在实际调研过程中可以看到，通常情况下，农民对省级以上级政府部门的信任度要高于对地方乡镇级政府的信任度。财政涉农资金信息公开的薄弱点往往是在县级以下政府，基层政府在执行信息公开的过程中最大的问题在于缺乏明确的标准和规范，无章可循。对财政涉农资金信息公开在不同地区的运用，既要做到统一规范，又要做到因地制宜，实现二者之间的平衡。本文对宁夏财政涉农资金信息公开的绩效评价，既有客观上的评价，也有主观上的感知。从2016年到2019年的可喜进步，可以看到财政涉农资金信息公开未来的发展空间，农民的满意度和认可度随着政府治理逐步地完善而有所提高，农民从信息素养提升到内心的认同和升华需要政府、社会付出长久的努力。以循序渐进的方式增强公众获得感，这本身就是财政治理的精髓所在，需要构建以善治为导向，且符合我国国情的财政涉农资金信息公开治理机制。

第七章

构建财政涉农资金信息公开治理机制

第一节　构建财政涉农资金信息公开治理的
普惠服务目标机制

建立涉农信息普惠服务机制，是构建财政涉农资金信息公开治理的目标机制。普惠服务机制要确保社会不同群体均能享受公共服务的福利，进一步强化信息公平，提升公众的信息素养和民主意识，加大民族贫困地区的信息扶贫力度，逐渐缩小城乡之间和区域之间的信息鸿沟，是构建财政涉农资金信息公开普惠服务机制的发展方向。

一、强化信息公平

信息公平的价值理念是财政治理的着眼点，政府信息服务均等化要求政府在公开信息的过程中，要使公众在同等成本的前提下享受信息服务，尤其是要加强农村偏远地区的信息基础设施建设的投入，缩小信息贫富的差异，积极创造条件推广网络信息技术，确保所有公众都能平等地无障碍地获取和利用政府信息。财政涉农资金信息公开的受益群体主要是农民，针对农民的文化水平现状，要消除知识歧视，通过通俗易懂的方式消除知识壁垒，减轻农民因对复杂政府公文的敬畏产生疏离感，减少沟通的障碍。推行信息公平，要有公平的制度环境，确保社会弱势群体的呼声能够通过科学的方式全面、准确地表达出来，政府的信息公开应能够达到"各取所需""所需能取"的资源优化配置状态。

政府在公开财政涉农资金信息公开的过程中，要以农民群体为主要对象，通过通俗易懂的方式来降低理解门槛，尤其对资金的情况要有言简意赅的凝练，减弱知识歧视，要强化农民主动获取信息的意识，提升吸收并充分利用信息的能力。信息能力不仅包括获取、处理、利用信息的能力，同时还包括选择、加工、传递、吸收信息的能力，能够充分将获取的信息物化为精神产品或者物质产品。推行信息服务均等化是构建公平型政府的重要保障。

二、提升公众的信息素养和民主意识

财政涉农资金信息公开治理普惠目标机制要以公众信息素养和民主意识的提升为着眼点，财政治理水平的提升的关键在于公众的参与和认可。公众拥有较高的民主意识后，必将推进财政信息公开的进程。农村基层民主监督制度的重要特征就是村务公开、政务公开，让农民享有更多的话语权和参与权，使人民当家做主的呼声变成生动的实践。农民获得感的提升需要从提高民主意识的内力上下功夫。民主意识的提升不仅能够强化政府官员摒弃"官本位"、推崇"民本位"的意识，还有效提升农民对了解财政政策及财政资金使用情况的诉求，提高参与意愿和参与能力。要充分发挥各类集经济功能、社会功能、文化功能、教育功能于一体的农民专业合作社、农民学会等农民组织的作用，使其成为强化民主监督，培养农民民主参与意识的有效场所，推动形成农民利益表达机制。

同时要培育农民的信息素养，使农民通过充分利用信息获利，要特别重视青年农民、农村种养大户、农民经纪人、农技人员的信息技术培训。针对农民文化程度较低的现状，开展各种形式的"信息扫盲"活动。积极建立农村信息合作组织，培养农民信息员，为农民提供可靠的信息，农村民主建设的过程需要农民积极参与，才能不断强化权力意识和信息意识。

民主意识和信息素养的提升不仅能够有效提升农民了解涉农资金信息，提高参与意愿和参与能力，还强化了政府官员摒弃"官本位"，推崇"民本位"的意识，财政涉农资金信息公开的推进在某种程度上也是民主意识和信息素养不断提升的进程，虽然不能一蹴而就，但是也需要付出长久的努力。

三、加大对民族贫困地区的信息扶贫力度

要构建财政涉农资金信息公开治理普惠服务机制，就要不断缩小城乡之间、经济发达地区和经济欠发达地区之间的信息鸿沟。本文以宁夏回族自治区为例，深入剖析了财政涉农资金信息公开运行的机理和实践，虽然一手调查的结论中汉族和回族对财政涉农资金信息公开的认识并没有什么差异，但是作为民族地区，其地域和发展具有一定的特殊性，对贫困地区尤其是偏远落后的少数民族地区要加大财政资金信息扶贫的力度，不仅关系着财政治理水平和国家治理现代化的进程，还关系到民族地区的发展和团结稳定。财政治理中信息的公平价值也体现在缩小区域间的差距上，财政涉农资金信息公开要和精准扶贫有机结合，摆脱"信息贫困"的困境，建立财政涉农资金信息公开的监管系统，整个过程可追溯，责任可定位，及时有效地公开信息。

民族地区的政府应在国家有关财政涉农资金信息公开相关政策的基础上推行符合本地区区情特色的政策并形成体系。中央政府要从财政上大力支持民族地区政府的信息化建设，为信息公开提供必备的硬件条件。在财政涉农资金信息公开过程中要能够体现民族地区政府的特征和多民族融合的元素，将民族平等的政治价值取向贯穿于政策执行的始终，尤其电子政府的建设要能充分呈现民族地区的区情，针对民族地区的政策信息，要关注民族团体组织或者负责人的信息反馈，确保少数民族群体的诉求可以得到回应，在强化公众监督方面，可设计灵活的监督渠道，加大少数民族代表的监督比例。

另外，民族地区的少数民族有着一定的民族认同感，通过信息扶贫能够使更多的少数民族群众将地方文化习俗同本地区经济社会发展相融合。财政涉农资金信息公开的高效透明，有助于化解公众和政府的潜在矛盾，促进民族地区社会治理的发展。财政涉农资金信息公开要充分考虑民族特性，对于少数民族聚居区的农民，要以符合当地特征的方式公布涉农资金信息，对于不懂普通话，以民族地区方言为交流工具的农民，可以推行方言版解读。在提升少数民族农民的信息素养上，可以建立基层信息服务的公益机构，无偿提供知识文化教育，提升少数民族群众的信息意识，进而提高参与能力，提升民族地区群众的获得感。

民族地区政府治理能力现代化和财政涉农资金信息公开的契合点在于，要通过现代治理理念和技术，弘扬公正公开的价值理念，积极打造高效透明政府，切实提高地方治理能力，将民族特色充分融入国家治理能力现代化的进程中，巩固了"平等、团结、互助、和谐"的民族关系理念。

第二节 构建财政涉农资金信息公开治理激励机制

财政涉农资金信息公开在动力和障碍的作用下形成的治理环境中，中央政府和地方政府之间、政府和农民之间存在着利益博弈关系，第五章中通过构建演化博弈模型，对财政涉农资金信息公开治理的演绎过程进行了分析，要通过构建财政涉农资金信息公开治理的激励机制，推动中央政府和地方政府之间、政府和农民之间形成从博弈到合作，从消耗到收益，从被动到主动的格局，在促进政府职能转变的同时，提升财政治理能力。

传统信息传递链条一般都是"中央政府—省级政府—地市级政府—县乡级政府—民众"的单向传输，信息互动较少，地方政府作为信息的控制者，有可能向公众和中央政府隐瞒有损自身利益的信息，农民作为涉农资金信息的需求者，迫切需要地方政府公开涉农资金信息，中央政府作为宏观调控者，需要维护政府声誉，维持社会稳定。要实现中央政府和地方政府之间、地方政府和农民之间的演化博弈向动态均衡方向发展，必须建立有效的激励机制，改变这种单向度信息传递链条，不断回应公众需求，各级政府之间通过多元化渠道实现信息互动和交流。

首先，推动中央政府对地方政府高效公开信息的激励。地方政府高效披露信息的成本以及因高效公开信息带来公众认可度的提升和中央政府的奖励，因低效公开信息行为受到相应处罚的成本以及形象损失，是影响地方政府信息公开策略的重要因素；而中央政府因地方政府积极施政行为所获得的政治收益以及付出的监管成本和因不监管损失的行政威慑力是影响中央政府博弈策略的重要因素。要进一步降低中央政府的监督成本，加强违规处罚力度，减少中央政府和地方政府之间利益博弈的成本。中央政府在地方政府高效公开信息、严格执行公共政策时给予的奖励越多，对地方政府低效公开信息的行为的处罚成本越大，地方政府高效公开信息的概率也就越大，当中央政府采取有效的奖惩策略，地方政府的演化策略会倾向主动高效公开信息，反之，则会增强地方政府的道德风险。地方政府要转变职能，以农民满意度和认可度作为评价工作的标准，中央政府将农民满意度作为地方政府官员晋升的考核标准，激励地方政府主动积极回应农民诉求。

中央政府要将涉农资金信息公开情况作为地方政府绩效考核的一部分，对效果好的地方政府给予政策奖励，同时鼓励省会城市政府加强对涉农资金信息公开较差的地方政府进行帮扶和监督，加大地方政府为了谋取局部利益而蓄意应付的处罚力度，提高违规成本，探索建立科学合理的奖惩机制势在必行。中央政府和地方政府在公开信息的过程中要保证信息的一致性，从信息公开内容、形式等方面，确保收集、加工、利用信息的标准一致，避免出现信息矛盾，减少成本消耗的同时，实现共赢局面。

其次，构建政府和农民之间的激励相容机制，推动政府以农民需求为导向，降低农民积极获取信息的成本，为农民提供良好的信息服务。财政部门通过公布涉农资金信息，希望用最小的成本获得最大的效益，提升农民对政府的信任感，提高公信力，而农民希望能以最小的成本获得知情权的效用价值。财政部门提供翔实、便捷的涉农资金信息，对农民个人的行为而言也是一种引导，可以将分散的个人收集信息的活动统一到一个轨道上来。个人出于利益最大化考虑的决策具有有限性，无数利己而不利于社会发展的决策必将带来顽疾。政府从全局出发公布的信息，有助于将个人决策和社会利益统一起来，减少不必要的博弈所带来的成本消耗。信息公开在某种程度上也是一种预警系统，能够有效提高公众对未知事物的认知水平。政府的被动低效公开信息行为往往是受利益驱动，在促进政府管理运营收入增加的同时，需要引入激励机制，[①]当基层政府主动公开信息的动力来源是出于公众需要，而不是为了应付上级检查，才能赢得公众的政治信任。[②]

---

① 李大芳，白庆华，陈志成. 公众网络参与与政府回应演化博弈分析 [J]. 统计与决策，2011（21）：45-47.

② 王建国，刘小萌. 善治视域下公民参与的实践逻辑 [J]. 河南师范大学学报（哲学社会科学版），2019（2）：22-29.

第三节 构建财政涉农资金信息公开治理互动机制

本书第六章中以宁夏财政涉农资金信息公开试点为例，分别于 2016 年和 2019 年对财政涉农资金信息公开治理的实施效果进行了社会调查，结果显示满意度水平呈缓慢上升趋势，体现了财政涉农资金信息公开治理的推进过程，但从总体上来看，农户满意度仍处在较低水平上，对公众满意度的评价客观上要求政府在公开财政涉农资金的过程中要树立以公众为中心的服务理念，通过构建财政涉农资金信息公开治理的互动机制，如反馈性机制、信息沟通机制以及参与机制，推动政府和公众之间的信息畅通，加强政府和公众之间的交流，进一步提升公众满意度。

一、建立反馈性机制

财政部门公布的涉农资金信息是否符合农民的利益需要，在公布的过程中是否充分吸纳了农民的呼声，是决定财政治理是否具有合理性和可行性的判断标准，而农民主动参与的前提是能够获取充分的信息，尤其是关注"取之于民，用之于民"的财政资金是否花在刀刃上。在财政涉农资金信息公开的过程中，必须切实增强政府官员的民主意识，转变传统垄断信息的"官本位"观念，建立反馈机制，及时回应农民需求，为农民提供良好的信息服务。

财政涉农资金信息公开的现实价值只有在社会与政府互动后才能得以实现，否则就成为无用功。农民的呼声比较分散和零碎，政府要对农民的呼声进行收集、归纳、整合并加以提炼升华，探寻民心所向需要深入田间地头，深谙农村乡土民情，事关村民切身利益的重大开支在公布前要举办听证会，听取农民的呼声。财政涉农资金信息公开的过程中，最容易唤起信息需求的政府信息是与"民生"密切相关的信息内容，如补贴、低保等信息，满足农民生产生活的需要，漠视农民的需求会陷入政府工作被动、农户抱怨的恶性循环中。

不管是出于为人民服务的宗旨与原则，还是实现自身价值的理性选择，政府都应充分提供能够满足利益相关者需求的信息，真正实现制度需求与制度供给之间的平衡。要实现这一目标，需要政府从多方面入手，通过问卷调查了解农民对财政涉农资金信息公开的真实想法与具体诉求，并对相关信息进行整理与分析，为信息公开该奠定相应基础，同时，借鉴国内外信息公开方面的先进经验，邀请信息公开、大数据、区块链等相关领域专家和学者，为政府财政涉农资金信息公开提出相关意见和建议，增强信息公开的科学性。

在大数据时代的背景下还要充分利用新媒体的互动功能，鼓励政府和农民进行有效沟通，了解农民对财政信息公开的关切度，也为政府的及时回应提供信息。如政府可建立专门的信息公开协调部门，这一部门的主要任务是接受公众的投诉，当公众请求政府公开信息而遭到拒绝时即可向该部门提出投诉，再次申请数据公开，该部门负责对相关情况进行调查，或者给予公众相应解释，或者责令政府进行信息公开。需要指出的，该部门需要配备与其职责相应的权威支持，因此一般由中央或者上级政府建立与进行协调。

二、建立信息沟通机制

第一，要建立中央政府和地方政府的沟通机制。基层政府作为政策执行的一线操作者，对问题更能够洞若观火，中央政府通过与地方政府进行沟通和协商，充分了解地方政府的实际状况，进而制定有的放矢的公共政策，推动地方政府作出既实现经济效益，又实现社会效益的选择，实现责、权、利的统一，而地方政府在协商过程中，也可以充分了解中央政府的考虑和利益，对维持政策的稳定发展，推进治理能力的提升有重要意义。

第二，要建立政府和农民的信息沟通机制。农民获得感的提升，需要政府和农户进行有效沟通，鼓励政府和公众进行有效沟通。为了提高公众的获得感，财政部门要通过发布公开透明的信息来回应社会的关注。通过通俗易懂的方式使公众从公布的财政数据中理解政策的执行情况，并组织专家对财政信息公开的相关政策进行由繁化简、由深入浅的解读，使没有任何专业背景知识的普通农户也能读懂政府公开的财政信息，增进公众对财政信息公开政策的理解和支持。财政涉农资金信息公开中，政府和农民之间的有效互动能够推动农民对信息的认知，提升农民对政府的信任，农民对信息价值的感知在互动中得以加强。基层信息工作者要深入了解农民的实际诉求，通过调研了解农民普遍的信息化水平和属性，仔细观察农民的情绪反应，主动询问其需求并及时把收集的反馈信息给决策者，进而不断调整工作思路和方法。邀请数据开放、数据平台、大数据、区块链等相关专家和学者，为政府信息公开提出相关意见和建议，增强信息公开的科学性。通过问卷调查了解公众对财政涉农资金信息公开的真实想法与具体诉求，并对相关信息进行整理与分析，及时反馈信息，为政府决策提供依据。

三、建立参与性机制

在财政涉农资金信息公开治理演化博弈模型中可以看出财政治理能力的改善不是靠政府单方面推进就能完成的，农民积极参与才是推动财政治理水平提高的根本动力。农民和政治权力之间是一种社会交换的博弈互动过程，政治权力掌握着农民需要的福利，但需要农民的认同，政府需要在既定前提下满足农民的合理需求，提升农民福祉，而农民的政治认同是稳定剂，农民的政治认同下降有可能会引起争取合法权益的抗争行为。民生的改善对农民群体而言，产生的政治效用在某种程度上要高于其他群体。在政府和农民的博弈中，农民始终是处在弱势地位，要使财政涉农资金信息公开达到演化博弈中政府高效公开，农民积极获取信息的双赢稳定状态，实现博弈到合作，政府在制定倾向性政策的时候对演化过程要进行合理干预，并积极引导农民参与，不断完善公共治理的演化路径，给农民相对薄弱的博弈力量增加筹码。[①]

---

① 当代中国农民政治认同研究. 中国社会科学网http://www.cssn.cn/shx/201407/t20140729_1271860_2.
shtml，2019-06-15.

第四节　构建财政涉农资金信息公开治理运行机制

一、完善正式制度和非正式制度环境

财政信息公开的过程，同时也是公共政策合法化的过程。财政信息公开制度及具体的规则共同构成了完备的财政信息公开的制度体系。建设法治型政府，要进一步细化法律法规内容，逐步完善财政信息公开制度，对财政信息公开的内容、范围、方式等作出清晰的界定，在遵守《保密法》及维护社会和谐稳定的前提下，合理界定信息公开与信息保密的界限，做到稳健适度、循序渐进，避免发生制度冲突。在制度设计的过程中，对财政信息的可靠性和准确性要有严格的要求，并通过相应的责任追究机制加以保障。将财政涉农资金信息公开绩效考核制度与政府官员的政绩考核挂钩，能够提升公共部门的责任意识和服务意识，提高政府执政效率。

立法机关以及相关部门要做好信息公开的顶层设计工作，将宏观规划与微观操作相结合，既要有目标与意义描述，又要有切实可行的精细化操作标准，从而为财政信息公开提供全面性指导，立法部门要以社会对数据需求为出发点，兼顾人民群众的数据权和隐私权，在赋予人民权利的同时规定相对应义务与责任。结合中国国情与政府实际，对信息公开的具体范围、执行主体、监督主体、权利义务等进行明确规定，保障信息公开的有效性。

从非正式制度环境的角度来看，社会发展中的理性文化为信息公开铺垫了丰厚的社会文化底蕴，需要整合社会不同主体之间的观念差异和分歧，将正式制度升华为文化认同，形成一种公开文化，使农民从思想上逐渐接受、内化信息公开制度。

财政涉农资金信息公开的制度设计是建立在完善的财政信息公开制度基础之上的，需要对财政信息公开的内容、范围、方式等作出清晰的界定，进一步细化法律法规内容，确保信息的可靠性和准确性，通过建立健全财政涉农资金信息公开的长效工作机制、协调机制、信息反馈机制、监督和问责机制，保障信息能够全面、及时、有效地公开，在提升政府效率的同时，增进农民的满意度和获得感。

二、细化财政涉农资金信息公开内容

要明确财政涉农资金信息公开的工作目标，确立基本原则，梳理明确信息公开内容、工作标准、公开主体、公开方式、公开时限等。信息公开的内容要精细化，按照类、款、项、目进行详细公布，尤其是农民比较关注的民生类信息，要具体到用途、使用单位、预期效果和最终的分配结果等。信息公开的方式要多样化，并充分考虑农民的实际需求。信息公开工作具有一定的专业性和时效性，应该改配备专门的工作人员来负责，并定期进行培训，要摆脱念文件、开大会的形式主义培训，需要通过循序渐进的观念渗透，使公开文化内化为为公众服务的态度和方式。

财政透明度的提升需要完整的信息披露，财政部门要立足建立高效型政府，逐步完善信息公开内容和公开方式，提升管理效率。信息公开的内容要具备翔实性，即信息要准确、具体且真实。财政涉农资金信息公开，每一笔开支都有相对应的用途和金额，而不是一个笼统的总额，既要详细，又要通俗易懂，以喜闻乐见的形式为公众所接受。

按照"项目覆盖到哪里、资金分配到哪里、信息公开就到哪里"的要求，各相关部门要不断完善信息公开内容，制定县乡村财政涉农资金信息公开目录，逐步将涉及本区域、本部门的所有涉农资金项目的补助标准、投资规模、实施地点、建设性质、建设内容、建设标准等全部公开，实现区县乡村从上到下全节点公开、涉农资金政策内容全范围公开、涉农资金分配发放全过程公开，能公开的要全部公开。信息公开内容要精细化，政府要把财政预算的决策、财政收入的来源与结构、支出的去向与结构公布于众，按照类、款、项、目进行详细公布，尤其是和农民利益息息相关的信息，要具体到用途、使用单位、预期效果和最终的分配结果等，确保信息内容的真实、精炼且方便农民获取。通过通俗易懂的方式使农民从公布的财政数据中理解政策的执行情况，并组织专家对财政涉农资金信息公开的相关政策进行由繁化简、由深入浅的解读，使农民能读懂政府公开的财政信息内容。

三、创新财政涉农资金信息公开方式

财政涉农资金信息公开方式的方便性和快捷性，是信息传播和推动财政透明度提升的媒介。因此，财政部门要采取便捷的途径让公众能够了解到财政涉农资金的使用情况，同时要确保信息的时效性和传播链衔接的紧凑性，以助公众及时获取所需信息。

财政信息公开要采取多元化方式，既包括传统的信息传播途径，也包括现代的"互联网＋"传播途径，要通过二者并举来为农民提供方便、快捷、高质量的信息；既要做到上墙，又要做到上心。通过通俗易懂的方式使公众从公布的财政数据中理解政策的执行情况，组织专家对财政信息公开的相关政策进行解读，使没有任何专业背景知识的普通农户也能读懂政府公开的财政资金信息。在制定政策的时候，可以适当增加普通农民代表的比例，吸取不同意见，调动农民参政议政的积极性。财政涉农资金信息公开的过程中，最容易唤起信息需求的政府信息是与"民生"密切相关的信息内容，如补贴、低保等信息，针对农民的需求，政府可以有针对性地将涉农资金信息，尤其是农民最为关注的补贴、低保、产业化信息等，浓缩为精华，印制成小册子免费发给农民。

要充分利用政府门户网站、电视、广播、报纸，手机短信、乡镇民生服务中心、政策宣讲团、村干部宣讲等形式，建立财政涉农资金信息公开的日程表，长期公开经常性工作，逐渐公开阶段性工作，及时公开涉及农民切身利益的事项。针对有些农户手机接收短信功能不足、对互联网操作不熟以及农忙季节家中只有老人和妇女儿童等实际情况，要进一步强化村级公示栏、到户通知单以及银行存折明细等公开方式，让农民通过直观的方式了解涉农补贴政策，发挥好监督的作用。针对不同群体有针对性地进行公开，对农村外出务工人员，可通过微信、短信、QQ等公开，对在家留守的老年人可通过开"现场会"的形式公开，动员群众积极参与到低保评审、工程建设、涉农项目等重要的事务中来。同时，各地要继续发挥村务公开栏作用，配套完善相关设施。充分发挥大众媒体的高效低成本的优势，结合农民的文化水平和接受习惯，提供视频和影音信息，利用电视报纸广播宣传、召开村民代表会议、法律政策超市、驻村扶贫干部入户宣讲、发放"明白纸"等补充渠道，进行信息公开。针对财政涉农资金补贴、低保、基础设施建设、农业产业化项目、扶贫信息等数据信息，可在政府门户网站上公布，并生成"二维码"，在乡镇民生服务中心、村委会予以推送，指导农户扫码查询，使信息进村入户，直达基层农户。还可以尝试建立农村信息服务站场所，更有针对性地给农民推送与自身利益息息相关的信息，使信息传递更加便捷。遇到突发状况要根据应急预案随时公开，提高财政信息公开的频率，以高效和便捷的形式为农民所知。

村委会虽然不属于国家政权组织，但是和农民的联系是最紧密的，在某种程度上来说，村委会在农民心中的地位就是"基层政府"。推行财政涉农资金信息公开，需要从村一级入手探索符合农民实际需求的信息公开模式，要形成知情和自身利益相关的信息、民主参与管理、监督投诉渠道畅通的三位一体模式，关于财政涉农资金信息要梳理成事项清单，将财政涉农补贴、低保评定、扶贫项目、基础设施建设等农民普遍关注的事项列入公开清单中，将财政涉农资金信息公开事项常态化，通过 LED 屏、宣传橱窗直观地公布信息，通过微信群，第一时间将惠民政策及涉及民生的信息公布于众，同时要接收村民的咨询和质疑。

四、强化财政涉农资金信息平台建设和人员培训

财政治理的提升离不开平台建设和专业人员，要做好财政涉农资金信息平台运行和维护、互联网接入等技术服务工作，提高农村信息化水平，将信息通过村级信息平台及时发布，长期进行公开，打通财政涉农资金信息公开"最后一公里"，充分发挥财政涉农资金信息公开平台作用，让信息直通到户。将涉农补贴资金信息及时发送到每户农民手机上，实现全区所有农户都能够及时了解和掌握自身和本队（组）补贴资金发放情况，提高农民群众的监督意识。不仅要改善硬件，不断完善信息基础设施建设，更新新媒体信息技术设备，还要优化"软件"，加强宣传，经常性地开展信息交流大会，构建信息交流的平台，农民之间互相交流彼此掌握的信息，并分享充分利用信息带来的益处，在双向交流的过程中既可以为政府制定政策提供依据，也有助于深化农民对政策信息的理解。

同时，要加强对业务部门、乡镇和行政村负责信息公开专岗人员的培训，进一步明确信息公开文件收集、登记备案、审核发布等工作流程和时限要求，学习掌握村级信息公开平台软件管理使用办法，把好手机短信信息安全关，做好农户电话号码更新等基础工作，确保涉农资金信息及时有效全面公开。针对各地实际情况，有针对性地开展培训，提高业务人员的技能，特别是乡村人员的操作电脑的水平，确保各项公开工作的顺利进行。

五、推行财政涉农资金信息公开网络化治理和协同性治理模式

在多元化社会需求的背景下，财政治理要有多元化的治理模式，为公众提供一站式的无缝隙服务，推行网络化治理，统筹上下级政府部门之间、同级政府部门之间的信息资源，实行跨部门的协作和治理，明确不同部门的职责分工，以为农民提供良好的信息服务为宗旨，密切配合，协调联动，齐抓共管，分工到部门，进而分工到人，杜绝互相推诿，良好的协同机制有助于强化不同部门的责任意识和配合意识。为有效提升部门之间协调的效率，各有关部门要建立积极有效的合作激励机制，通过多元参与主体在彼此信任的基础上进行合作，形成为公众提供信息公开服务的合力。

互联网渠道是接受农民监督、规范政府行为、促进农民和基础政府之间协同治理得最为有效的方式。从技术层面讲，财政信息公开的网络界面要构建用户友好型模式，政府门

户网站上的信息要实现不同政府层级、不同部门之间的一站式直达的链接，既要让农民便于获取和读懂信息，又要有助于专业人员利用和分析数据，同时通过大数据技术对财政涉农资金信息进行分类管理，公众可以通过网络实时提出意见和建议，进一步提高治理能力。

同时，要构建"公开－监督－互动－开放共治"的农村协同治理模式，协同性治理要求政府传统垄断性的治理理念要发生彻底的变革，在扁平化和网络化的多元治理主体协调中，实现利益的均衡和社会的稳定，要整合政府和社会各方的力量，引导公众理性、合法地表达利益诉求。

财政涉农资金信息公开要在网络化治理和协同治理的基础上实行全链条管理，充分借鉴国内外实践经验，加强生命周期的规范管理，完善财政涉农资金信息的获取、保存、处理等方面的制度，加强信息公开后的管理，在统一平台发布涉农资金信息的规范性文件，而且要根据立、改、废等情况进行动态调整，不断加强信息化和技术手段，提高治理效能，以信息公开的现代化助推国际治理体系和治理能力的现代化。

第五节　构建财政涉农资金信息公开治理评价和监督机制

本文第六章对宁夏财政涉农资金信息公开试点 2016 年和 2019 年的实际效果进行了全方位、多层次的综合绩效评价，虽然总体评价仍在较低的水平上，但是随着政策的不断完善和农户满意度认可度的提升，呈逐年递增趋势。构建财政涉农资金信息公开治理评价机制是提升财政治理能力的关键，既要建立科学有效的绩效评价机制，又要建立监督机制，推动财政涉农资金效率的提升。

一、建立绩效评价机制

打造透明政府是提升财政治理能力的体现，财政涉农资金信息公开全程都要公开透明，要推行决策公开、执行公开、管理公开、服务公开、结果公开。[①]在具体绩效评价指标的确定上，不仅要关注通过信息公开行为带来的经济增长等易于量化的指标，还要强化农民的长远福祉、满意水平及社会稳定程度等不易量化的指标。对地方政府信息公开工作的绩效考核，要有科学的指标体系，不仅要提升行政效率，还要将农民的实际满意度也纳入其中，地方政府在提高信息公开质量的基础上扩大信息公开范围，要将经济效益和社会效益有机结合起来。

财政涉农资金信息公开绩效考核机制，要与奖惩挂钩，对政府应公开而未公开、公开内容不规范等行为，及时通报，督促整改，强化责任追究制度。上级部门要定期考察对信息公开工作进展情况进行筛查与评估，并将考核结果与一把手的晋升相挂钩，增强其重视程度，把信息公开工作纳入本部门的目标责任考核体系，考核指标的设立充分考虑民众的意见，对财政涉农资金信息公开进行综合绩效考核，考核结果和政绩挂钩。在各项制度逐步完善的过程中，也可以尝试引入社会第三方评价。

---

① 唐晓阳，董娟. 建设法治政府是建设社会主义法治国家的关键 [J]. 岭南学刊，2014（6）：10-12.

通过构建绩效评价机制,把信息公开工作纳入政府的目标责任考核体系,对政府财政涉农资金信息公开的效率和效果加以评估,可以有效将财政预算编制和绩效评价相结合,在规范财政运行的同时,也推动了财政管理的现代化进程。

二、建立监督机制

财政涉农资金信息公开的责任追究制度需要靠内外部共同监督来完成,对权责关系的明确规定,进一步推动着我国财政治理体系完善的进程。[①]要提升公共部门的责任意识和服务意识,提高政府执政效率,必须将内部监督和外部监督结合起来,通过立法机关监督、内部审计部门监督、外部审计机构及社会监督相结合的方式,对信息公开的数量、质量、过程等进行事前、事中、事后的监督,看政府的收支情况是否按照法规以及预算计划来进行。

首先,要强化中央政府主导作用,加强对地方政府的监督,中央政府加强监督的强度和地方政府调整自身策略行为是成正比的,监督强度越高,地方政府越倾向于主动高效公开信息,进而充分发挥中央政府的宏观调控功能,对地方政府的目标和利益导向加以引导,形成畅通的宏观调控体系。地方政府在中央政府的引导和监督下,从被动公开信息到主动公开信息的过程,也是政府职能转变的过程。当然,地方政府如果只是着眼于中央政府的监督,会导致缺乏促进信息公开、改善公众获取信息渠道的内生动力。

其次,要强化公众监督的作用。在问卷调查的过程中,在问到"您愿意参与共同监督信息公开吗"时,大多数的农户均表示愿意参与,因此,我们需要建立多元的监督渠道,通过网络、新闻媒体、深入调研、召开座谈会,设立投诉电话、监督意见箱等方式,让农民积极地参与到监督过程中来,如可以建立村民监督委员会,以最基层的监督组织为监督主体,能够更好地起到监督作用。相关部门和机构要对信息公开的价值意义,以及财政涉农资金信息公开与公众的密切关系进行阐释,提高人民群众的主动性行为,充分发挥社会主体的监督作用,以社会力量规约政府行为,对政府的不作为和乱作为进行投诉、举报,形成全民监督。

最后,还要完善对信息公开平台的监督。信息公开平台是重要载体,通过平台监督能够了解政府日常数据开放的频率、内容、管理与维护等相关信息,对数据共享频率低、内容不符合要求、管理缺失的政府进行相应惩罚。至于监督主体,应建立中央与地方的双重监督,从而保障信息公开平台的有序运行。"权为民所赋,权为民所用",政府必须要为违背农民利益的行为所造成的后果"买单"。

---

① 郭维真,孟鸽. 财政转移支付透明度的实现以过程控制为核心 [J]. 财政监督,2018(14):5-11.

第六节　本章小结

本章探讨了财政涉农资金信息公开治理机制的构建。

第一，构建财政涉农资金信息公开治理普惠服务目标机制，将实现信息公平，缩小城乡之间、发达地区和落后地区的信息鸿沟作为发展的导向，确保社会不同群体均能享受公共服务的福利。

第二，构建财政涉农资金信息公开治理激励机制，推动中央政府和地方政府、政府和农民之间形成从博弈到合作、从消耗到收益、从被动到主动的格局，在促进政府职能转变的同时，提升财政治理能力。

第三，构建财政涉农资金信息公开治理互动机制，如反馈性机制、信息沟通机制以及参与机制，推动政府和公众之间的信息畅通，加强政府和公众的互动，进一步提升公众满意度。

第四，构建财政涉农资金信息公开治理运行机制，如完善正式制度和非正式制度环境，细化涉农资金信息公开的内容，创新公开方式，强化平台建设和人员培训，推行网络化和协同性治理模式等。

第五，构建财政涉农资金信息公开评价和监督机制，充分考虑公众意见，全方位、多层面衡量工作成效，不仅要有衡量经济效益的易量化的指标，还要有涉及农民长远福祉、满意水平、社会稳定程度等不易量化的指标，坚持内外部监督相结合，明确职责关系。

构建财政涉农资金信息公开治理机制，要在制度建设中求"全"，在公开方式上求"广"，在公开领域中求"深"，在规定动作上求"实"，在重点工作中求"细"，在工作效率上求"高"，在督查检查中求"狠"，在队伍建设上求"强"，不断完善和补齐制度短板，进一步拓宽信息公开路径。财政涉农资金信息公开对政府而言，是刀刃向内的改革，不再是边界模糊的模棱两可地带，而是边界清晰的阳光磊落地带，真正实现使权力运行在阳光下。国家治理能力的现代化需要付出多方努力，财政涉农资金信息公开只是政府实现善治道路上的冰山一角，但它是影响财政治理能力的重要因素，发挥的作用不可估量，我们要在实践的摸索中不断凝练精髓，提高推进的效率，结合目前的经济发展水平，全面考量财政体制建设、财政管理水平、公民意识觉醒等现实状况，在长远规划的基础上，分阶段有序推进。

第八章

结论与展望

第一节　研究结论

　　财政治理的核心是提升资金使用效率和财政透明度状况，财政涉农资金信息公开作为一个重要的影响因素，影响着资金的绩效水平和信息的公平价值，我国十四五规划明确提出要建立涉农资金信息普惠服务机制，财政涉农资金信息公开作为其中的重要环节也是薄弱环节，构建财政涉农资金信息公开治理机制是财政治理的着眼点，既要充分发挥政府信息公开的效能，加大绩效考核力度，实现治理的效率，又要将农民的满意度和诉求作为衡量指标，实现治理的公平。

　　本书主要研究了以下问题：通过对财政涉农资金信息公开提升财政治理的机理和模式是什么？如何形成科学合理的治理机制？如何通过财政涉农资金信息公开提升财政治理能力？如何用"接地气"的方式真正将信息公开带来的福利惠及公众，尤其是作为信息弱势群体的农民？如何在实践中总结经验教训，寻找适合我国国情的财政涉农资金信息公开的执行和运作模式？

　　第一章从文献计量学的角度，运用 CiteSpace 软件，厘清了国内外关于政府信息公开、财政信息公开、财政治理以及涉农资金信息公开等领域的研究热点，并进行了综合的述评，对国内外关于财政涉农资金信息公开的研究遵循学术研究的范式加以拓展，并随着时代的变化、政策的逐步完善延伸研究范畴。透过财政透明度、财政治理、公众满意、信息公开、治理现代化、财政监督、公众参与、网络治理等关键词节点，从理论探讨和实证检验方面对财政涉农资金信息公开的研究观点和发展趋势予以分析。结合国内外学者有关财政涉农资金信息公开方面的研究，我们需要不断拓展研究领域，将对信息公开的探讨延伸至基层，延伸至农村地区，并上升到构建财政涉农资金信息公开治理机制，提升财政治理和国家治理能力现代化的高度。

　　第二章探讨了财政涉农资金信息公开治理的理论基础。本研究涉及交叉学科的理论，新公共管理中以公众需求为导向的政府职能定位和信息经济学中的委托代理理论、激励相容理论是财政涉农资金信息公开的理论基础，从中央政府、地方政府以及农民之间的双重委托代理关系出发，推动政府做出既追求效益又秉持公平正义的行为选择。新制度主义理论是信息公开的制度支撑，制度背后蕴涵着公开理念的价值观，通过自下而上与自上而下相结合的制度变迁过程，能够推动制度需求与制度供给的平衡。力场分析和演化博弈理论是构建涉农资金信息公开机制的理论基础，信息公平理论是财政涉农资金信息公开治理的着眼点，从信息资源配置的公平、信息资源获取机会的公平、信息权力的公平以及规则公平和分配公平方面探寻信息公开的价值，以公众满意度作为测度标准。财政涉农资金信息公开治理的合法性、透明性、责任性、回应性、有效性、参与性、稳定性、廉洁性和公正性的价值取向，推动政府形成倒逼机制，改变治理理念。

第三章剖析了财政涉农资金信息公开的制度变迁和国内外经验借鉴。财政涉农资金信息公开的制度变迁伴随着政府信息公开、财政信息公开以及涉农资金信息公开的政策演变，可分为萌芽起步、探索以及发展三个阶段，自新中国成立初期开始到现在，政府信息公开和财政透明的制度规范逐渐形成和完善，制度的变迁贯穿着治理理念的导向，推动着财政治理能力的提升。国内外有关财政信息公开方面有着丰富的理论积累和实践经验，凝聚了智慧结晶，世界各国在推动财政信息公开建设方面，既有共性，也面临着一些共同的难题。我们既要立足于本国国情，也要与国际社会接轨，批判式地吸收国外先进理念，形成真正适合我国国情，有助于提升财政治理能力和国家治理现代化水平的信息公开治理机制。

第四章探讨了财政涉农资金信息公开在动力和阻力的作用下形成的力场中的发展现状以及呈现的问题。在力场的作用下，既有市场经济体制、善治导向的政治体制改革及大数据时代带来的信息化变革的外源动力，又有满足公众期望、赢得公众信任度及履行政府职责的内在驱动力；在阻力方面，既有正式制度和非正式制度的静态路径依赖的制度环境制约，又有财政涉农资金信息内容不完善、公开渠道不畅及农民信息意识缺乏等现实障碍，动力和阻力的耦合在不断失衡和匹配的过程形成信息公开治理环境，是构建财政涉农资金信息公开治理机制的基础。

第五章用演化博弈工具分析财政涉农资金信息公开，建立了中央政府和地方政府之间、政府和农民之间的演化博弈模型，对演化稳定策略进行详细剖析，并深入挖掘其内在机理，形成了从博弈到合作、从消耗到收益、从被动到主动的财政治理博弈格局，充分体现了信息公开的稳定功效、绩效功能和促进政府职能转变的功能，是构建财政涉农资金信息公开治理机制的理论基础。

第六章以宁夏财政涉农资金信息公开试点为例,研究了财政涉农资金信息公开治理的效果并进行了评价。首先,分析了宁夏近年来在财政涉农资金信息公开方面作出的努力、成效和存在的问题。其次,以宁夏永宁县、中宁县、盐池县作为研究样本区域,分别于 2016 年和 2019 年,对农户的态度和行为认知进行了问卷调查,分析了财政涉农资金信息公开的农户满意度。调查结果显示,2016 年农户满意度为 32%,2019 年农户满意度为 46%。通过不同年度农户满意度的对比,可以发现农户满意度虽然整体仍较低,但是随着政策的逐步完善和农户认知的深入,平均水平有所提升。为进一步探讨影响满意度的因素,通过构建有序 Probit 模型来进行分析,结果显示,农户是否低保、文化程度、家里是否有村干部、家庭年收入状况、农户所在地区的经济发展程度以及是否接入互联网均显著影响着农户满意度。再次,对农户的信息需求态势进行了分析。调查显示,农户对补贴类、扶贫类、低保类等与自身利益息息相关的信息需求度相对较高。最后,对宁夏财政涉农资金信息公开试点 2016 年和 2019 年的实施状况分别进行了科学有效的综合绩效评价,通过问卷调查、典型访谈、实地勘察等方式取得的第一手资料及查阅相关单位网站公布的数据,构建了财政涉农资金信息公开的指标体系,一级指标主要有实施方案评价、政策执行、社会效果、农户评价以及可持续性等。在指标权重的设置上主要采用的是层次分析法,结果显示,虽然综合评价水平仍然处于较低的水平,但是四年来总体成绩是呈缓慢上升态势的。

第七章提出要构建完善的财政涉农资金信息公开治理机制。构建财政涉农资金信息公开治理普惠服务目标机制,实现信息公平,缩小城乡和区域间的信息鸿沟是导向;构建激励机制,是推动中央政府和地方政府之间、政府和农民之间形成合作博弈格局的推动力;构建互动机制,如反馈性机制、信息沟通机制以及参与机制,是促进信息畅通、加强政府和公众的互动与交流的保证;构建运行机制,是推动信息公开高效运作的基础,构建评价和监督机制是提升信息公开实效的保障;构建财政涉农资金信息公开治理机制是本章的最终落脚点,是打造高效透明政府、提升公众获得感的必然选择。

第八章是结论与展望。

第二节 研究展望

政府在信息资源方面具有得天独厚的优势,具有潜在的经济价值和社会价值,应当充分发挥信息共享的价值,将信息优势惠及普通民众。从财政治理的角度来理解财政涉农资金信息公开,能够深挖其中的发展规律,未来的发展趋势是加快推动信息公开立法,始终将公平作为财政涉农资金信息公开的基本价值取向,并积极探索大数据治理模式。

首先,要加快推动信息公开立法,从法律的层面上来约束和规范信息公开行为,将信息公开纳入法治化轨道,要逐渐构建全国统一的信息公开平台,在涉农资金信息方面,要充分利用"互联网+"技术,适时建立全国统一的信息公开平台,实现不同地区、不同部门的信息共享和经验借鉴。财政涉农资金信息公开制度在动力和阻力抗衡中的发展态势是光明的,在各种力量的博弈中将推动信息公开逐渐常态化,公众获取或者是申请信息公开将更加理性,更加便捷,政府信息公开将更加注重精细化、高效化,政府信息公开及相关制度的立法将会以不同的方式启动。

其次,始终将公平作为财政涉农资金信息公开的基本价值取向。财政治理的基本价值取向是在提高财政资金效率的同时,注重信息公平。各级各类政府基于区域的差异、社会经济发展的差异、目标任务的差异,价值取向也具有一定的差异性,但是最核心的、共同的价值取向就是公平,不仅要实现形式上的公平,还要实现事实上的公平。而现阶段,衡量财政涉农资金信息公开公平性的主要标准就是公众满意度,公众满意度的提高是信息公开公平的体现。政府在公开信息的时候,既要保证充分公开信息,又要确保不能够侵犯国家、公民的隐私,这本身也是一种公平的体现。

再次,积极探索大数据治理模式。财政信息处在一个大数据治理时代,需要改变传统财政收支数字的思维定式,适应信息时代的大数据治理模式。以信息公开为媒介,有助于推动财政资金发挥最大的效用。打造"数字财政"和"智慧财政"是信息时代对财政治理的诉求，财政信息的披露、财政透明度的提升需要适应大数据治理时代的需求，为财政决策和财政体系的有效运转提供保障。数字政府、智慧城市是国家治理能力与治理体系现代化的重要标志，也是2035远景规划的重要内容，数字技术都是二者建立与完善的重要基础。政府财政信息公开有利于不同性质信息之间的整合利用，为现代化治理提供重要支撑。大数据作为政府治理现代化的重要途径，有助于打破信息孤岛，有效整合政府不同层级、不同部门的数据，构建一个共享的信息平台，通过大数据手段可以有效收集公众诉求，并通过技术手段加以整合分析，为政府决策提供重要的依据。既要有纵向的信息整合，在上下级政府部门之间构建统一信息平台，又要有横向的信息整合，实现信息公开跨部门的共享和政务协同合作。纵横交错的信息网推动着信息公开的网络化，有助于消除信息孤岛，打破条块分割，提高政府的财政治理能力，并不断充分发掘政府信息附加的经济价值。

最后，我国的数字化治理经历了新冠疫情的考验，推动着我国国家治理能力现代化的进程，信息公开的数字化治理需要提升准确度、精准度和效度，形成开放包容的态势，财政信息公开平台要提升在线服务能力，构建国家、省、市、乡镇、村的一体化政务公开体系，实现信息进村入户，并充分实现信息的效益价值。2021年3月，《中华人民共和国国民经济和社会发展第十四个五年规划和2035年远景目标纲要》正式发布，强调了构建数字政府和数字化治理的重要作用，尤其对建设数字乡村，构建面向农业农村的综合信息服务体系，建立涉农资金信息普惠服务机制有着明确的要求和展望，倡导营造开放、健康、安全的数字生态。

财政资金信息公开集业务性和技术性于一体，信息的披露需要构建"制度＋技术"的治理体系，充分发挥财政治理在国家治理中的支柱作用。财政资金从预算到拨付再到使用，对资金的使用绩效要实行全流程管理，财政透明度、信息公开等手段增强了财政政策宏观调控的能力，使财政管理系统透明地、科学地、高效地运转。财政涉农资金信息公开不是简单的施政方法，应该把它作为现代公共治理的战略层面，从公开制度、操作流程、责任追究等方面全面完善信息公开制度，倒逼政府转型。实现财政涉农资金信息公开本身并不是目的，提升公众满意度才是政府工作的归依，公众的幸福感、获得感来源于具体福祉的落实，来源于能够公平地共享信息公开所带来的红利。在数字化背景下，应该积极探索信息公开的新模式，依据公众需求确定优先次序，进一步拓展和农民实现有效沟通的渠道，使信息公开的改革不但有力度，而且更加有温度。

构建财政涉农资金信息公开治理机制，需要将政府自上而下的政策逻辑和农民自下而上的乡土逻辑相结合，既需要政府的改革魄力，又需要培育农民的"公民自觉"意识，在耦合力的作用下，推动政府进一步提高财政透明度，提升财政治理能力，将服务公众的意识根植于心，推动乡村发展走向善治之路，对于信息公开是否会侵犯到个人隐私或者侵害到特定群体的权益，还有待进一步探讨。

参考文献

［1］石国亮. 国外政府信息公开探索与借鉴［M］. 北京：言实出版社，2011：5.

［2］刘飞宇，王丛虎. 多维视角下的行政信息公开研究［M］. 北京：中国人民大学出版社，2005.

［3］刘恒. 政府信息公开制度［M］. 北京：中国社会科学出版社，2004.

［4］贺邦靖. 中国财政监督制度［M］. 北京：经济科学出版社，2008.

［5］蒋洪，等. 公共财政决策与监督制度研究［M］. 北京：中国财政经济出版社，2008：56-58

［6］颜海. 政府信息公开理论与实践［M］. 武汉：武汉出版社，2008：13.

［7］田秀娟. 全面法治视角下政府信息公开研究［M］. 武汉：武汉大学出版社，2014：9.

［8］十三大以来重要文献选编：上［C］. 人民出版社，1991：55.

［9］十四大以来重要文献选编：上［C］. 人民出版社，1995：39.

［10］十五大以来重要文献选编：上［C］. 人民出版社，2000：45.

财政涉农资金信息公开治理机制研究

附 录

附录一：宁夏财政涉农资金信息公开综合评价表

2016年永宁县、中宁县、盐池县财政涉农资金信息公开综合评价

一级指标	二级指标	三级指标	四级指标	指标解释	永宁县 评价得分	永宁县 加权得分	中宁县 评价得分	中宁县 加权得分	盐池县 评价得分	盐池县 加权得分
实施方案（权重15.46%）	组织管理（权重11.73%）	财政涉农资金信息公开机构的设立（权重1.955%）		三个县均设立了信息公开机构，但不够完善	3	0.05865	3	0.05865	3	0.05865
		财政涉农资金信息公开人员配备（权重1.955%）		三个县均由兼职人员从事财政涉农资金信息公开工作	3	0.05865	3	0.05865	3	0.05865
		财政涉农资金信息公开资金投入（权重1.955%）		均设有专项资金投入	5	0.0735	5	0.0735	5	0.0735
		财政涉农资金信息公开范围（权重1.955%）		永宁县和中宁县的各项信息在县、乡、村哪个层面公开不是很明确，盐池县较明确	3	0.05865	3	0.05865	4	0.0782
		财政涉农资金信息公开平台建设（权重1.955%）		永宁县、中宁县的政府门户网站均均设有财政涉农资金信息公开版块，但是不够详细，盐池县的政府门户网站设置了专门的版块，且很详细	3	0.05865	3	0.05865	5	0.09775
		监督管理（权重1.955%）		在试点工作中都设立了监督部门，但是监督力度均一般	3	0.05865	3	0.05865	3	0.05865

续表

一级指标	二级指标	三级指标	四级指标	指标解释	永宁县 评价得分	永宁县 加权得分	中宁县 评价得分	中宁县 加权得分	盐池县 评价得分	盐池县 加权得分
	规范性文件（权重3.91%）	财政涉农资金信息公开指南和目录（权重1.955%）		永宁县有信息公开指南和目录，详细程度一般，中宁县的较详细，不是很详细，盐池县的较详细	3	0.05865	2	0.0391	5	0.09775
		业务流程（权重1.955%）		永宁县和盐池县的政府门户网站上办事业务流程均不详细，中宁县缺乏相关办事流程	2	0.0391	1	0.01955	2	0.0391
政策执行（权重44.63%）	财政涉农资金信息公开内容（权重29.4%）		种粮农民直接补贴政策、内容、申请程序及投诉路径（权重1.47%）	永宁县和盐池县政府门户网站政策和内容详细，公布到农户，但是更新不够及时，中宁县的政府门户网站缺乏相关信息	3	0.0441	1	0.0147	3	0.0441
			良种补贴政策、内容、申请程序及投诉路径（权重1.47%）	永宁县的政府门户网站内容详尽，但缺乏2016年良种补贴信息，中宁县的良种补贴信息陈旧，盐池县的良种补贴内容详尽、全面，但更新较慢	3	0.0441	2	0.0294	3	0.0441
			农资综合补贴政策、内容、申请程序及投诉路径（权重1.47%）	永宁县和盐池县的农资补贴信息，息更新不够及时，但更新不够及时，中宁县的政府门户网站农资补贴信息不够详尽	3	0.0441	1	0.0147	3	0.0441
			农机具购置补贴政策、内容、申请程序及投诉路径（权重1.47%）	三个县的农机具购置补贴政策清楚，内容详尽，发布及时	5	0.0735	5	0.0735	5	0.0735

续表

一级指标	二级指标	三级指标	四级指标	指标解释	永宁县 评价得分	永宁县 加权得分	中宁县 评价得分	中宁县 加权得分	盐池县 评价得分	盐池县 加权得分
		低保信息（权重5.88%）	农村最低生活保障信息政策、内容（权重1.96%）	永宁县的门户网站上仅公布了2015年9月份的低保信息，中宁县的门户网站上缺乏低保相关信息，盐池县的低保信息不够详细	2	0.0392	1	0.0196	2	0.0392
			农村最低生活保障信息申请程序（权重1.96%）	三个县都有申请程序，但不够明确	2	0.0392	2	0.0392	2	0.0392
			农村最低生活保障信息咨询和投诉途径（权重1.96%）	三个县都有信息咨询和投诉途径，但不够明确	2	0.0392	2	0.0392	2	0.0392
		公共设施建设信息（权重5.88%）	农业公共设施建设信息政策、内容（权重1.96%）	三个县的门户网站都公布了相关政策和内容，但是更新及时性一般	3	0.0588	3	0.0588	3	0.0588
			农业公共设施建设范围（权重1.96%）	有范围界定，但都不是很明确	2	0.0392	2	0.0392	2	0.0392
			农业公共设施建设信息咨询途径（权重1.96%）	永宁县和中宁县缺乏此类信息的咨询途径，盐池县公布不得够明确	1	0.0196	1	0.0196	2	0.0392

续表

一级指标	二级指标	三级指标	四级指标	指标解释	永宁县 评价得分	永宁县 加权得分	中宁县 评价得分	中宁县 加权得分	盐池县 评价得分	盐池县 加权得分
		产业化项目信息（权重5.88%）	农林产业化项目信息政策、内容（权重1.96%）	永宁县公布了产业扶持类项目政策，但内容不太详细，发布不够及时，中宁县和盐池县的产业化扶持类项目比较详细，公布较及时	2	0.0392	4	0.0784	4	0.0784
			农林产业化项目信息申请程序（权重1.96%）	永宁县缺乏具体的申请程序，中宁县和盐池县的申请程序较详细	1	0.0196	4	0.0784	4	0.0784
			农林产业化项目信息咨询和投诉途径（权重1.96%）	永宁县咨询和投诉途径不明确，中宁县和盐池县的较为明确	1	0.0196	4	0.0784	4	0.0784
		扶贫资金信息（权重5.88%）	扶贫资金信息的政策、内容（权重1.96%）	永宁县有扶贫开发类项目的信息，内容较详细，但是不够及时信息，盐池扶贫开发类项目的相关信息和目录内容很详细，发布及时	4	0.0784	3	0.0588	5	0.098
			扶贫资金信息的申请程序（权重1.96%）	三个县均有申请程序，但不够明确	3	0.0588	3	0.0588	3	0.0588
			扶贫资金信息的咨询和投诉途径（权重1.96%）	三个县的信息咨询和投诉途径均不够明确	2	0.0392	2	0.0392	2	0.0392

续表

一级指标	二级指标	三级指标	四级指标	指标解释	永宁县 评价得分	永宁县 加权得分	中宁县 评价得分	中宁县 加权得分	盐池县 评价得分	盐池县 加权得分
	财政涉农资金信息公开方式（权重11.73%）	财政涉农资金信息公开方式的种类（权重2.932%）		根据在财政厅获得的官方文件以及在乡镇实地调研的过程中，政府普遍都能够通过手机短信、互联网、乡镇民生服务中心、村务公开栏、村干部宣讲等方式公开信息	4	0.08796	4	0.08796	4	0.08796
		财政涉农资金信息公开方式的丰富程度（权重2.932%）		公开方式从形式上来看较为丰富，能够按照试点工作要求，积极搭建公开平台，但是农民能接收到的信息仍然很有限	3	0.08796	3	0.08796	3	0.08796
		财政涉农资金信息公开渠道的及时程度（权重2.932%）		门户网站上更新较慢，村务公开栏公开信息不够及时，盐池相对其他两个县稍好一些	2	0.05864	2	0.05864	3	0.08796
		财政涉农资金信息公开方式的便捷程度（权重2.932%）		采用的信息公开方式没有充分接收到，农户并	2	0.05864	2	0.05864	2	0.05864
	回应解读情况（权重3.5%）	回复情况（权重3.5%）		通过农户问卷调查，永宁县、中宁县、盐池县的农户对咨询的答复满意度，分别为34%、38%、40%	2	0.07	2	0.07	2	0.07

续表

一级指标	二级指标	三级指标	四级指标	指标解释	永宁县 评价得分	永宁县 加权得分	中宁县 评价得分	中宁县 加权得分	盐池县 评价得分	盐池县 加权得分
社会效果（权重17.22%)	政府形象（权重8.61%)	管理效率（权重2.87%)		通过和三个县的政府部门访谈，认为信息公开能够在一定程度上提高政府管理的工作效率	4	0.1148	4	0.1148	4	0.1148
		公正性（权重2.87%)		通过三个县政府部门和农户访谈，认为信息公开能够有效提高政府公正性，但是农户对公正性的认可度不高	3	0.0861	3	0.0861	3	0.0861
		透明性（权重2.87%)		通过和三个县政府部门访谈，认为信息公开能够有助于提高政府信息工作的透明度，但是农户对透明性的认可度不高	3	0.0861	3	0.0861	3	0.0861
	公众认可（权重8.61%)	提升农户主动获取信息意识（权重2.87%)		通过问卷调查，永宁县有66%的农户主动到相关部门咨询过相关信息，中宁县有28%的农户主动到相关部门咨询过相关信息，盐池县有41%的农户主动到相关部门咨询过相关信息	3	0.0861	2	0.0574	2	0.0574
		满足农户知情和参与愿望（权重2.87%)		通过问卷调查，永宁县有32%的农户认为自己所接受的信息能够满足自己的知情愿望，中宁县有21%的农户认为自己所接受的信息能够满足自己的知情愿望，盐池县有36%的农户认为自己所接受的信息能够满足自己的知情愿望	2	0.0574	1	0.0287	2	0.0574

续表

一级指标	二级指标	三级指标	四级指标	指标解释	永宁县		中宁县		盐池县	
					评价得分	加权得分	评价得分	加权得分	评价得分	加权得分
农户评价（权重17.22%）	农户满意度（权重12.90%）	农户认可度（2.87%）		永宁县有48%的农户、中宁县有34%的农户对财政涉农资金信息公开较认可，盐池县有51%的农户对财政涉农资金信息公开较认可	3	0.0574	2	0.0574	3	0.0861
		农户对补贴信息公开的满意度（权重2.58%）		永宁县农户满意度为39% 中宁县农户满意度为34% 盐池县农户满意度为43%	2	0.0516	2	0.0516	2	0.0516
		农户对低保信息公开的满意度（权重2.58%）		永宁县农户满意度为26% 中宁县农户满意度为19% 盐池县农户满意度为28%	2	0.0516	1	0.0258	2	0.0516
		农户对产业化项目信息公开的满意度（权重2.58%）		永宁县农户满意度为32% 中宁县农户满意度为36% 盐池县农户满意度为43%	2	0.0516	2	0.0516	2	0.0516
		农户对公共设施建设满意度（权重2.58%）		永宁县农户满意度为33% 中宁县农户满意度为28% 盐池县农户满意度为37%	2	0.0516	2	0.0516	2	0.0516
		农户对扶贫信息公开的满意度（权重2.58%）		永宁县农户满意度为27% 中宁县农户满意度为34% 盐池县农户满意度为32%	2	0.0516	2	0.0516	2	0.0516

续表

一级指标	二级指标	三级指标	四级指标	指标解释	永宁县 评价得分	永宁县 加权得分	中宁县 评价得分	中宁县 加权得分	盐池县 评价得分	盐池县 加权得分
	农户信任（4.32%)	信任政府（权重2.16%)		永宁县有58%的农户表示对政府较为信任，中宁县有53%的农户表示对政府较为信任，盐池县有68%的农户表示对政府较为信任	3	0.0648	3	0.0648	3	0.0648
		支持信息公开（权重2.16%)		永宁县有91%的农户支持公开信息，中宁县有93%的农户支持公开信息，盐池县有89%的农户支持公开信息	4	0.0864	4	0.0864	4	0.0864
可持续性（权重5.29%)	建立长效财政涉农资金信息公开长效机制（权重5.29%)	建立财政涉农资金信息公开考核制度（权重2.645%)		三个县的财政涉农资金信息公开考核制度，均不够完善	2	0.0529	2	0.0529	2	0.0529
		建立财政涉农资金信息公开监督与问责等制度（权重2.645%)		三个县的财政涉农资金信息公开监督和问责等制度，均不够完善	2	0.0529	2	0.0529	2	0.0529

2016年财政涉农资金信用公开绩效评价加权总分：
永宁县2.51155（换算成百分制50分），中宁县2.43335（换算成百分制49分），盐池县2.83462（换算成百分制57分）

2019年永宁县、中宁县、盐池县财政涉农资金信息公开综合评价

一级指标	二级指标	三级指标	四级指标	指标解释	永宁县 评价得分	永宁县 加权得分	中宁县 评价得分	中宁县 加权得分	盐池县 评价得分	盐池县 加权得分
实施方案（权重5.46%）	组织管理（权重11.73%）	财政涉农资金信息公开机构的设立（权重1.955%）		三个县均设立了信息公开机构，但有待完善	3	0.05865	3	0.05865	3	0.05865
		财政涉农资金信息公开人员配备（权重1.955%）		三个县均由兼职人员从事财政涉农资金信息公开工作	3	0.05865	3	0.05865	3	0.05865
		财政涉农资金信息公开资金投入（权重1.955%）		三个县均设有专项资金投入，且投入力度较2016年有所增加	5	0.0782	5	0.0782	5	0.0782
		财政涉农资金信息公开范围（权重1.955%）		永宁县和中宁县各项信息在县、乡、村哪个层面公开相对较明确，盐池县最为明确	4	0.0782	4	0.0782	5	0.0782
		财政涉农资金信息公开平台建设（权重1.955%）		三个县的政府门户网站均设有财政涉农资金信息公开版块，永宁县的平台分类较细，中宁县的政府门户网站平台分类最明晰，盐池县的政府门户网站平台分类一般	3	0.05865	4	0.0782	5	0.09775
		监督管理（权重1.955%）		三个县在财政涉农资金信息公开工作中都设立了监督部门，但是监督力度均一般	3	0.05865	3	0.05865	3	0.05865

续表

一级指标	二级指标	三级指标	四级指标	指标解释	永宁县 评价得分	永宁县 加权得分	中宁县 评价得分	中宁县 加权得分	盐池县 评价得分	盐池县 加权得分
政策执行（权重44.63%）	规范性文件（权重3.91%）	财政涉农资金信息公开指南和目录（权重1.955%）		永年县缺少乡镇一级的信息公开指南和目录，中宁县公布得比较详细，盐池县公布得不够详细	2	0.0391	2	0.05865	5	0.09775
		业务流程（权重1.955%）		三个县的办事流程都有相关指南，但是永宁县分类不清，中宁县业务流程不详细，盐池县办事流程相对详细	2	0.0391	2	0.0391	4	0.0782
	财政涉农资金信息公开内容（权重29.4%）	补贴信息（权重5.88%）	种粮农民直接补贴政策、内容、申请程序及投诉路径（权重1.47%）	永宁县的政府门户网政策和内容详细、公布到农户，盐池县的信息公布详细、及时，中宁县的门户网站缺少种粮直补相关信息	3	0.0441	1	0.0147	4	0.0588
			良种补贴政策、内容、申请程序及投诉路径（权重1.47%）	永宁县的政府门户网良种补贴政策、内容详尽，县的良种基本全，但是更新不及时，中宁县的良种信息内容不及时、盐池县的良种信息内容不全、全面，但更新较慢	3	0.0441	2	0.0294	3	0.0441
			农资综合补贴政策，内容，申请程序及投诉路径（权重1.47%）	永宁县和盐池县的农资补贴信息，内容详细，但更新较慢，中宁县的门户网站农资补贴信息不够详尽	3	0.0441	2	0.0147	3	0.0441
			农机具购置补贴政策，内容，申请程序及投诉路径（权重1.47%）	三个县的农机具购置补贴政策，内容比较清楚，内容详尽，发布较及时	5	0.0735	5	0.0735	5	0.0735

续表

一级指标	二级指标	三级指标	四级指标	指标解释	永宁县 评价得分	永宁县 加权得分	中宁县 评价得分	中宁县 加权得分	盐池县 评价得分	盐池县 加权得分
		低保信息（权重5.88%）	农村最低生活保障信息政策、内容（权重1.96%）	盐池县和永宁县的门户网站均公布了低保信息，按照不同批次公布，有动态调整，内容详细，也比较及时，中宁县的门户网站上公布得较少，信息不够详细	4	0.0784	2	0.0196	4	0.0392
			农村最低生活保障信息申请程序（权重1.96%）	盐池县有相关规程，申请程序相对明确，中宁县的相关规定里有具体程序，但是时间比较陈旧，永宁县申请程序不太明确	2	0.0392	3	0.0588	5	0.098
			农村最低生活保障信息咨询和投诉途径（权重1.96%）	盐池县的相关投诉途径，但是不够明确，永宁县和中宁县的信息咨询和投诉的途径不是很明确	2	0.0392	2	0.0392	3	0.0588
		公共设施建设信息（权重5.88%）	农业公共设施建设信息政策、内容（权重1.96%）	三个县的门户网站都公布了相关政策和内容，但更新慢	3	0.0588	3	0.0588	3	0.0588
			农业公共设施建设范围（权重1.96%）	三个县都有范围界定，相对较明确	4	0.0392	4	0.0588	4	0.0588
			农业公共设施建设信息咨询途径（权重1.96%）	永宁县和中宁县均缺乏此类信息的咨询途径，盐池县有公布但是不够明确	1	0.0196	1	0.0196	2	0.0392
		产业化项目信息（权重5.88%）	农林产业化项目信息政策、内容（权重1.96%）	中宁县和盐池县的产业化扶持类项目比较详细、公布及时，永宁县公布了产业化扶持类项目目录，但内容不太详细	2	0.0392	4	0.0784	4	0.0784
			农林产业化项目信息申请程序（权重1.96%）	永宁县缺乏具体的申请程序，中宁县和盐池县的申请程序较详细	1	0.0196	4	0.0784	4	0.0784
			农林产业化项目信息咨询和投诉途径（权重1.96%）	永宁县的咨询途径不够明确，中宁县和盐池县的较为明确	1	0.0196	4	0.0784	4	0.0784

续表

一级指标	二级指标	三级指标	四级指标	指标解释	永宁县 评价得分	永宁县 加权得分	中宁县 评价得分	中宁县 加权得分	盐池县 评价得分	盐池县 加权得分
		扶贫资金信息（权重5.88%）	扶贫资金信息的政策、内容（权重1.96%）	永宁县和中宁县均有扶贫开发类项目的信息，内容较详细，盐池县的扶贫开发类项目的相关信息和目录内容很详细，发布及时	4	0.0784	4	0.0784	5	0.098
			扶贫资金信息的申请程序（权重1.96%）	三个县的申请程序较为明确	4	0.0588	4	0.0588	4	0.0588
			扶贫资金信息的咨询和投诉途径（权重1.96%）	三个县都设有信息咨询和投诉的途径，但不够明确	3	0.0588	3	0.0588	3	0.0588
	财政涉农资金信息公开方式（权重11.73%）	财政涉农资金信息公开方式的种类（权重2.932%）		根据在政府相关部门获取的官方文件以及在各县、乡、镇实地的调研，三个县都能够通过手机信息、互联网、乡镇民生服务中心、村务公开栏、村干部宣讲等方式公开信息，中宁县积极探索的"村廉通"方式效果明显。	4	0.1173	5	0.1466	4	0.1173
		财政涉农资金信息公开方式的丰富程度（权重2.932%）		三个县的公开方式从形式上来看较为丰富，能够按照试点工作要求，积极搭建公开平台，但是农民能接收到的方式很有限	3	0.08796	3	0.08796	3	0.08796
		财政涉农资金信息公开渠道的及时程度（权重2.932%）		三个县的政府门户网站上涉农资金信息更新的频率较2016年有所提升，但永宁县和中宁县在信息公开的及时性上仍有欠缺，盐池县相对较好	3	0.08796	3	0.08796	4	0.1173
		财政涉农资金信息公开方式的便捷程度（权重2.932%）		三个县采取的公开方式相对便捷，有些县用互联网和利用程度较低，但是农户仍没有充分接收到信息	3	0.08796	3	0.08796	3	0.08796

续表

一级指标	二级指标	三级指标	四级指标	指标解释	永宁县 评价得分	永宁县 加权得分	中宁县 评价得分	中宁县 加权得分	盐池县 评价得分	盐池县 加权得分
	回应解读情况（权重3.5%）	回复情况（权重3.5%）		通过农户问卷调查，永宁县、中宁县、盐池县农户对咨询的答复满意度，分别为46%、49%、52%	2	0.07	2	0.07	2	0.07
		管理效率（权重2.87%）		通过和三个县的政府部门进行访谈，认为信息公开能够在一定程度上提高政府管理的工作效率	4	0.1148	4	0.1148	4	0.1148
	政府形象（权重8.61%）	公正性（权重2.87%）		通过和三个县的政府部门，农户进行访谈，认为信息公开能够有效提高政府对公正性的认可度较低	3	0.0861	3	0.0861	3	0.0861
		透明性（权重2.87%）		通过和三个县的政府部门进行访谈，认为信息公开能够有助于提高政府工作的透明度，但是农户对透明性的认可较低	3	0.0861	3	0.0861	3	0.0861
社会效果（权重17.22%）	公众认可（权重8.61%）	提升农户主动获取信息意识（权重2.87%）		通过问卷调查，永宁县有71%的农户主动咨询到相关信息，中宁县有42%的农户主动咨询到相关信息，盐池县有58%的农户主动咨询过相关信息	4	0.0861	3	0.0574	3	0.0574
		满足农户知情和参与愿望（权重2.87%）		通过问卷调查，永宁县有45%的农户认为所接受的信息能够满足自己的知情愿望，中宁县有38%的农户认为所接受的信息能够满足自己的知情愿望，盐池县有61%的农户认为所接受的信息能够满足自己的知情愿望	2	0.0574	2	0.0574	3	0.0861

续表

一级指标	二级指标	三级指标	四级指标	指标解释	永宁县 评价得分	永宁县 加权得分	中宁县 评价得分	中宁县 加权得分	盐池县 评价得分	盐池县 加权得分
农户评价（权重17.22%）	农户满意度（权重12.90%）	农户认可度（权重2.87%）		永年县有57%的农户对财政涉农资金信息公开较认可，中宁县有49%的农户对财政涉农资金信息公开较认可，盐池县有68%的农户对财政涉农资金信息公开较认可	2	0.0574	2	0.0574	3	0.0861
		农户对补贴信息公开的满意度（权重2.58%）		永宁县农户满意度为49%中宁县农户满意度为48%盐池县农户满意度为63%	2	0.0516	2	0.0516	3	0.0516
		农户对低保信息公开的满意度（权重2.58%）		永宁县农户满意度为38%中宁县农户满意度为36%盐池县农户满意度为46%	2	0.0516	2	0.0516	2	0.0516
		农户对产业化项目信息公开的满意度（权重2.58%）		永宁县农户满意度为41%中宁县农户满意度为46%盐池县农户满意度为53%	2	0.0516	2	0.0516	2	0.0516
		农户对公共设施建设的满意度（权重2.58%）		永宁县农户满意度为48%中宁县农户满意度为46%盐池县农户满意度为51%	2	0.0516	2	0.0516	2	0.0516
		农户对扶贫信息公开的满意度（权重2.58%）		永宁县农户满意度为41%中宁县农户满意度为46%盐池县农户满意度为49%	2	0.0516	2	0.0516	2	0.0516

续表

一级指标	二级指标	三级指标	四级指标	指标解释	永宁县 评价得分	永宁县 加权得分	中宁县 评价得分	中宁县 加权得分	盐池县 评价得分	盐池县 加权得分
	农户信任（权重4.32%）	信任政府（权重2.16%）		永宁县有63%的农户表示对政府较为信任，中宁县有60%的农户表示对政府较为信任，盐池县有71%农户表示对政府较为信任	3	0.0648	3	0.0648	3	0.0648
		支持信息公开（权重2.16%）		永宁县有93%的农户支持公开信息，中宁县有92%的农户支持公开信息，盐池县有94%的农户支持公开信息	5	0.108	5	0.108	5	0.108
可持续性（权重5.29%）	建立长效财政涉农资金公开长效机制（权重5.29%）	建立财政涉农资金考核制度（权重2.645%）		三个县均完善了财政涉农资金信息公开考核制度	4	0.1058	4	0.1058	4	0.1058
		建立财政涉农资金信息公开监督与责同配套制度（权重2.645%）		三个县均有财政涉农资金信息公开监督和问责制度	4	0.1058	4	0.1058	4	0.1058

2019 年财政涉农资金信息公开绩效评价加权总分：
永宁县 2.80528（换算成百分制 57 分），中宁县 2.90868（换算成百分制 58 分），盐池县 3.26967（换算成百分制 65 分）

附录二：宁夏财政涉农资金信息公开调查问卷

1. 由调查员填写	2. 由小组组长填写：
请在访问开始前填写。 　　0.1－调查员姓名：|__|__|__| 　　0.2－日期：|__|__|/|__|__|/ 2016 　　0.3－县名称 _____ 代码：|__|__| 　　0.4－乡名称 _____ 代码：|__|__| 　　0.5－村名称 _____ 代码：|__|__| 　　0.6－农户代码：|__|__| 　　0.7－受访者姓名：　性别：　民族： 　　年龄： 　　电　话：　受访者代码：|__|__|	0.8－问卷编码： 　|__|__|__|__|__|__|__| |__|__|__| 　　　村代码　　　 ＋农户代码 　　0.9－日期：|__|__|/|__|__|/ 2016 　　0.10－小组组长代码：|__|__|__|
	3. 由数据录入员填写
请调查员向受访者阅读以下知情同意书： 　　您好，我们是宁夏大学的科研团队，受自治区财政厅委托，正在贵村进行财政涉农资金信息公开方面的调查，本调查只用做科学研究，不对外公开，我们会对您的回答保密，请您不要有任何顾虑，您可以在访谈过程中随时提出您的问题。 我现在可以开始访问吗　□可以　□不可以 调查员签字：	0.11－　　　日期：|__|__|/|__|__|/ 2016 　　0.12－ _____ 　　　　　　数据录入员名字 　备注： 　数据录入员签字：

一、村庄基本情况		选项	答案项
A1 您村距离县城有多远（千米）			
A2 最近的公交车站距离您家有多远（千米）			
A3 本地人均月收入水平是多少			
A4 您所在的村开通了互联网吗		1＝是 0＝否	

二、农户家庭基本情

B1		现在您家里有几口人（父母和子女分开另过的，不算一家人）								
B2		家庭基本情况（填写 16 岁以上家庭成员信息）								
	家庭成员代码	家庭成员	性别	年龄	民族	婚姻状况	职业	最高受教育程度	是否低保	是否参与养老保险
	01									
	02									
	03									
	04									
		家庭成员：1＝户主 2＝户主配偶 3＝子女 4＝（外）孙子（女） 5＝父母 6＝儿媳妇 7＝其他，请说明 _____ 性　别：1＝男 0＝女 婚姻状况：1＝已婚 2＝未婚 3＝离婚 4＝丧偶 职　业:1.务农；2.务工人员；3.个体户；4.国家机关事业单位人员；5.离退休人员；6.学生；7.其他 ____ 受教育程度：1.小学及以下；2.初中;3.高中（职高、中专）；4.大学本科（大专）；5.硕士及以上 是否问题：1＝是 0＝否									
B3		您家除了以上家庭成员外是否有村（乡）干部等公职人员的本家、亲戚？						1＝是 0＝否		

三、家庭收入及财产情况

C1 您家庭的年收入总共是多少（包括种植收入、养殖畜牧业收入、打工收入、个体经营收入、房屋和汽车等租金收入及各类补助等）	1＝1 万以下 2＝1—3 万 3＝3—5 万 4＝5—8 万 5＝8 万以上	
C2 家庭财产情况		
C21 您家房子总价值多少钱	C27 您家有手机吗（1＝有，0＝没有）	
C22 您家有汽车吗（轿车、卡车、面包车）吗（1＝有，0＝没有）	C28 您家有摩托车吗（1＝有，0＝没有）	
C23 您家有农用车（拖拉机、播种机）吗（1＝有，0＝没有）	C29 您家有电动车吗（1＝有，0＝没有）	
C24 您家有电视吗（1＝有，0＝没有）	C30 您家有空调吗（1＝有，0＝没有）	
C25 您家有电脑吗（1＝有，0＝没有）	C31 您家有洗衣机吗（1＝有，0＝没有）	

C26 您家电脑开通网络了吗（1= 有，0= 没有）		C32 您家有组合音响吗（1= 有，0= 没有）	
四、补贴信息			
D1 您家里的补贴是不是都打在一卡通或者存折里面		1= 是 0= 否 2= 不知道	
D2 您知道一卡通或存折里面都有哪些补贴吗		1= 知道（请说明)_____ 0= 不知道	
D3 您知道各种补贴的标准吗		1= 种粮农民直补 （元） 2= 良种补贴 （元） 3= 农资综合补贴 （元） 4= 农机具购置补贴 （元） 0= 不知道	
D4 您是通过什么方式知道补贴信息的(可多选)		1= 互联网 2= 广播、电视、报纸 3= 手机短信 4= 乡镇服务中心电子屏及公示栏 5= 政策宣传册、口袋书 6= 政策宣讲团 7= 村务公开栏 8= 村干部宣讲 9= 村民之间互相交流 10= 村民代表大会 11= 其他	
D5 您觉得用这种方式获得补贴类信息方便吗		请根据满意程度在 1—10 之间打分，不满意打 1 分，非常满意打 10 分	
D6 您认为您所获得的补贴信息及时吗		同上	
D7 您能理解补贴信息的内容吗		同上	
D8 您觉得获得补贴信息的渠道丰富吗		同上	
D9 您认为您所获得的补贴信息内容详细吗		同上	
D10 您认为您所获得的补贴信息真实吗		同上	
D11 您觉得您所获得的补贴类信息对您的生活有帮助吗		同上	
五、低保信息			
E1 您知道村里低保都给谁了吗		1= 知道 0= 不知道	
E2 您知道低保的标准是多少吗		1= 知道 元 / 月 / 人 0= 不知道	
E3 您知道村里低保户是怎么评出来的吗		1= 村干部定 2= 村民代表开会决定 3= 不知道	
E4 您觉得村里确定低保户的过程透明吗		请根据满意程度在 1—10 之间打分，不满意打 1 分，非常满意打 10 分	
E5 您觉得村里评定的低保户公平吗		请根据满意程度在 1—10 之间打分，不满意打 1 分，非常满意打 10 分	
E6 您是通过什么方式知道低保信息的(可多选)		1= 互联网 2= 广播、电视、报纸 3= 手机短信 4= 乡镇服务中心电子屏及公示栏 5= 政策宣传册、口袋书 6= 政策宣讲团 7= 村务公开栏 8= 村干部宣讲 9= 村民之间互相交流 10= 村民代表大会 11= 其他	
E7 您觉得用这些方式获得低保信息方便吗		请根据满意程度在 1—10 之间打分，不满意打 1 分，非常满意打 10 分	
E8 您认为您所获得的低保信息及时吗		同上	
E9 您觉得获得低保信息的渠道丰富吗		同上	
E10 您认为您获得的低保信息内容详细吗		同上	

E11 您认为您所获得的低保信息真实吗	同上	
E12 您觉得您所获得的低保类信息对您的生活有帮助吗	同上	
六、产业化项目信息（如养殖、种植等项目信息）		
F1 您知道有养殖场、种植园等相关项目吗	1= 知道　0= 不知道（直接跳至 G1 问题）	
F2 您有参与过这些项目吗	1= 有　　　（请说明）　0= 没有	
F3 您了解关于养殖、种植等项目的相关政策吗	1= 非常了解　2= 比较了解　3= 一般　4= 了解一点　5= 不了解	
F4 如果知道了有关农业项目的信息，您会去主动申请吗	1= 会　0= 不会　2= 视情况而定	
F5 您是通过什么方式了解到产业化项目信息的	1= 互联网 2= 广播、电视、报纸　3= 手机短信 4= 乡镇服务中心电子屏及公示栏 5= 政策宣传册、口袋书 6= 政策宣讲团 7= 村务公开栏 8= 村干部宣讲 9= 村民之间互相交流 10= 村民代表大会 11= 其他	
F6 您觉得用这种方式获得产业化项目信息方便吗	请根据满意程度在 1—10 之间打分，不满意打 1 分，非常满意打 10 分	
F7 您觉得获得产业化项目信息的渠道丰富吗	同上	
F8 您认为您获得的产业化项目信息内容详细吗	同上	
F9 您认为您所获得的产业化项目信息及时吗	同上	
F10 您认为您所获得的产业化项目信息真实吗	同上	
F11 您觉得您所获得的产业化项目信息对您的生活有帮助吗	同上	
七、公共设施建设信息（如修沟挖渠、修路、农田水利设施建设、通自来水建设等）		
G1 您村里有没有进行过公共设施（如修沟挖渠、修路、自来水）方面的建设	1= 有　0= 没有（直接跳至 H1 部分）2= 不知道（直接跳至 H1 部分）	
G2 如果需要村民出钱，有没有征集过大家的意见	1= 有　0= 没有　2= 不知道	
G3 您知道公共设施建设的资金来源和支出情况吗	1= 政府给的钱　2= 政府出一部分，农户出一部分　0= 不知道	
G4 您知道这些公共设施建设的程序吗	1= 知道　0= 不知道	
G5 您是通过什么方式知道公共设施建设信息的	1= 互联网 2= 广播、电视、报纸　3= 手机短信 4= 乡镇服务中心电子屏及公示栏 5= 政策宣传册、口袋书 6= 政策宣讲团 7= 村务公开栏 8= 村干部宣讲 9= 村民之间互相交流 10= 村民代表大会 11= 其他	
G6 您觉得用这种方式获得公共设施建设信息方便吗	请根据满意程度在 1—10 之间打分，不满意打 1 分，非常满意打 10 分	
G7 您认为您所获得的公共设施建设信息及时吗	同上	
G8 您觉得获得公共设施建设信息的渠道丰富吗	同上	
G9 您认为您获得的公共设施建设信息内容详细吗	同上	
G10 您认为您所获得的公共设施建设信息真实吗	同上	

G11 您觉得您所获得的公共设施建设信息对您的生活有帮助吗	同上	
八、扶贫信息		
H1 您知道哪些政府扶贫信息（可多选）	1= 低保 2= 移民 3= 贴息贷款 4= 技术培训 5= 产业化项目（养殖，种植） 6= 不知道（如填不知道，请直接跳至 I1 题）	
H2 您了解这些政策的具体内容吗	1= 非常了解 2= 比较了解 3= 一般 4= 了解一点 5= 不了解	
H3 您是通过什么方式知道这些信息的	1= 互联网 2= 广播、电视、报纸 3= 手机短信 4= 乡镇服务中心电子屏及公示栏 5= 政策宣传册、口袋书 6= 政策宣讲团 7= 村务公开栏 8= 村干部宣讲 9= 村民之间互相交流 10= 村民代表大会 11= 其他	
H4 您觉得用这种方式获得扶贫信息方便吗	请根据满意程度在 1—10 之间打分，不满意打 1 分，非常满意打 10 分	
H5 您觉得获得扶贫信息的渠道丰富吗	同上	
H6 您认为您获得的扶贫信息内容详细吗	同上	
H7 您认为您所获得的扶贫信息及时吗	同上	
H8 您认为您所获得的扶贫信息真实吗	同上	
H9 您觉得您所获得的扶贫信息对您的生活有帮助吗	同上	
九、村务公开信息		
I1 您村里的事情对村民公开的都有哪些（多选）	1= 村级事务；2 村级财务 3= 村级党务（入党积极分子、党费、党员活动） 4= 计划生育 5= 其他	
I2 您是通过什么渠道了解到村务信息的（多选）	1= 村务公开栏 2= 村民代表大会 3= 村干部讲解 4= 与其他人交流 5= 其他	
I3 您觉得用这种方式获得村务信息方便吗	请根据满意程度在 1—10 之间打分，不满意打 1 分，非常满意打 10 分	
I4 您认为您获得的村务信息内容详细吗	同上	
I5 您认为您所获得的村务信息及时吗	同上	
I6 您认为您所获得的村务信息真实吗	同上	
I7 您觉得您所获得的村务信息对您的生活有帮助吗	同上	
十、农民接收信息渠道		
J1 您或者是家里有人会使用互联网查询信息吗？（如填不会请直接跳至 J4 题）	1 = 会 0 = 不会	
J2 您进入过当地政府的官方网站吗	1 = 进过 0 = 没进过	
J3 您通过互联网能够查询到自己想知道的信息吗	1 = 能 0 = 不能	
J4 您的手机是否能上网	1 = 能 0 = 不能	
J5 您的手机是否接受过来自县、乡、村层面发来的手机短信	1 = 是 0 = 否	

J6 如果接收到过短信，通常是哪些方面的信息	1= 通知类信息 2= 政策类信息 3= 其他	
J7 您所在村的村务公开栏多久能更新一次	1= 非常频繁 2= 比较频繁 3= 更新很慢 4= 很少更新	
J8 您对您所在村的村务公开栏的关注度是多少	1= 非常关注 2= 比较关注 3= 一般 4= 不关注 5= 完全不关注	
J9 您去过乡镇民生服务中心吗	1= 去过 0= 没去过（直接跳至 J12）	
J10 您对您乡镇民生服务中心电子屏和公开栏的关注度是多少	1= 非常关注 2= 比较关注 3= 一般 4= 不关注 5= 完全不关注	
J11 您所在乡镇民生服务中心的电子屏和公示栏多久更新一次	1= 非常频繁 2= 比较频繁 3= 更新很慢 4= 很少更新	
J12 您能读懂政府发放的口袋书和宣传册吗	1= 能 0= 不能 2= 没读过	
J13 您觉得村干部对补贴、低保等信息的宣传和解释清楚么	1= 很清楚 2= 基本清楚 3= 一般 4= 不清楚 5= 完全不清楚	
J14 村里是否召集开过村民代表大会	1= 是 0= 否（如填否，请直接跳至 J16 题）	
J15 村民代表大会有没有告知和村民利益切身相关的信息	1= 有 0= 没有	
J16 您最希望通过哪些方式获取信息（多选）	1= 互联网 2= 广播、电视、报纸 3= 手机短信 4= 乡镇服务中心电子屏及公示栏 5= 政策宣传册、口袋书 6= 政策宣传团 7= 村务公开栏 8= 村干部宣讲 9= 村民之间互相交流 10= 村民代表大会 11= 其他	
十一、农户的行为、态度调查		
K1 您期望的信息公开和现实生活中的信息公开存在的差距大吗？	1= 非常大 2= 比较大 3= 一般 4= 不大 5= 没差距	
K2 您认为您所接收到的信息能够满足您的知情愿望吗？	1= 能 0= 不能	
K3 您有主动去相关部门咨询过补贴、低保、产业化项目等信息吗？	1= 有 0= 没有（如填没有，请直接跳至 K7 题）	
K4 您是通过什么方式咨询的？	1= 打电话 2= 网上查询 3= 到村委会询问 4= 到乡镇服务中心询问 5= 县市相关部门询问	
K5 如果咨询过，通常是哪些方面的信息？	1= 农业补贴 2= 产业化政策 3= 扶贫信息 4= 低保信息 5= 其他（请说明）	
K6 您到相关部门咨询，得到的答复满意吗？	请您根据满意程度打分，在 1—10 之间选一个分值，不满意打 1 分，非常满意打 10 分	
K7 您如果对公开的信息有疑惑，知道反馈的渠道吗？	1= 知道 0= 不知道	
K8 您认为有必要建立农户提意见的平台吗？	1= 非常必要 2= 必要 3= 一般 4= 没必要 5= 非常没必要	
K9 您认为信息公开需要接受监督吗？	1= 非常需要 2= 比较需要 3= 一般 4= 不需要 5= 非常不需要	
K10 您愿意参与监督信息公开吗？	1= 非常愿意 2= 比较愿意 3= 一般 4= 不愿意 5= 非常不愿意	
K11 您认为信息公开存在下列哪些问题？（可多选）	1= 获取的信息不完整、不清楚 2= 渠道不通畅 3= 时间上拖沓，信息内容更新慢 4= 其他（请说明）_____	

K12 您认为信息公开应加强哪些方面工作（可多选）	1= 信息公开要更加及时　2= 信息公开内容要更加丰富　3= 信息公开查询场所要增加　4= 要做好宣传工作　5= 对农户提的意见要及时反馈　6= 其他（请说明）＿＿＿＿＿	
K13 您对信息不公开的态度是什么	1= 非常抵触　2= 抵触　3= 无所谓　4= 保持沉默	
K14 您对公开信息的支持程度如何	请您根据支持程度打分，在 1—10 之间选一个分值，不支持打 1 分，非常支持打 10 分	
K15 您对本地政府的信任程度如何	请您根据信任程度打分，在 1—10 之间选一个分值，不信任打 1 分，非常信任打 10 分	
K16 总体上来说，您对本地信息公开的情况满意吗	请您根据满意程度打分，在 1—10 之间选一个分值，不满意打 1 分，非常满意打 10 分	

十二、农户对信息公开内容的需求情况

根据您所获得的信息以及您的实际需求情况，您对以下信息的需求程度如何
5= 迫切需要　4= 比较需要　3= 一般　2= 不太需要　1= 完全不需要

信息内容		迫切需要	比较需要	一般	不太需要	完全不需要
L1 补贴信息	L11 种粮农民直接补贴（粮食直补）					
	L12 良种补贴					
	L13 农资综合补贴					
	L14 农机具购置补贴					
L2 农村最低生活保障信息（低保）						
L3 小型农田水利建设信息（修沟挖渠）						
L4 农林产业化项目信息						
L5 重大农业技术推广信息						
L6 扶贫资金信息						
L7 村级信息（财务、事务、党务）						
L8 其他信息（请说明）＿＿＿＿